Métodos quantitativos em ciência política

Métodos quantitativos em ciência política

Dalson Britto Figueiredo Filho

Rua Clara Vendramin, 58 . Mossunguê . CEP 81200-170 . Curitiba . PR . Brasil
Fone: (41) 2106-4170 . www.intersaberes.com . editora@intersaberes.com

Conselho editorial	*Capa*
Dr. Alexandre Coutinho Pagliarini	Iná Trigo (*design*)
Dr.ª Elena Godoy	brunopnogueira86 (imagem)
Dr. Neri dos Santos	*Projeto gráfico*
Dr. Ulf Gregor Baranow	Bruno de Oliveira
Editora-chefe	*Diagramação*
Lindsay Azambuja	Estúdio Nótua
Gerente editorial	*Equipe de design*
Ariadne Nunes Wenger	Mayra Yoshizawa
Assistente editorial	Sílvio Gabriel Spannenberg
Daniela Viroli Pereira Pinto	*Iconografia*
Preparação de originais	Sandra Lopis da Silveira
Entrelinhas Editorial	Regina Claudia Cruz Prestes
Edição de texto	
Osny Tavares	
Gustavo Piratello de Castro	

Dados Internacionais de Catalogação na Publicação (CIP)
(Câmara Brasileira do Livro, SP, Brasil)

Figueiredo Filho, Dalson Britto
  Métodos quantitativos em ciência política/Dalson Britto Figueiredo Filho. Curitiba: InterSaberes, 2019.
  Bibliografia.
  ISBN 978-85-227-0114-8

  1. Amostragem (Estatística) 2. Ciência política – Métodos estatísticos 3. Indicadores sociais 4. Pesquisa quantitativa 5. Problemas sociais I. Título.

19-28363   CDD-320

Índices para catálogo sistemático:
1. Análise quantitativa dos fenômenos políticos: Técnicas estatísticas:
Ciência política 320
Maria Paula C. Riyuzo – Bibliotecária – CRB-8/7639

1ª edição, 2019.
Foi feito o depósito legal.
Informamos que é de inteira responsabilidade do autor a emissão de conceitos.
Nenhuma parte desta publicação poderá ser reproduzida por qualquer meio ou forma sem a prévia autorização da Editora InterSaberes.
A violação dos direitos autorais é crime estabelecido na Lei n. 9.610/1998 e punido pelo art. 184 do Código Penal.

Sumário

9 Dedicatória
11 Agradecimentos
15 Prefácio
19 Apresentação
23 Como aproveitar ao máximo este livro
29 Introdução

Capítulo 1
33 **População e amostragem**

(1.1)
38 População, amostra e inferência

(1.2)
41 Tipos de amostra

(1.3)
48 Erros de amostragem e erros de mensuração

(1.4)
50 Como calcular uma amostra

Capítulo 2

73 Variáveis, nível de mensuração e estatística descritiva

(2.1)
77 Conceito, variáveis e mensuração

(2.2)
82 Validade e confiabilidade

(2.3)
84 Medidas de tendência central

(2.4)
89 Medidas de dispersão

(2.5)
95 Índices e escalas

(2.6)
98 Semelhanças entre índices e escalas

(2.7)
108 Dados agregados

(2.8)
112 Distribuição normal

Capítulo 3

131 **Teste de hipótese, significância estatística, poder estatístico e comparação de médias**

(3.1)
134 Teste de hipótese

(3.2)
137 Significância estatística e poder estatístico

(3.3)
152 Comparação de médias

(3.4)
170 Análise paramétrica *versus* análise não paramétrica

Capítulo 4
189 **Correlação**

(4.1)
193 Origem

(4.2)
193 Pressupostos, propriedades e limitações

(4.3)
203 Correlação espúria

(4.4)
206 Implementação computacional

Capítulo 5
221 **Regressão linear**

(5.1)
226 O modelo de regressão linear

(5.2)
231 Pressupostos da regressão linear

(5.4)
247 Implementação computacional

275 *Para concluir...*
279 *Referências*
309 *Respostas*
311 *Sobre o autor*

Dedicatória

Dedico este livro à minha mãe, Claudia Pereira de Souza, que me colocou no mundo e foi pai e mãe ao mesmo tempo. Com ela, aprendi a importância de levar os estudos muito a sério.

Ao meu orientador e amigo, Enivaldo Carvalho da Rocha. Foi com ele que descobri a paixão pela análise de dados e pelo trabalho acadêmico. Muitas vezes, ele chegava à universidade antes mesmo de a padaria abrir. É verdade. Ninguém me disse isso. Eu estava lá!

Ao Grupo de Métodos de Pesquisa em Ciência Política (MPCP) da Universidade Federal de Pernambuco (UFPE). Mesmo em um espaço reduzido e com limitações de todas as naturezas, ficou evidente que o trabalho colaborativo vale a pena.

Agradecimentos

Agradeço ao Departamento de Ciência Política (DCP) da Universidade Federal de Pernambuco (UFPE) por aprovar o meu afastamento entre 2018 e 2019, o que facilitou bastante a produção deste livro.

Aos professores Neville Wylie e Nicole Janz pelo suporte logístico durante a minha estada na Universidade de Nottingham, no Reino Unido.

Ao Berkeley Initiative for Transparency in the Social Sciences (BITSS), da Universidade da Califórnia, e ao Teaching Integrity in Empirical Research (Tier), da Haverford College, pelo treinamento recebido e pelo apoio financeiro.

Agradeço a Daniela Viroli pela paciência e pela agilidade. Com certeza, ela antecipou a data de publicação da obra e contribuiu para o aprimoramento do conteúdo.

Aos pareceristas da Editora InterSaberes, que foram meus olhos quando eu não podia mais enxergar. Obrigado pelas sugestões e pelos comentários.

Agradeço principalmente aos meus alunos e aos membros do Grupo de Métodos de Pesquisa em Ciência Política da UFPE. Eles não sabem, mas eu aprendo mais com eles do que eles comigo. Pessoal, vocês são demais!

Em Deus nós confiamos. Todos os demais devem apresentar dados. (W. Edwards Deming)

Prefácio

Tudo pode ser mensurado. Desde indicadores sociais até sentimentos como amor e ódio podem ser colocados em uma escala de valores. Esse parece ser um pressuposto um tanto radical em defesa da quantificação. Para embasar esse princípio, precisamos responder a duas questões. A primeira é se os métodos que estamos utilizando para a mensuração são confiáveis e transparentes. A segunda diz respeito às possibilidades de conhecimentos técnico e tecnológico para desenvolver pesquisa, capazes de medir conceitos aparentemente não mensuráveis. O limite da quantificação não é a própria quantificação, mas a falta de instrumentos apropriados que nos auxiliem nessa tarefa.

Um breve olhar para as ciências revela que algumas avançaram mais na utilização de técnicas de mensuração para produção de conhecimento. As "ciências *hard*" há muito se preocuparam em estabelecer métodos e técnicas em uma linguagem comum, além de metodologias cada vez mais eficientes. Nas ditas *ciências humanas*, o ritmo tem sido outro e, por vezes, em sentido contrário.

Ainda hoje muitos pesquisadores em ciências sociais são antiquantitativistas. Tal postura é resultado de uma lacuna formativa. Em geral, um ferrenho crítico à lógica de mensuração quantitativa de dados não domina nenhuma técnica e pouco sabe sobre os métodos da ciência. Dessa forma, perdem os qualitativistas, por rejeitarem o poder da estatística como conhecimento auxiliar nas ciências humanas; e perdem também os quantitativistas, por se verem envolvidos em uma disputa que não querem travar. Nessa rixa, a ciência tem sido a maior prejudicada.

Este livro pretende contribuir para a paz metodológica. Há aqui uma questão emergencial: ajudar a preencher a lacuna quantitativa das ciências sociais, em especial da ciência política. Assim, o texto busca duas ambições do autor: ser didático e ser objetivo. Didático para oferecer ao leitor o passo a passo do uso de técnicas introdutórias de análise de dados, e objetivo para simplificar a leitura, tornar claros os conceitos e escolher exemplos intuitivos.

Se isso não basta como justificativa para o uso deste livro, eis outra: a perspectiva epistemológica. Esta obra é uma contribuição ao *fim do tempo de sábio*. Uma boa parte do que se produziu em ciência política esteve ancorada no poder das afirmações dos chamados *intelectuais seniores*. O argumento de autoridade foi durante muito tempo o caminho, a verdade e a vida da ciência. Contudo, o *tempo do sábio* está sendo substituído pelo *tempo do dado e da transparência*.

Há algum tempo defendemos que resultados de pesquisas devem ser como muros fortes: resistentes do ponto de vista metodológico e essencialmente transparentes para garantir sua replicação por pares. O fazer científico exige o comportamento da prova. Contra isso, nem o mais apaixonado interpretativista será capaz de se opor. Portanto, esta obra seguirá o caminho técnico da evidência estatística.

No entanto, não pense o leitor que aqui se defende a velha querela *quali-quanti* que deixou as ciências humanas brasileiras à deriva, sem levá-la a nenhum porto seguro. A realidade social tem sido um forte indicador de que somos, no mínimo, negligentes como pesquisadores. Desvendar fenômenos não tem sido o nosso ponto forte. Problemas sociais como falta de segurança pública, posições indesejadas nos *rankings* de educação, aumento da taxa de desemprego, insatisfação com a saúde pública e, agora, representação negativa nas agendas ambientais são constantes da vida nacional. Que respostas confiáveis foram dadas a esses problemas pelos qualitativistas em ciências sociais do Brasil? Por sua vez, os quantitativistas não estabeleceram consensos sobre os indicadores que melhor refletem a realidade e que podem servir de *proxies* para a solução dos problemas. Entretanto, não se podem negar os esforços para mensurar nossa sociedade, oferecendo aos realizadores de políticas públicas uma fotografia mínima da realidade.

Novamente, ressaltamos que este livro não é uma crítica às abordagens qualitativas, e sim uma contribuição técnica do fazer científico com foco em técnicas estatísticas para problemas de pesquisa em ciência política. Vale muito a pena mergulhar em sua leitura. O resultado está correlacionado a uma melhora positiva e significativa da forma como você irá tratar os dados no futuro, probabilisticamente falando.

Enivaldo C. Rocha
Ranulfo Paranhos

Apresentação

"Se você não sabe analisar dados, você é incapaz de compreender a realidade", disse-me um professor experiente no primeiro dia de aula de um complexo curso de Estatística Computacional. Eu estava no 7º período da graduação em Ciências Sociais e, na melhor tradição crítica das humanidades, discordei veementemente. Não me recordo exatamente das palavras que eu disse, muito menos da resposta que me foi dada, mas lembro bem do quadro cheio de fórmulas matemáticas estranhas e gráficos incompreensíveis. O professor falava sobre conceitos estranhos como *variância*, *correlação* e *regressão*. Como se já não tivessem bastado as aulas de matemática do ensino médio, agora eu seria novamente vítima dos números? Definitivamente, não. Depois de quase duas horas de agonia, saí daquela aula com duas certezas: 1) cientistas sociais não precisam saber estatística; e 2) eu cancelaria aquela disciplina.

    Eu me dirigi à secretaria decidido a me livrar daquele curso quando o mesmo professor passou por mim e perguntou se eu havia gostado da aula. Seguindo as convenções culturais de cordialidade, menti descaradamente: "Foi ótima, professor. Gostei demais!" Ao que ele respondeu: "Que bom! Vamos então à minha sala para eu te indicar algumas leituras adicionais."

Fui então à sua sala, onde conversamos sobre assuntos aleatórios. Ele me contou que era divorciado, tinha um filho engenheiro e havia sido transferido do Departamento de Estatística. Eu pensei: "E eu com isso?" Eu não era casado, não tinha filhos e havia escolhido Ciências Sociais porque queria ser diplomata. "Leia o primeiro capítulo deste livro e na próxima semana a gente conversa mais", disse-me o professor, em tom de despedida. Guardei os exemplares na minha mochila e, com muito esforço, agradeci.

Realmente, eu pensei em não cumprir o combinado com aquele professor; mas mudei de ideia e li o capítulo do livro que ele havia me emprestado. Eu havia compreendido muito pouco do conteúdo, quase nada. Porém, a decisão de lê-lo fez toda a diferença na minha vida pessoal e profissional. O que me mais me marcou desse episódio foi a capacidade daquele professor em explicar o conteúdo quase impenetrável do livro com uma linguagem fácil e comum. Ele explicava os conceitos daquele livro em qualquer lugar, até mesmo na mesa do bar, preocupando-se sempre em dar exemplos que eu pudesse compreender. Afinal, eu era da área de humanas.

O nome desse professor é Enivaldo Carvalho da Rocha. Eu realmente acredito que todo aluno deveria ter um professor como ele, que consegue ensinar questões complicadas de forma simples e com o auxílio de objetos banais, como um guardanapo.

Passados mais de dez anos desde o nosso primeiro encontro, vejo que ele tinha razão. Hoje, os dados são quase onipresentes em todos os aspectos da vida diária. Eles nos atingem, nos identificam, nos proporcionam conhecimento, enfim, nos perpassam o tempo todo. Eles são fundamentais na nossa vida social e profissional, no planejamento estratégico e nas tomadas de decisão de empresas e governos. Não à toa, a profissão de cientista de dados está em alta no século XXI, como demonstra qualquer pesquisa feita na internet.

Pensando nisso, este livro é uma forma de apresentar a análise quantitativa de dados aplicada a fenômenos sociais e políticos. O principal objetivo é facilitar a compreensão dos conceitos e das técnicas de análise de dados, assim como das mais importantes ferramentas utilizadas para extrair sentido de um conjunto muitas vezes desordenado de informações.

Dessa maneira, desejo que este conteúdo o ajude a compreender os fundamentos básicos da análise de dados e interpretar os diversos fenômenos sociais e políticos que ocorrem constantemente à nossa volta. Espero, sobretudo, que esta obra seja para você o que o professor Enivaldo foi para mim.

Boa leitura!

Dalson Britto Figueiredo Filho

Como aproveitar ao máximo este livro

Este livro traz alguns recursos que visam enriquecer o aprendizado, facilitar a compreensão dos conteúdos e tornar a leitura mais dinâmica. São ferramentas projetadas de acordo com a natureza dos temas examinados. Veja a seguir como esses recursos se encontram distribuídos no decorrer da obra.

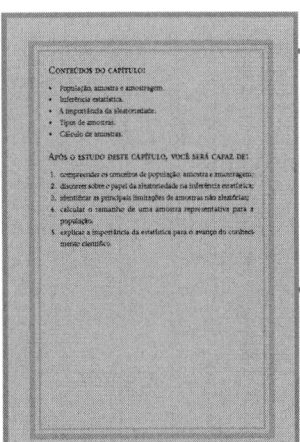

Conteúdos do capítulo:

Logo na abertura do capítulo, você fica conhecendo os conteúdos que nele serão abordados.

Após o estudo deste capítulo, você será capaz de:

Você também é informado a respeito das competências que irá desenvolver e dos conhecimentos que irá adquirir com o estudo do capítulo.

Estudo de caso

Esta seção traz ao seu conhecimento situações que vão aproximar os conteúdos estudados da realidade.

Importante!

Algumas das informações mais importantes da obra aparecem nestes boxes. Aproveite para fazer sua própria reflexão sobre os conteúdos apresentados.

Preste atenção!

Nestes boxes, você confere informações complementares a respeito do assunto que está sendo tratado.

Síntese

Você dispõe, ao final do capítulo, de uma síntese que traz os principais conceitos nele abordados.

Exercícios resolvidos

Nesta seção, a proposta é acompanhar passo a passo a resolução de alguns problemas mais complexos que envolvem o assunto do capítulo.

Questões para revisão

Com estas atividades, você tem a possibilidade de rever os principais conceitos analisados. Ao final do livro, o autor disponibiliza as respostas às questões, a fim de que você possa verificar como está a sua aprendizagem.

Dalson Britto Figueiredo Filho

Questões para reflexão

Nesta seção, a proposta é levá-lo a refletir criticamente sobre alguns assuntos e trocar ideias e experiências com seus pares.

Para saber mais

Você pode consultar as obras indicadas nesta seção para aprofundar sua aprendizagem.

Perguntas & respostas

Nesta seção, o autor responde a dúvidas frequentes relacionadas aos conteúdos do capítulo.

Consultando a legislação

Consultando a legislação

BRASIL. Constituição (1988). Diário Oficial da União, Brasília, DF, 5 out. 1988. Disponível em: <http://www.planalto.gov.br/ccivil_03/Constituicao/Constituicao.htm>. Acesso em: 27 jun. 2019.

O inciso XV do art. 21 da Constituição Federal de 1988 estabelece que cabe à União "organizar e manter os serviços oficiais de estatística, geografia, geologia e cartografia de âmbito nacional" (Brasil, 1988).

BRASIL. Lei n. 9.504, de 30 de setembro de 1997. Diário Oficial da União, Poder Legislativo, Brasília, DF, 1º out. 1997. Disponível em: <http://www.planalto.gov.br/ccivil_03/leis/L9504.htm>. Acesso em: 27 jun. 2019.

A Lei n. 9.504, de 30 de setembro de 1997, estabelece normas para as eleições. Em particular, o art. 33 dispõe sobre os procedimentos que regulam as pesquisas e os testes pré-eleitorais.

BRASIL. Tribunal Superior Eleitoral. Resolução n. 20.950, de 13 de dezembro de 2001. Diário da Justiça, 2 jan. 2002. Disponível em: <http://www.tre-sc.jus.br/site/legislacao/eleicoes-anteriores/eleicoes-2002/resolucao-tse-n-209502001/index.html>. Acesso em: 27 jun. 2019.

A resolução TSL n. 20.950, de 13 de dezembro de 2001, do Tribunal Superior Eleitoral (TSE), dispõe sobre a regulamentação das pesquisas eleitorais nas eleições de 2002.

Nesta seção, você confere como se apresenta a fundamentação legal do assunto que estamos desenvolvendo no capítulo, em toda sua abrangência, para você consultar e se atualizar.

Introdução

Muitos estudantes escolhem as ciências humanas para fugir da matemática. Neste exato momento, deve haver algum aluno esbravejando contra seu professor de Estatística. E por uma boa razão. O pensamento puramente abstrato dificulta a aprendizagem e reduz o interesse pela disciplina. Por exemplo, como justificar a importância de se aprender a fórmula de Bhaskara para calcular as raízes de uma equação de segundo grau? Aliás, quem lembra o que é uma equação?

Além disso, os cientistas políticos estão interessados em problemas substantivos da realidade, como corrupção, criminalidade, desigualdade social e políticas públicas, entre outros temas. No entanto, poucos percebem que a investigação dos fenômenos depende da metodologia e das técnicas de análise de dados. O mundo em que vivemos está repleto deles: eles estão nos jornais, no noticiário, nos relatórios governamentais e até mesmo na quantidade de curtidas de postagens nas redes sociais. Em particular, a quantidade de informações digitais cresce muito rapidamente e a análise de dados é um procedimento central na gestão de organizações, no planejamento estratégico de empresas e na formulação de políticas públicas. Dessa forma, o principal elemento que distingue a ciência das outras formas de conhecer a realidade é exatamente o método científico.

Nesse contexto, cabe uma importante reflexão – o que é pior: a Estatística como disciplina, os professores de análise de dados ou a maior parte dos livros sobre o assunto? O uso excessivo de fórmulas matemáticas, associado à linguagem essencialmente técnica, rompe com o objetivo fundamental da pedagogia: transmitir o conhecimento de quem sabe mais para quem sabe menos.

Por isso, elaboramos esta obra com base em uma abordagem intuitiva, sem exigir fórmulas matemáticas nem precisar de contas. Diferentemente da maior parte do material disponível, adotamos uma perspectiva simples e demonstramos as aplicações práticas da estatística na pesquisa empírica em ciência política[1].

Portanto, organizamos o conteúdo de forma a atingir nosso propósito. No primeiro capítulo, apresentaremos os conceitos de *amostra* e de *população* e discutiremos o papel da inferência estatística na pesquisa científica. Falaremos ainda sobre a importância da aleatoriedade e veremos como calcular amostras.

No segundo capítulo, analisaremos o conceito de variável e abordaremos os fundamentos da estatística descritiva. Também veremos a diferença entre índices e escalas e discutiremos a relevância da distribuição normal na inferência estatística. A linguagem e os nomes dos conceitos abordados podem parecer estranhos, mas, quando elaboramos o texto, minimizamos as notações matemáticas e optamos por transmitir todo o conteúdo de forma discursiva.

---

[1] Grande parte do conteúdo examinado é fruto do esforço coletivo do Grupo de Métodos de Pesquisa em Ciência Política (MPCP) da Universidade Federal de Pernambuco (UFPE) para ensinar análise de dados para estudantes com pouco ou nenhum treinamento em matemática. Para conhecer mais, acesse a página desse grupo no Facebook: <https://www.facebook.com/pg/mpcpufpe/about/>. Você também pode ver algumas aplicações de análise de dados de fenômenos políticos no seguinte blog: <https://datafobia.wordpress.com/>.

No terceiro capítulo, introduziremos os conceitos de hipótese, significância estatística e poder estatístico. Além disso, verificaremos como comparar médias com base em diferentes técnicas – como o teste *t* para amostras independentes e emparelhadas e a análise de variância (Anova). No quarto capítulo, observaremos o papel da correlação na pesquisa empírica em ciência política. Discutiremos seus principais pressupostos e veremos como examinar o padrão de associação entre variáveis com base na análise gráfica.

Por fim, no quinto capítulo, apresentaremos a técnica estatística mais popular entre os cientistas políticos estrangeiros e nacionais: a regressão linear. Verificaremos os componentes do modelo de regressão e discutiremos os principais pressupostos que devem ser satisfeitos. Veremos ainda o passo a passo do planejamento de uma análise de regressão, bem como a interpretação substantiva dos resultados.

Além das explicações teóricas, esta obra conta com alguns recursos de aprendizagem que tornarão a leitura e a assimilação dos assuntos mais agradáveis, facilitando o aprendizado. Por isso, recomendamos que você resolva as questões propostas ao fim de cada capítulo, buscando avaliar sua compreensão sobre os assuntos discutidos e aprofundar seus conhecimentos acerca dos conteúdos apresentados.

Ao final desta obra, você será capaz de ler e assimilar artigos científicos de que empregam a regressão linear. Mais importante do que isso: você estará apto a identificar eventuais aplicações inadequadas desse método na pesquisa empírica. Além disso, reconhecerá os fundamentos básicos de análise de dados e será capaz de compreender melhor os fenômenos sociais e políticos.

Dalson Britto Figueiredo Filho

Capítulo 1
População e amostragem

Conteúdos do capítulo:

- População, amostra e amostragem.
- Inferência estatística.
- A importância da aleatoriedade.
- Tipos de amostras.
- Cálculo de amostras.

Após o estudo deste capítulo, você será capaz de:

1. compreender os conceitos de população, amostra e amostragem;
2. discorrer sobre o papel da aleatoriedade na inferência estatística;
3. identificar as principais limitações de amostras não aleatórias;
4. calcular o tamanho de uma amostra representativa para a população;
5. explicar a importância da estatística para o avanço do conhecimento científico.

Neste capítulo, apresentaremos algumas definições básicas de **análise de dados**. Nosso principal objetivo é diferenciar os conceitos de *população*, *amostra* e *amostragem* com base em uma abordagem intuitiva. Em particular, discutiremos a importância da aleatoriedade na inferência estatística.

Além disso, examinaremos as principais características da amostra aleatória simples e da amostra aleatória estratificada e veremos como determinar o tamanho ideal de amostras em função da população.

Estudo de caso

As pesquisas de opinião representam uma ferramenta importante para o planejamento estratégico das campanhas políticas e são bastante comuns em anos eleitorais. Basta acessar algum portal de notícias ou assistir ao jornal para se deparar com estimativas sobre a intenção de votos dos candidatos. Por exemplo, o Instituto Brasileiro de Opinião Pública e Estatística (Ibope)[1] entrevistou 2.002 eleitores, entre 18 e 22 de outubro de 2017, em todos os estados do Brasil, e concluiu que Luiz Inácio Lula da Silva, do Partido dos Trabalhadores (PT), tinha 35% das intenções de voto, contra 13% de Jair Messias Bolsonaro, do Partido Social Liberal (PSC) (UOL, 2017).

A Tabela A compara as estimativas de intenção de voto nos candidatos Dilma Vana Rousseff, do Partido dos Trabalhadores (PT), e Aécio

---

[1] No Brasil, existem diferentes institutos especializados em pesquisas de opinião como, por exemplo, o já citado Ibope (<http://www.ibope.com.br/pt-br/Paginas/oquevoceprocura.aspx>); o Datafolha, do Grupo Folha (<http://datafolha.folha.uol.com.br/>); e o Instituto de Pesquisas Sociais, Políticas e Econômicas – Ipespe (<http://www.ipespe.org.br/>). Recentemente, um grupo de alunos de Ciência Política da Universidade Federal de Pernambuco (UFPE) fundou a Analytique, uma consultoria sobre métodos de pesquisa e ciência de dados (<https://analytiqueconsultoria.github.io/>).

Neves da Cunha, do Partido da Social Democracia Brasileira (PSDB), nas eleições presidenciais de 2014, entre dois institutos de pesquisa.

Tabela A – Pesquisas de opinião na eleição presidencial no Brasil em 2014 (%)

Datafolha

Data	Dilmaw (PT)	Aécio (PSDB)
26/set	56	44
30/set	55	45
02/out	54	46
04/out	53	47
09/out	49	51
15/out	49	51
20/out	52	48
22/out	52	48
23/out	53	47
25/out	52	48

Ibope

Data	Dilma (PT)	Aécio (PSDB)
12/set	59	48
16/set	54	46
23/set	57	43
30/set	56	44
02/out	58	42
04/out	55	45
09/out	49	51
15/out	49	51
23/out	54	46
25/out	57	47

Fonte: Elaborado com base em DataFolha, 2014.

Tabela B – Resultado final da eleição presidencial no Brasil em 2014 (%)

Data	Dilma (PT)	Aécio (PSDB)
26/out	51,64	48,36

Fonte: G1, 2014.

Tecnicamente, uma pesquisa eleitoral consiste em consultar a opinião de uma parte dos eleitores (amostra) e utilizar essa informação para inferir as preferências da totalidade dos votantes (população).

O conhecimento da parte para concluir sobre o todo é o que denominamos de *inferência*, e consiste em utilizar informações disponíveis para a amostra para concluir características indisponíveis da população. Esse processo é seguido por todas as pesquisas em todas as áreas do conhecimento em todos os universos.

No caso do Datafolha, desde 20 de outubro de 2014 as estimativas apontavam 52% dos votos para Dilma (PT) e 48% para Aécio (PSDB). Já o Ibope apresentava valores mais distantes do resultado final. O que explica essa diferença? Como fazer generalizações confiáveis? Quais são as características de uma boa amostra?

Neste capítulo, responderemos a essas e a outras questões, com o objetivo de facilitar a compreensão a respeito do principal objetivo da pesquisa científica: produzir conhecimento válido e confiável sobre a realidade (King; Keohane; Verba, 1994).

Para saber mais

NEXO JORNAL. **Como funciona uma pesquisa eleitoral.** 27 set. 2018. Disponível em: <https://www.youtube.com/watch?v=igi7E1OY7gs>. Acesso em: 25 jun. 2019.

Esse vídeo apresenta o passo a passo de como funciona uma pesquisa eleitoral. Para tanto, precisamos entender três conceitos: amostra, margem de erro e intervalo de confiança.

(1.1)
POPULAÇÃO, AMOSTRA E INFERÊNCIA

> **Conceitos básicos de análise de dados**
> - **Amostra** – Parte específica da população.
> - **Amostragem** – Forma de coletar a amostra.
> - **Censo** – Exame de todos os elementos da população.
> - **Estatística** – Descreve a amostra.
> - **Inferência** – Processo de utilização de informações da amostra para inferir sobre as **características** da população.
> - **Parâmetro** – Descreve a população.
> - **População** – Número total de observações ou de mensurações de interesse.

A partir de agora, vamos analisar cada um desses elementos. O **parâmetro** descreve a característica da população e geralmente é representado por letras gregas. Já a **estatística amostral**, também chamado de *estimador*, descreve os atributos da amostra. Portanto, quando o objetivo é conhecer as características da amostra, utilizaremos a estatística na **perspectiva descritiva**. Por sua vez, quando a meta é dizer algo sobre a população, devemos utilizar a **estatística inferencial**. Em síntese, estatística descritiva apenas descreve as características da amostra, já a estatística inferencial utiliza a informação da amostra para concluir sobre a população (Agresti; Finlay, 2012).

Quadro 1.1 – Relação estimador-parâmetro

Perspectiva	Foco
Descritiva	Amostra
Inferencial	População

Uma forma simples de compreender o papel da inferência estatística é provar uma sopa. Para saber se a quantidade de sal está adequada, não é necessário tomar toda a sopa, basta provar uma parte. Com base no conhecimento dessa parte, podemos, com algum grau de certeza, inferir sobre o todo.

Em outras palavras, a inferência utiliza a informação amostral disponível (estatística) para conhecer as características indisponíveis da população (parâmetros) (King; Keohane; Verba, 1994)[2]. Quando os cientistas políticos falam sobre *populações*, eles não estão necessariamente se referindo à quantidade de pessoas de um país ou de uma cidade. A **população** representa um grupo geral de observações ou mensurações de interesse, como todos os partidos políticos com representação congressual ou todos os deputados que votaram a favor do *impeachment* da ex-Presidente Dilma Rousseff. Por sua vez, a **amostra** é sempre uma parte específica da população, um subgrupo do total. Por fim, a **amostragem** é o método de seleção da amostra, ou seja, a forma de coleta das observações. A Figura 1.1 ilustra a relação entre população, amostragem e amostra.

---

2 Os autores argumentam: *"Inferência é o processo de usar fatos que sabemos para aprender sobre fatos que não conhecemos. Os fatos que não conhecemos são os assuntos de nossas questões de pesquisa, teorias e hipóteses. Os fatos que conhecemos formam nossos dados (quantitativos ou qualitativos) ou observações"* (King; Keohane; Verba, 1994, p. 46, tradução nossa).

Figura 1.1 – População, amostragem e amostra

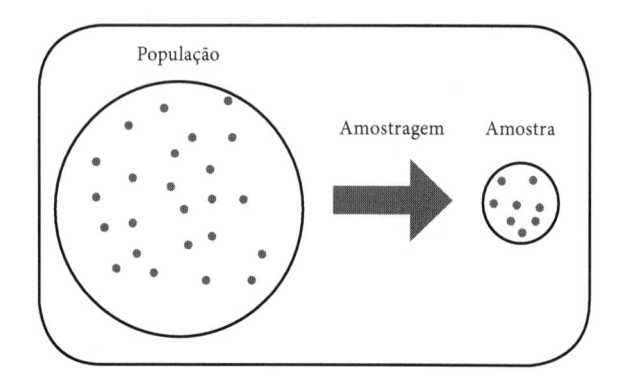

E qual é a vantagem das amostras? Para Dancey e Reidy (2005, p. 56), "os pesquisadores utilizam amostras por várias razões, principalmente porque são mais baratas, mais rápidas de se obter e mais convenientes para examinar do que toda uma população". Como a amostra é um subgrupo da população, a coleta das informações é mais ágil. Além disso, o custo financeiro é menor. Então, amostras são mais rápidas e mais baratas[3].

Existem diferentes formas de coletar uma amostra, e alguns procedimentos produzem resultados mais confiáveis do que outros. A regra mais importante para aumentar a qualidade da amostra é garantir a aleatoriedade da seleção dos casos, o que os estatísticos chamam de *equiprobabilidade*, cujo significado é que cada observação deve ter a mesma chance de compor a amostra.

---

3 Se pesquisarmos sobre o custo do censo demográfico 2020 no Brasil, provavelmente encontraremos estimativas em torno de R$ 3,4 bilhões. O próprio governo já anunciou que vai cortar o tamanho do questionário com o objetivo de economizar recursos. Isso demonstra a importância da utilização de amostras.

(1.2)
TIPOS DE AMOSTRA

Tecnicamente, as amostras podem ser classificadas em dois grandes grupos, conforme ilustra a Figura 1.2. Nas amostras **probabilísticas**, todos os casos têm a mesma chance de ser selecionados. No sorteio da Mega-Sena, por exemplo, todos os números têm a mesma probabilidade de serem selecionados. Também podemos ter amostras **não probabilísticas** (intencional, conveniência ou autosselecionada).

Figura 1.2 – Tipos de amostras[4]

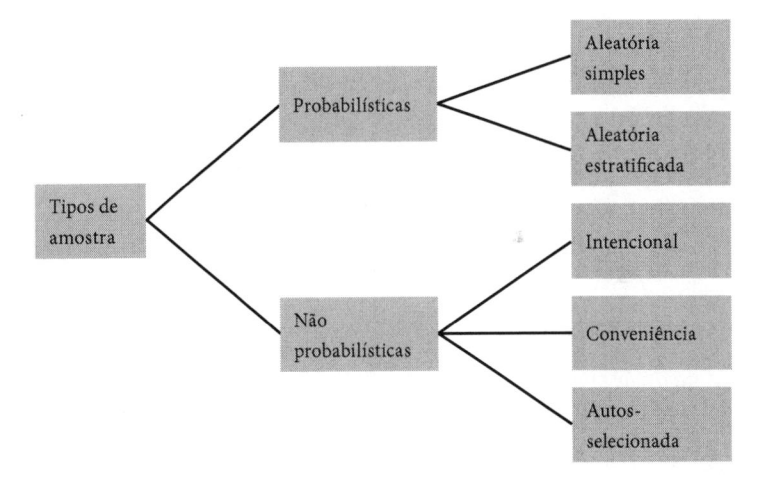

```
                              ┌── Aleatória simples
              ┌── Probabilísticas ──┤
              │               └── Aleatória estratificada
Tipos de ─────┤
amostra       │                    ┌── Intencional
              └── Não probabilísticas ──┤── Conveniência
                                   └── Autosselecionada
```

---

[4] Richardson e Peres (1985, p. 106) identificam ainda a amostra acidental, que representa *"um subconjunto da população por aqueles elementos que tem sido possível obter, porém sem nenhuma segurança de que constituam uma amostra exaustiva de todos os possíveis subconjuntos do universo"*. Nosso entendimento é de que as amostras acidentais representam uma modalidade de amostras não probabilísticas e, por esse motivo, optamos em dividir as amostras em apenas dois grandes grupos.

Além disso, nas amostras probabilísticas, também chamadas de *aleatórias* ou *ao acaso*, todas as observações têm a mesma chance de compor a amostra (princípio da equiprobabilidade). Essa igualdade de chance de seleção aumenta a representatividade das estimativas amostrais em relação aos parâmetros populacionais. Ou seja, as informações coletadas com base em uma amostra aleatória tendem a ser representativas da totalidade de casos de interesse. Dessa forma, as amostras probabilísticas são mais adequadas se o objetivo é fazer inferências para a população.

Por sua vez, as amostras não probabilísticas adotam outros critérios para selecionar os casos. Na amostra intencional, por exemplo, o próprio pesquisador escolhe quais observações serão examinadas. Na amostra por conveniência, são selecionados os casos mais facilmente acessíveis. Contudo, é preciso ter cuidado, pois as amostras não probabilísticas são altamente tendenciosas, ou seja, não permitem fazer inferências confiáveis. Falaremos um pouco mais sobre essas amostras mais à frente.

> **Importante!**
>
> A forma mais confiável de eliminar o viés é garantir um processo aleatório de seleção dos casos, de modo que todas as observações da população tenham a mesma chance de compor a amostra.

1.2.1 Amostras probabilísticas

As amostras aleatórias podem assumir diferentes especificações[5]. Para os propósitos deste capítulo, discutiremos as principais características da amostra aleatória simples e da amostra aleatória estratificada.

> **Amostra Aleatória Simples (AAS)**
>
> Uma amostra aleatória simples de tamanho n consiste em uma quantidade de observações de uma população, em que cada caso tem a mesma chance de ser selecionado.

A **amostra aleatória simples** é a seleção randômica de casos (n) de uma população (N), de modo que todas as observações têm a mesma chance de compor a amostra. Observe que utilizamos n minúsculo para falar da amostra e N maiúsculo para falar da população.

Esse procedimento amostral requer um conhecimento mínimo antecipado das características da população (Richardson; Peres, 1985). A AAS também minimiza a chance de viés das estimativas, já que cada elemento da população tem a mesma chance de ser selecionado para participar da amostra.

> **Preste atenção!**
>
> **Viés** – Tendência sistemática de sobrestimar ou subestimar o valor do parâmetro populacional.

---

[5] *Existem outras amostras probabilísticas, como a amostra sistemática e a amostra por conglomerados (cluster). Para os interessados em saber mais sobre amostragem, ver: Richardson e Peres (1985), Babbie (1999) e Watson e Moritz (2000). Ver também Lima Filho ([S.d.]).*

Como dissemos, na AAS, todos os casos têm a mesma chance de ser selecionados. A principal limitação dessa forma de amostragem é que ela não garante a inclusão de observações minoritárias. Por exemplo, em uma pesquisa de opinião eleitoral, a AAS produz estimativas confiáveis para os candidatos com altas intenções de voto. Todavia, para aqueles com percentuais muito reduzidos, as estimativas não são consistentes. Outra desvantagem da AAS é o seu custo operacional. Imagine uma seleção aleatória de municípios para compor uma amostra representativa para o Brasil. Como todos os casos têm a mesma chance de ser selecionados, isso significa dizer que tanto a cidade de Oiapoque, no Amapá, quanto a de Chuí, no Rio Grande do Sul, podem ser sorteadas. Além disso, há a dificuldade de ir a campo e coletar as informações de interesse. Por esse motivo, muitos institutos de pesquisa acabam abandonando a AAS como estratégia de seleção de casos.

> **Amostra Aleatória Estratificada**
>
> Uma amostra aleatória estratificada de tamanho n consiste em uma quantidade de observações de um subconjunto de uma população, em que cada caso tem a mesma chance de ser selecionado.

A estratificação baseia-se em ponderar, no cálculo da amostra, a representação proporcional de cada subconjunto da população. Por exemplo, em uma população composta por 90% de homens e 10% mulheres, a principal vantagem da estratificação é garantir a representatividade de cada estrato (homem e mulher) na composição final da amostra. Dessa forma, o pesquisador reduz a chance de dimensionar equivocadamente a quantidade proporcional de casos em cada estrato, o que garante a comparação das características de cada subgrupo na própria amostra. A principal limitação da **amostra**

aleatória estratificada é que ela exige do pesquisador conhecimento prévio acerca da proporção de cada estrato na população (Richardson; Peres, 1985).

1.2.2 Amostras não probabilísticas

As amostras não probabilísticas tendem a produzir estimativas enviesadas dos parâmetros populacionais. Por essa razão, devem ser evitadas quando o objetivo do pesquisador é fazer inferências válidas para a população.[6] Neste capítulo, conheceremos as principais características de dois tipos de amostras não probabilísticas: a amostra intencional e a amostra por conveniência[7].

A **amostra intencional** é aquela em que o pesquisador utiliza critérios objetivos e/ou subjetivos para determinar quais observações serão incluídas. Por exemplo: um cientista político seleciona um grupo de 20 parlamentares evangélicos com o objetivo de analisar a disciplina partidária. É impossível determinar se essa amostra é representativa dos demais deputados. No entanto, a amostra intencional pode ajudar o pesquisador a melhor compreender o comportamento legislativo se a população de interesse for formada exclusivamente

---

6 O professor Earl Babbie (1999) define amostras não probabilísticas como qualquer técnica de seleção de casos que viola a teoria da probabilidade. São exemplos de amostras não probabilísticas as amostras autosselecionadas por quotas, por conveniência, intencional e bola de neve (snowball sampling).

7 Ainda na dúvida sobre a diferença entre amostras probabilísticas e não probabilísticas? Talvez esse um exemplo ajude. Pense na última festa que você foi. Estatisticamente falando, ficar com alguém tende a ser um evento mais randômico do que namorar, que exige um maior grau de intencionalidade. Ninguém se casa aleatoriamente, por exemplo. As pessoas podem até se conhecer ao acaso, como nos filmes românticos de Hollywood, mas a decisão posterior em permanecer junto depende de critérios objetivos e/ou subjetivos em que a seleção do caso é intencional. Moral da história: ficar tende a ser aleatório, namorar não.

por parlamentares religiosos, por exemplo. Além disso, a amostragem intencional pode ser útil quando o objetivo é apenas descrever um subgrupo da população sem grandes preocupações inferenciais.

Por sua vez, a **amostra por conveniência** é formada pelos casos mais acessíveis ao pesquisador. Essa modalidade de seleção de observações é extremamente tendenciosa e deve ser evitada quando o objetivo é fazer generalizações. Por exemplo, imagine uma pesquisa sobre o apoio popular ao regime democrático no país. Por acaso, o pesquisador tem um tio que é presidente da Associação dos Militares Estaduais do Brasil e resolve, por comodidade, entrevistar todos os associados. Em que medida os resultados encontrados são representativos da população? É fácil compreender que a opinião dos entrevistados talvez não corresponda aos sentimentos do restante do povo brasileiro sobre as vantagens da democracia.

Outro problema típico de amostragem ocorre quando as observações se autosselecionam para compor a amostra. A **amostra autosselecionada** também ilustra uma espécie de amostra não probabilística e tem efeitos negativos sobre a consistência das estimativas amostrais.

Autosseleção (Viés de Voluntariado)

Uma amostra autosselecionada consiste em um agrupamento de observações que escolheram voluntariamente participar da amostra. Em geral, essas amostras produzirão estimativas enviesadas dos parâmetros populacionais. O exemplo clássico de autosseleção é o paredão do Big Brother. A eliminação de um candidato não representa o sentimento do brasileiro típico sobre o assunto, mas apenas a preferência das pessoas que se importam com o tema o bastante a ponto de pagar o custo da ligação e/ou ficar conectado à internet para expressar suas opiniões. Regra geral: deve-se evitar fazer inferências com base em amostras autosselecionadas.

O Quadro 1.2 esquematiza as principais vantagens e limitações de cada tipo de amostra estudado até agora.

Quadro 1.2 – Vantagens e limitações dos tipos de amostras

Tipo	Amostragem	Limitações	Vantagens
Probabilística	Aleatória simples	Não garante a inclusão de casos minoritários em grandes populações; alto custo.	Requer mínimo conhecimento sobre as características da população; simples de calcular; elimina viés.
	Aleatória estratificada	Exige conhecimento prévio sobre a composição da população.	Garante proporcionalidade dos estratos da população na composição da amostra e estimativas com menor variabilidade; permite a comparação entre os estratos.
Não probabilística	Intencional	Potencialmente tendenciosa.	Fáceis de coletar; mais baratas.
	Conveniência	Tendenciosa.	
	Autosselecionada	Muito tendenciosa.	

Fonte: Elaborado com base em Richardson; Peres, 1985; Babbie, 1999.

Dalson Britto Figueiredo Filho

(1.3)
ERROS DE AMOSTRAGEM E ERROS DE MENSURAÇÃO

Até aqui, enfatizamos as vantagens das amostras em relação à população e os benefícios de utilizar amostras probabilísticas (aleatórias simples ou estratificadas). A partir de agora, discutiremos os problemas que podem surgir quando trabalhamos com a parte para inferir sobre o todo. Existem dois principais erros que podem afetar nossas conclusões:

1. erros de amostragem;
2. erros de mensuração.

Os **erros de amostragem** se relacionam à forma de coletar as informações. Por exemplo, uma pesquisa de opinião realizada apenas com simpatizantes do Partido Socialismo e Liberdade (PSOL) não é representativa do sentimento geral dos eleitores. O método de amostragem não respeita o princípio da equiprobabilidade, já que apenas um grupo específico de pessoas foi incluído na amostra. Os erros de amostragem são especialmente recorrentes em amostras não probabilísticas.

No entanto, problemas na seleção das observações também podem afetar as amostras aleatórias. Fatores externos como o clima, a hora do dia ou até mesmo a roupa do entrevistador podem influenciar a consistência das estimativas e comprometer a confiabilidade das inferências. Imagine uma pesquisa sobre desemprego realizada por domicílio no período matutino. Ainda que a amostra seja aleatória, a chance de encontrar o respondente de interesse em casa é muito pequena, o que por sua vez vai comprometer a validade das conclusões.

De forma complementar, os **erros de mensuração** são aqueles que distorcem o valor da estimativa amostral em função de algum problema no instrumento de coleta das informações. Por exemplo, qual foi a roupa que você utilizou em seu primeiro encontro no seu primeiro dia no atual emprego ou na faculdade? Como a consistência da informação depende da memória do entrevistado, há grandes chances de a mensuração ocorrer com erro e, portanto, não será representativa do parâmetro populacional de interesse. Falaremos mais sobre mensuração e a importância de boas medidas nos próximos capítulos. Por ora, vejamos alguns exemplos de erros amostrais que ficaram famosos.

Exemplo 1: Amostras maiores são melhores?

Em 1936, a revista *Literary Digest* realizou uma pesquisa eleitoral nos Estados Unidos com base em uma amostra não aleatória de 2,4 milhões de entrevistados. Os resultados apontaram equivocadamente a vitória do candidato republicano Alf Landon. Por sua vez, George Gallup previu corretamente a vitória de Franklin D. Roosevelt com base em uma amostra muito menor (50 mil respondentes) (Sphinx Brasil, 2015). Moral da história: Quantidade não é qualidade. Uma amostra maior não é necessariamente sinônimo de uma amostra melhor[8]. Em termos científicos, se o objetivo é fazer inferência, é melhor uma amostra pequena e aleatória do que uma grande e não probabilística. E qual foi o erro da *Literary Digest* no episódio relatado? Os casos foram selecionados com base nos contatos disponíveis em listas telefônicas. Porém, quem tinha telefone registrado em 1936? Apenas as pessoas de maior poder econômico. Dessa forma, a amostra foi formada por indivíduos mais ricos, ou seja, ela não era representativa da população de interesse (Sphinx, Brasil, 2015)[9].

---

8 Sugerimos, para aprofundamento desse tema, as seguintes obras: Converse; Presser, 1986 (que mostra como fazer perguntas de survey); Saris; Gallhofer, 2007 e Fowler, 1995 (com uma abordagem mais avançada); e Paranhos et al., 2013 (que apresenta, em português, uma introdução ao assunto).

9 Para mais informações sobre esse caso, sugerimos: Sphinx Brasil, 2015; Squire, 1988.

Exemplo 2: Existe estimação sem incerteza?

Em 2016, o cientista político Nate Silver previu que Hillary Clinton venceria facilmente as eleições presidenciais daquele ano nos Estados Unidos. Ao que parece, Silver utilizava uma metodologia complexa que envolvia a ponderação de diferentes pesquisas de opinião, estatística bayesiana e alguns outros critérios. Silver nunca explicou exatamente o passo a passo de sua metodologia. Todavia, os resultados observados contrariaram a maioria das previsões, inclusive a de Silver, e Donald Trump foi eleito com 306 votos colegiados[10] (Walton et al. 2016; Who..., 2016). Moral da história: a incerteza está presente em qualquer estimação estatística. Por isso, o bom analista de dados deve sempre determinar o nível de incerteza de suas estimativas.

(1.4)
COMO CALCULAR UMA AMOSTRA

Depois de compreender as vantagens e as limitações das pesquisas científicas feitas com base em amostras, a próxima etapa é entender como se calcula uma amostra. Para os propósitos deste capítulo, demonstraremos o passo a passo de como calcular amostras aleatórias simples e amostras aleatórias estratificadas. A definição do tamanho de uma amostra representativa da população consiste na determinação da quantidade mínima de observações necessárias para se fazer uma inferência confiável. Para tanto, devemos compreender os conceitos de *nível de confiança* e *erro amostral*.

---

10 *O sistema eleitoral norte-americano utiliza um modelo de votação em que o candidato que obtém a maioria dos votos em determinado estado recebe todos os votos dos delegados desse estado.*

> **Preste atenção!**
>
> Erro amostral – Representa a diferença entre a estimativa da amostra e o parâmetro populacional.
> Nível de confiança – Indica a probabilidade de o intervalo estimado conter o parâmetro populacional.

O **nível de confiança** indica o grau de certeza que o pesquisador tem sobre a correspondência entre a estimativa amostral e o parâmetro populacional. Por exemplo, um nível de confiança de 0% indica total falta de convicção na consistência dos resultados. Ou seja, se a pesquisa for repetida sob as mesmas condições, nada pode ser inferido a respeito dos resultados. Ao contrário, um nível de confiança de 100% indica total segurança de que o intervalo estimado contém o parâmetro populacional.

Na prática, a única forma de ter certeza a respeito do real valor do parâmetro populacional é com base no censo de todas as observações. Como já foi visto, todavia, a utilização de amostras se justifica pela economia de tempo e de recursos, mas tem como desvantagem a introdução de algum nível de incerteza nas conclusões.

Já o **erro amostral** representa a diferença entre a estimativa da amostra e o parâmetro populacional. Quanto menor for o erro amostral, maior será a precisão da estimativa. Outra forma de entender o que é erro amostral é considerar o que aconteceria se selecionássemos diferentes amostras aleatórias de uma mesma população. Para cada amostra, encontraríamos um valor ligeiramente diferente. Chamamos então de *erro amostral* a diferença entre a estimativa estatística da amostra e o parâmetro populacional.

> **Importante!**
> - Quanto maior for o nível de confiança, maior será o tamanho da amostra.
> - Quanto menor for o erro permitido, maior será o tamanho da amostra.
> - Quanto maior for a variabilidade do fenômeno de interesse, maior será o tamanho da amostra.
> - Quanto menor for a população, menos vantajoso será o uso de amostras.

Depois de compreender os conceitos de nível de confiança e de erro amostral, o próximo passo é aprender a calcular o tamanho de uma amostra.

1.4.1 Amostra aleatória simples

Para populações com mais de 100 mil observações, deve-se utilizar a seguinte fórmula:

$$n = \frac{\sigma^2 \times p \times q}{E^2}$$

Em que:
- n: tamanho da amostra;
- σ^2: nível de confiança (em geral, 90%, 95% ou 99%);
- p: proporção de características de interesse da população (percentual);
- q: proporção da população que não possui a característica (percentual);
- E: erro máximo de estimação permitido.

Não é preciso decorar essa fórmula, basta compreender os elementos envolvidos no cálculo da amostra, visto que o avanço computacional tornou desnecessária a manipulação técnica de algoritmos estatísticos complexos. Os melhores analistas de dados não sabem essas fórmulas de cabeça. Para facilitar ainda mais, selecionamos um *site* que pode ser utilizado para calcular o tamanho da amostra de forma fácil e rápida.

Figura 1.3 – Determinação do tamanho da amostra[11]

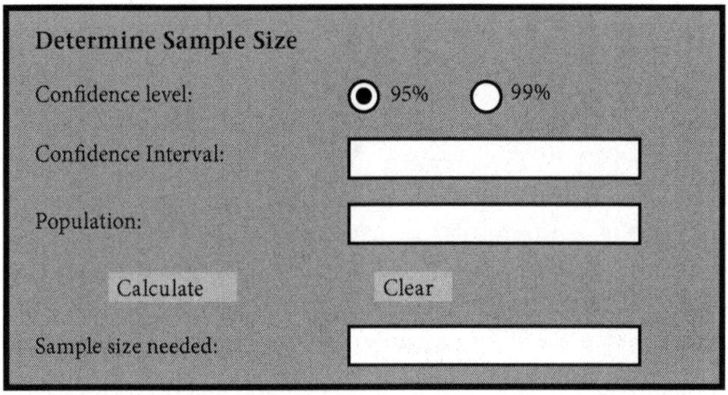

Determine Sample Size

Confidence level: ● 95%   ○ 99%

Confidence Interval:

Population:

Calculate   Clear

Sample size needed:

Fonte: Creative Research Systems, 2018.

No *site* do Survey System, é possível **determinar o tamanho da amostra** (*Determine Sample Size*) por meio da simples especificação das características desejadas. O nível de confiança (*Confidence level*) pode ser de 95% ou 99%. Por sua vez, o erro máximo de estimação permitido deve ser estabelecido pelo pesquisador em função do grau de precisão desejado (*Confidence Interval*). Muitas pesquisas adotam 3%, 4% ou 5% de erro, por exemplo. O último passo é informar o tamanho da população (*Population*) e selecionar calcular (*Calculate*) para encontrar o tamanho da amostra necessário.

Por exemplo, imagine uma pesquisa que procura conhecer a denominação religiosa dos deputados federais no Brasil. A população de

---

11 Outra opção on-line para efetuar o cálculo de amostras pode ser encontrada em: *SURVEY MONKEY.* **Calculadora de tamanho de amostra.** *Disponível em: <https://pt.surveymonkey.com/mp/sample-size-calculator/>. Acesso em: 27 jun. 2019.*

interesse é formada por todos os 513 representantes eleitos. Com um nível de confiança de 95% e um erro de 4%, o tamanho mínimo de uma amostra aleatória é de 277 parlamentares.

Importante!

- Se o pesquisador não souber o tamanho exato da população, é possível deixar o aplicativo em branco; nesse caso, o algoritmo matemático assume que N é superior a 100 mil casos.
- Quanto menor for o tamanho da população, maior será o tamanho proporcional da amostra, ou seja, quando aquela é muito pequena, as medidas de ambas convergem. Nesse caso, é melhor utilizar a população, já que, assim, não haverá incerteza e o custo adicional de coleta será marginal.
- Quanto maior for o tamanho da população, mais desejável será a utilização de amostras.
- Quanto maior for o tamanho da amostra, maior será o nível de precisão da estimativa, ou seja, menor será o erro amostral.

1.4.2 Amostras aleatórias estratificadas

Como vimos, as amostras aleatórias estratificadas aumentam a representatividade de diferentes subconjuntos da população, os quais são chamados de *estratos*. A estratificação consiste em utilizar a proporção observada na população para ponderar o tamanho final da amostra. Dessa forma, cada estrato será representativo do subconjunto específico da população. Ao final, a amostra estratificada será mais representativa da população de interesse e as conclusões serão mais confiáveis.

Por exemplo, imagine calcular uma amostra de uma população de 5 mil cientistas sociais com nível de confiança de 95% e erro máximo permitido de 5%. A Tabela 1.1 apresenta a distribuição proporcional desses casos com base em suas respectivas áreas de pesquisa (antropologia, sociologia e ciência política).

Tabela 1.1 – Estratificação da população de cientistas sociais

Profissão	N	%
Antropólogos	1.500	30
Sociólogos	2.500	50
Cientistas políticos	1.000	20
Total	5.000	100,0

Uma vez que já sabemos o tamanho da população, o próximo passo é substituir os parâmetros e encontrar o tamanho mínimo da amostra, que é de 357 casos. O problema é que a população não é homogênea, mas subdividida entre antropólogos (30%), sociólogos (50%) e cientistas políticos (20%). Para garantir a representatividade de cada grupo na composição da amostra, devemos ponderar a participação de cada um na determinação da quantidade de casos selecionados em cada estrato.

Antropólogos = 0,3 × 357 = 107,1
Sociólogos = 0,5 × 357 = 178,5
Cientistas políticos = 0,2 × 357 = 71,4

Ou seja, se 30% da população é formada por antropólogos, é desejável que esse percentual também seja observado na amostra. Dessa forma, cada subconjunto estará mais bem representado. Assim, para fazer uma inferência válida para a população de cientistas sociais, será necessário uma amostra mínima de 357 casos formada por 107,1 antropólogos (30%), 178,5 sociólogos (50%) e 71,4 cientistas políticos (20%). Como não é possível fracionar pessoas, devemos arredondar sempre "para cima". Em nosso exemplo, essa opção metodológica produzirá uma amostra de 360 observações, pois teremos 108 antropólogos, 179 sociólogos e 72 cientistas políticos.

Síntese

Neste capítulo, observamos que a inferência estatística está presente em todos os ramos do conhecimento científico que se preocupam com generalizações válidas sobre os fenômenos de seu interesse. Na ciência política, é muito comum a utilização de amostras para inferir sobre a população.

Vimos que a forma mais segura de garantir inferências confiáveis baseada em amostras aleatórias, sejam elas simples, sejam estratificadas. Também enfatizamos as limitações das amostras não probabilísticas quando a meta do pesquisador é fazer generalizações seguras. Por fim, verificamos o passo a passo de como calcular amostras aleatórias simples e amostras aleatórias estratificadas representativas de uma população.

Exercícios resolvidos

1. Um sociólogo foi contratado para coordenar uma pesquisa de intenção de voto para saber a preferência do eleitorado brasileiro sobre os candidatos à presidência da República em 2022. A estratégia de amostragem foi intencional e coletou informações em *shopping centers* de luxo das capitais de todos os estados do país. Explique o que pode dar errado nessa pesquisa.

    Resposta: Nesse caso, a amostragem deve ser aleatória e não intencional. Quando queremos inferir para uma população com base em dados amostrais, devemos garantir a mesma chance de seleção para todos os casos que compõem a amostra. É o que os estatísticos chamam de *equiprobabilidade* (mesma chance). A coleta de dados em *shoppings* é mais fácil e mais barata. Todavia, tende a não ser representativa da população. Vale ressaltar: quanto mais aleatória a amostra, melhor. E por que as amostras dos *shoppings* são ruins? Muito simples. Enquanto alguns estão estudando, outros estão trabalhando. Então, quem está passeando no *shopping center*, principalmente em dias de semana, especialmente durante o dia? Com certeza, não é o brasileiro típico.

2. Qual é a população de interesse em uma pesquisa que procura conhecer a taxa de homicídios por Unidade da Federação no Brasil?

    Resposta: A população são os 26 estados mais o Distrito Federal. Os dados sobre a quantidade de estados podem ser consultados no sítio eletrônico do Instituto Brasileiro de Geografia e Estatística – IBGE (2019b), disponível em: <https://ww2.ibge.gov.br/home/geociencias/areaterritorial/principal.shtm>[12]. Como o próprio enunciado da questão já menciona, a variável de interesse por *Unidade da Federação*, uma opção metodológica é calcular as taxas de homicídios por estado ou estimar as taxas por municípios e depois agregá-las por Unidade da Federação. Veremos as diferenças entre dados agregados e desagregados mais à frente.

---

12 *O usuário deve clicar na aba Download e escolher o ano para pesquisa.*

3. Qual é a população de interesse em um estudo que procura medir o Índice de Desenvolvimento Humano (IDH) por município no Brasil?

   Resposta: A população é composta dos 5.570 municípios do país. As informações sobre a quantidade de municípios brasileiros também estão disponíveis no *site* do IBGE (2019a), disponível em: <https://cidades.ibge.gov.br/>.

4. Qual é a população de interesse em uma pesquisa eleitoral para o cargo de governador do estado do Paraná?

   Resposta: A população é composta de todos os eleitores aptos a votar no Paraná. A quantidade de eleitores por Unidade da Federação pode ser consultada em: <http://www.tse.jus.br/eleitor-e-eleicoes/estatisticas/estatisticas-de-eleitorado/consulta-quantitativo>. A tabela a seguir sumariza a quantidade de eleitores por unidade da federação de acordo com os dados oficiais do Tribunal Superior Eleitoral (TSE) em novembro de 2017.

Abrangência	Quantidade	%
AC	535.879	0,37
AL	2.129.435	1,45
AM	2.345.876	1,60
AP	488.304	0,33
BA	10.647.416	7,26
CE	6.382.703	4,35
DF	2.005.229	1,37
ES	2.719.820	1,85

(continua)

(conclusão)

Abrangência	Quantidade	%
GO	4.549.371	3,10
MA	4.602.943	3,14
MG	15.624.074	10,65
MS	1.867.455	1,27
MT	2.258.686	1,54
PA	5.520.918	3,76
PB	2.914.845	1,99
PE	6.551.208	4,47
PI	2.361.332	1,61
PR	7.932.726	5,41
RJ	12.322.611	8,40
RN	2.381.625	1,62
RO	1.151.690	0,79
RR	326.743	0,22
RS	8.360.909	5,70
SC	5.045.685	3,44
SE	1.535.068	1,05
SP	32.698.110	22,29
TO	1.002.391	0,68
ZZ[13]	454.841	0,31
TOTAL	146.717.893	100,00

Fonte: TSE, 2019.

---

13 A sigla ZZ é usada pelo Tribunal Superior Eleitoral (TSE) para referir-se aos eleitores residentes no estrangeiro.

5. Calcule uma amostra aleatória simples para o Brasil de acordo com as seguintes especificações: nível de confiança de 95% e erro máximo permitido de 4%. Sabendo que o custo unitário de cada questionário é de R$ 3,50, estime também o custo operacional da pesquisa.

Resposta: O primeiro passo é determinar o tamanho da população (N). De acordo com os dados oficiais do último censo do IBGE, a população brasileira atingiu a marca de 190.755.799 habitantes. Depois disso, devemos substituir os valores de cada parâmetro na fórmula e determinar o tamanho da amostra (nesse caso, 600 observações). Porém, não vamos utilizar a fórmula, e sim a ferramenta *on-line* de cálculo de amostras que vimos anteriormente. Por fim, para estimar o custo operacional da pesquisa, devemos multiplicar o tamanho da amostra (600) pelo custo unitário de cada questionário (R$ 3,50), cujo resultado é R$ 2.100,00.

Questões para revisão

1. Com base no documentário *The Joy of Stats*[14], discuta a importância da estatística. Como essa ferramenta pode ser utilizada para analisar os fenômenos políticos? Exemplifique.

2. O que você entende por *inferência estatística*? Dê um exemplo de inferência em ciência política diferente do que mencionamos neste capítulo.

---

14 Disponível em: <https://www.gapminder.org/videos/the-joy-of-stats/> *Acesso em: 05 jul. 2019.*

3. Analise as afirmativas a seguir e marque V para as verdadeiras e F para as falsas.
( ) Amostras grandes são, necessariamente, melhores do que amostras pequenas.
( ) A seleção aleatória da amostra tende a produzir estimativas não enviesadas.
( ) A forma mais simples de eliminar o viés de uma estimativa é aumentar o tamanho da amostra.
( ) Desde que coletadas de forma adequada, as estimativas amostrais podem ser utilizadas para inferir a respeito dos parâmetros populacionais.
( ) As amostragens probabilísticas produzem estimativas menos confiáveis do que as amostras não probabilísticas.
( ) Quanto maior for o tamanho da população, mais vantajosa será a utilização de amostras.
( ) A principal motivação para utilizar amostras é a economia de tempo e de recursos.

Assinale a alternativa que apresenta a sequência correta:

a) F, V, F, V, F, V, V.
b) V, V, F, F, F, V, V.
c) F, F, F, V, F, F, V.
d) V, F, F, V, V, V, V.
e) V, F, V, F, F, V, F.

4. Dizemos que *inferência* é o processo de:
   a) empregar os dados da população para inferir sobre as características da amostra.
   b) comparar as estimativas de amostras aleatórias e não aleatórias.
   c) utilizar informações disponíveis para concluir sobre informações indisponíveis.
   d) examinar todos os casos de determinada população.
   e) analisar a relação entre a variância e a média de determinada distribuição.

5. Quais são as principais vantagens das amostras?
   a) Amostras são mais fáceis de ser coletadas, porém apresentam maior custo.
   b) Amostras são mais baratas, mas o tempo de coleta é maior.
   c) Amostras são mais rapidamente coletadas e comparativamente mais eficientes.
   d) Não existem vantagens óbvias associadas ao uso de amostras na pesquisa empírica.
   e) Amostras geram muita incerteza e por isso devem ser evitadas.

Questões para reflexão

1. Uma amostra coletada em um aeroporto é representativa da população? Justifique. Cite um exemplo de localidade espacial que pode produzir amostras não representativas.

2. "A corrupção hoje em dia está muito maior do que na minha época." "Durante a ditadura a gente não via nos jornais tantos

casos de políticos roubando o povo." Qual é o problema dessas inferências? Justifique.

3. Um professor costuma dizer que "ficar" é aleatório, e "namorar" é enviesado. Você concorda com essa afirmação? Justifique.

Para saber mais

Livros

AGRESTI, A.; FINLAY, B. **Métodos estatísticos para as ciências sociais**. Porto Alegre: Penso, 2012. (Métodos de Pesquisa).

BABBIE, E. **Métodos de pesquisas de** survey. Belo Horizonte: Ed. da UFMG, 1999. v. 1.

O livro do professor Babbie representa um dos primeiros esforços de sistematização de material didático especialmente voltado para a análise de dados em ciências sociais com ênfase na pesquisa de *survey*. Com exemplos práticos, o livro apresenta o passo a passo do planejamento e da execução de pesquisas com base em questionários. A grande vantagem da obra é a simplicidade da linguagem aliada à preocupação pedagógica com a aprendizagem prática.

DANCEY, C. P.; REIDY, J. **Estatística sem matemática para psicologia**. Porto Alegre: Penso, 2013. (Métodos de Pesquisa).

Apesar de o livro ser voltado para psicologia, apresenta uma ótima introdução à análise de dados com especial ênfase na aplicação do *Statistical Package for Social Sciences* (SPSS). O livro conta com o passo a passo computacional, além das saídas comentadas dos resultados estatísticos. A obra também é recheada de exemplos que ajudam a compreender os conceitos e as técnicas utilizadas e representa um importante avanço em relação a alguns livros tradicionais de estatística, que tendem a enfatizar aspectos matemáticos que são seguramente desnecessários para estudantes de ciências humanas. Saber matemática ajuda, mas entender os conceitos e compreender a implementação computacional nos tornam aptos a analisar dados.

EVERITT, B.; SKRONDAL, A. **The Cambridge Dictionary of Statistics**. Cambridge: Cambridge University Press, 2002.

FÁVERO, L. P. et al. **Análise de dados**: modelagem multivariada para tomada de decisões. Rio de Janeiro: Elsevier, 2009.

Seguindo as abordagens mais recentes, o livro enfatiza a estimação de modelos de regressão em três *softwares* comumente utilizados na pesquisa social. A obra conta ainda com uma excelente gama de exemplos e exercícios que facilitam a compreensão das principais técnicas de análise de dados.

FERREIRA NETO, M. Como contestar pesquisa eleitoral? **Revista Jus Navigandi**, Teresina, ano 17, n. 3371, set. 2012. Disponível em: <https://jus.com.br/artigos/22667>. Acesso em: 27 jun. 2019.

FIELD, A. **Discovering Statistics Using SPSS**. Thousand Oaks: Sage, 2009.

FIGUEIREDO FILHO, D. B. et al. Precisamos falar sobre métodos quantitativos em ciência política. **Revista Latinoamericana de Metodología de la Investigación Social**, v. 6, n. 11, p. 21-39, 2016.

GELMAN, A.; HILL, J. **Data Analysis Using Regression and Multilevel Hierarchical Models**. New York: Cambridge University Press, 2007. v. 1.

HAIR, J. F. et al. **Análise multivariada de dados**. Tradução de Adonai Schlup Sant'Anna 6. ed. Porto Alegre: Bookman, 2009. A principal vantagem dessa obra é a abordagem detalhada das diferentes técnicas de análise de dados. O livro cobre procedimentos que são geralmente negligenciados por outras obras, como análise de correspondência e modelo de equações estruturais (*Structural Equation Modeling* – SEM). Outro aspecto positivo é a linguagem simples e a reduzida ênfase em definições matemáticas. Sem dúvida alguma, representa uma leitura essencial para todos os interessados em entender os princípios e as aplicações da análise multivariada de dados.

IMAI, K. **Quantitative Social Science**: an Introduction. Princeton: Princeton University Press, 2017.

O prestigioso professor Kosuke Imai (Universidade de Princeton) apresenta uma introdução à análise de dados. A maior parte dos exemplos são de ciência política e todas as implementações computacionais são elaboradas com o uso do *R Statistical*. Um ponto positivo do livro é a disponibilização de todos os *scripts* (códigos) e de todas as base de dados. Dessa forma, o leitor pode reproduzir integralmente as análises estatísticas ou até mesmo aprimorá-las.

KELLSTEDT, P. M.; WHITTEN, G. D. **Fundamentos da pesquisa em ciência política**. Tradução de Lorena Barberia, Patrick Cunha Silva e Gilmar Masiero. São Paulo: Blucher, 2015. Esse livro representa o primeiro esforço pedagógico em produzir um material didático especificamente voltado para a ciência política. Baseado em exemplos extraídos da realidade norte-americana, os autores apresentam uma excelente introdução à análise de dados, cobrindo desde questões mais epistemológicas, como construção de teorias, até técnicas estatísticas mais avançadas, como séries temporais e regressão de painel.

KENNEDY, P. **Manual de econometria**. Rio de Janeiro: Elsevier, 2009.

KING, G.; KEOHANE, R. O.; VERBA, S. **Designing Social Inquiry**: Scientific Inference in Qualitative Research. Princeton: Princeton University Press, 1994.

KING, G.; TOMZ, M.; WITTENBERG, J. Making the Most of Statistical Analyses: Improving Interpretation and Presentation. **American Journal of Political Science**, v. 44, n. 2, p. 341-355, Apr. 2000. Disponível em: <https://web.stanford.edu/~tomz/pubs/ajps00.pdf>.Acesso em: 27 jun. 2019.

PALLANT, J. **SPSS Survival Manual**: a Step by Step Guide to Data Analysis Using SPSS. Boston: McGraw-Hill, 2013.

RICHARDSON, R. J.; PERES, J. A. **Pesquisa social**: métodos e técnicas. São Paulo: Atlas, 1985.

TRIOLA, M. F. **Introdução à estatística**: atualização da tecnologia. Rio de Janeiro: LTC, 2014.

Cursos

COURSERA. Disponível em: <https://www.coursera.org/>. Acesso em: 27 jun. 2019.

ECONOMETRICS Academy. Disponível em: <https://sites.google.com/site/econometricsacademy/>. Acesso em: 27 jun. 2019.

EDX. Disponível em: <https://www.edx.org/>. Acesso em: 30 jan. 2019.

Filmes

A GRANDE aposta. Direção: Adam McKay. EUA: Paramount Pictures, 2015. 131 min.

GÊNIO indomável. Direção: Gus Van Sant. EUA: Miramax Films, 1997. 126 min.

O HOMEM que mudou o jogo. Direção: Bennett Miller. EUA: Sony Pictures, 2011. 133 min.

O HOMEM que viu o infinito. Direção: Matthew Brown. Reino Unido: Diamond Films, 2015. 109 min.

O JOGO da imitação. Direção: Morten Tydum. EUA: Diamond Films, 2014. 115 min.

QUEBRANDO a banca. Direção: Robert Luketic. EUA: Sony Pictures, 2008. 122 min.

RAIN Man. Direção: Barry Levinson. EUA: 20th Century Fox, 1988. 133 min.

UMA MENTE brilhante. Direção: Ron Howard. EUA: Universal Pictures, 2001. 134 min.

Livros não técnicos

MLODINOW, L. **O andar do bêbado**: como o acaso determina nossas vidas. Tradução de Diego Alfaro. Rio de Janeiro: J. Zahar, 2009.

SALSBURG, D. S. **Uma senhora toma chá...**: como a estatística revolucionou a ciência no século XX. Rio de Janeiro: J. Zahar, 2009.

SILVER, N. **O sinal e o ruído**: por que tantas previsões falham e outras não. Tradução de Ana Beatriz Rodrigues e Claudio Figueiredo. Rio de Janeiro: Intrínseca, 2013.

Séries

1%. **South Park**. EUA: Comedy Central, 2 Nov. 2011. Série de televisão: temporada 15, episódio 12.

LORRE, C.; PRADY, B. **The Big Bang Theory**. Direção: Mark Cendrowski. EUA: CBS, 2007-2019. Série de televisão.

Vídeos

FUNDAÇÃO UNIVERSIDADE DO TOCANTINS. **História da estatística**. Disponível em: <https://www.youtube.com/watch?v=jCzMPL7Ub2k&feature=related>. Acesso em: 27 jun. 2019.

ROSLING, H. The Best Stats You've Ever Seen. TED, Feb. 2006. Disponível em: <https:www.youtube.com/watch?v=hVimVzgtD6wi>. Acesso em: 27 jun. 2019.

THE JOY of Stats. Direção: Dan Hillman. Reino Unido: BBC, 2010. 41 min. Disponível em: <https://www.gapminder.org/videos/the-joy-of-stats/>. Acesso em: 27 jun. 2019.

USP – Universidade de São Paulo. Instituto de Matemática e Estatística. Departamento de Estatística. Projeto Atividades em Estatística. **Lista de filmes e vídeos**. Disponível em<https://www.ime.usp.br/ativestat/atividades/filmes>. Acesso em: 27 jun. 2019.

Sugerimos a lista completa de vídeos elaborada pelo Instituto de Matemática e Estatística (IME) da Universidade de São Paulo (USP).

Perguntas & respostas

1. *Por que amostras são importantes?*

   Em muitas oportunidades, é praticamente impossível obter informação para todos os casos que formam a população de interesse. Por exemplo, imagine um censo para entrevistar todos os brasileiros. O custo logístico é extremamente alto e o tempo necessário para coletar as informações pode inviabilizar a pesquisa. Se todos os elementos da população fossem idênticos, não haveria a necessidade de se trabalhar com amostras. No entanto, dada a diversidade de observações, as amostras representam um importante procedimento de economia de tempo e de recursos.

2. *Por que devemos evitar amostras não probabilísticas para fazer inferências?*

   O principal problema das amostras não aleatórias é que elas tendem a não representar adequadamente os parâmetros populacionais. Dito de outra forma, como o princípio da equiprobabilidade foi violado, nada garante que as estimativas amostrais são representativas dos parâmetros populacionais de interesse. Por exemplo, imagine uma pesquisa de opinião que entrevista os simpatizantes do Presidente Jair Bolsonaro. Será que esses resultados podem ser generalizados para o restante dos eleitores? Evidentemente que não.

   Isso quer dizer que nunca devemos utilizar amostras não probabilísticas? Em muitas oportunidades, os cientistas políticos precisam ou escolhem trabalhar com amostras não aleatórias. É o caso, por exemplo, de pesquisas qualitativas.

Em outras situações, simplesmente não podemos calcular uma amostra aleatória e temos de analisar os dados oriundos de subconjuntos não probabilísticos da população. O importante é ter clareza sobre as vantagens e as limitações de cada tipo de amostra.

3. **Qual é a diferença entre estatística amostral e parâmetro populacional?**

    Iniciamos este capítulo falando sobre os conceitos de população, amostra e amostragem. Dissemos que a população diz respeito a todas as observações de interesse. Já a amostra é apenas um subconjunto da população. Por sua vez, a amostragem é o método de seleção dos casos da população que forma a amostra.

    Uma das principais motivações para o uso de amostras na pesquisa científica é a economia de tempo e de recursos. Dessa forma, em vez de examinar as características de todos os casos da população, analisamos apenas as características da amostra. A inferência estatística consiste exatamente nesse processo: utilizar a informação disponível da amostra para inferir a respeito das características indisponíveis da população. A estatística amostral descreve a amostra, já o parâmetro populacional serve para descrever as características da população.

Consultando a legislação

BRASIL. Constituição (1988). **Diário Oficial da União**, Brasília, DF, 5 out. 1988. Disponível em: <http://www.planalto.gov.br/ccivil_03/Constituicao/Constituicao.htm>. Acesso em: 27 jun. 2019.

O inciso XV do art. 21 da Constituição Federal de 1988 estabelece que cabe à União "organizar e manter os serviços oficiais de estatística, geografia, geologia e cartografia de âmbito nacional" (Brasil, 1988).

BRASIL. Lei n. 9.504, de 30 de setembro de 1997. **Diário Oficial da União**, Poder Legislativo, Brasília, DF, 1º out. 1997. Disponível em: <http://www.planalto.gov.br/ccivil_03/leis/L9504.htm>. Acesso em: 27 jun. 2019.

A Lei n. 9.504, de 30 de setembro de 1997, estabelece normas para as eleições. Em particular, o art. 33 dispõe sobre os procedimentos que regulam as pesquisas e os testes pré-eleitorais.

BRASIL. Tribunal Superior Eleitoral. Resolução n. 20.950, de 13 de dezembro de 2001. **Diário da Justiça**, 2 jan. 2002. Disponível em: <http://www.tre-sc.jus.br/site/legislacao/eleicoes-anteriores/eleicoes-2002/resolucao-tse-n-209502001/index.html>. Acesso em: 27 jun. 2019.

A Resolução TSE n. 20.950, de 13 de dezembro de 2001, do Tribunal Superior Eleitoral (TSE), dispõe sobre a regulamentação das pesquisas eleitorais nas eleições de 2002.

BRASIL. Tribunal Superior Eleitoral. **Consulta às pesquisas registradas**. Disponível em:<http://www.tse.jus.br/eleitor-e-eleicoes/eleicoes/eleicoes-suplementares/consulta-as-pesquisas-registradas>. Acesso em: 27 jun. 2019.

O Tribunal Superior Eleitoral mantém um *site* com informações detalhadas sobre pesquisas eleitorais realizadas no Brasil. O sistema permite localizar pesquisas por eleição, Unidade da Federação, empresa contratada e até mesmo município onde ocorreu a coleta de dados.

BRASIL. Tribunal Superior Eleitoral. Instrução n. 539-35.2015.6.00.0000; Resolução n. 23.453, de 15 de dezembro de 2015. Relator: Ministro Gilmar Mendes. **Diário de Justiça Eletrônico**, Brasília, DF, 23 dez. 2015. Disponível em: <https://www.conjur.com.br/dl/resolucao-tse.pdf>. Acesso em: 27 jun. 2019.

Essa instrução dispôs as regras para as pesquisas eleitorais realizadas nas eleições de 2016.

Capítulo 2
Variáveis, nível de
mensuração e estatística
descritiva

Conteúdos do capítulo:

- Definição de variáveis.
- Estatística descritiva.
- Índices e escalas.
- Dados agregados.
- Distribuição normal.

Após o estudo deste capítulo, você será capaz de:

1. dominar o conceito de variável;
2. identificar as diferentes formas de mensuração de variáveis;
3. explicar a diferença entre medidas de tendência central e medidas de dispersão;
4. reconhecer as principais características de índices e escalas;
5. diferenciar dados agregados de dados desagregados;
6. compreender o conceito de distribuição normal e explicar a sua importância na análise de dados.

Neste capítulo, veremos como transformar um conceito abstrato em uma variável empiricamente observada. Para isso, devemos primeiro compreender o que é uma variável e quais são as formas de mensurar os fenômenos sociais e políticos. Também observaremos como o nível de mensuração das variáveis afeta o tipo de técnica estatística que pode ser utilizado. Abordaremos também como o emprego de medidas de tendência central e de dispersão ajuda a compreender melhor a realidade política. Discutiremos ainda a importância de índices e escalas na pesquisa científica, analisando as características de dados agregados e desagregados. Por fim, examinaremos o papel da distribuição normal na inferência estatística.

Estudo de caso

Qual é o presidente brasileiro mais popular?

Presidentes do Brasil de 1995 a 2018

Dalson Britto Figueiredo Filho

Como vimos no Capítulo 1, as pesquisas de opinião podem ser utilizadas para conhecer a intenção de votos dos candidatos. Outra importante função que elas têm é revelar a satisfação da população a respeito do desempenho do governo. O gráfico a seguir ilustra a variação do percentual de pessoas que avaliaram os governos dos últimos presidentes do Brasil – Fernando Henrique Cardoso (**FHC**), Luiz Inácio **Lula** da Silva, **Dilma** Rousseff e Michel **Temer** – como ótimo/bom, de acordo com o levantamento da Confederação Nacional da Indústria e do Instituto Brasileiro de Opinião Pública e Estatística (CNI-Ibope).

Avaliação da popularidade dos presidentes (1999-2017)

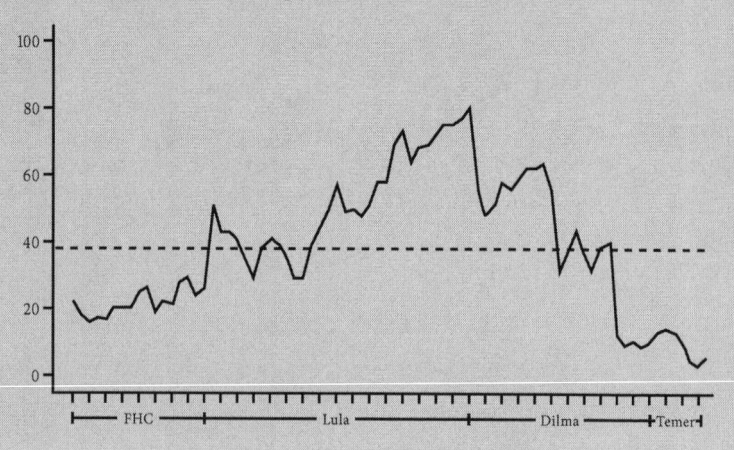

Fonte: Elaborado com base em Portal da Indústria, 2018.

A linha pontilhada representa o nível médio de aprovação do período examinado (38,27%). Comparativamente, Lula (52,38%) foi o presidente mais bem avaliado, enquanto Temer (4,45%) apresentou a menor média. Em particular, de acordo com os dados divulgados em março de 2018, apenas 5% dos brasileiros avaliaram o então governo como ótimo/bom (G1, 2018a). Dilma (39,77%), apesar de ter sofrido processo de impedimento, foi significativamente mais bem avaliada que FHC (21,76%).

Como podemos mensurar a satisfação com o governo? Como interpretar substantivamente esses resultados? Neste capítulo, responderemos a essas e a outras questões com o objetivo mostrar o nível de mensuração de variáveis e da estatística descritiva na pesquisa empírica em ciência política.

(2.1)
Conceito, variáveis e mensuração

O primeiro passo para se iniciar no assunto é compreender a diferença entre *conceito* e *variável*. Depois, devemos verificar como transformar conceitos em indicadores observáveis.

> **Preste atenção!**
>
> **Conceito** – Construto mental abstrato.
> **Operacionalização** – Transformação do conceito em variável.
> **Variável** – Atributo direta ou indiretamente observável, sujeito à variação quantitativa ou qualitativa.

O **conceito** é um construto mental abstrato que utilizamos para descrever e interpretar a realidade (Rubin; Babbie, 2007). Isso porque a explicação do mundo social e político depende da conceitualização dos fenômenos: ideologia, terrorismo, democracia, socialismo, república, corrupção e presidencialismo precisam ser definidos para que possamos compreendê-los. Em nosso exemplo, o conceito de interesse é a satisfação do cidadão com o governo de determinado presidente. Já a **variável** representa a manifestação concreta do conceito no mundo empírico. Por um lado, as variáveis podem ser diretamente observáveis, como o número de homicídios, o tamanho da população carcerária ou a quantidade de curtidas de uma foto no Instagram. A denominação religiosa e a cor dos olhos também podem ser operacionalizadas com base na observação direta. Por outro, existem variáveis que podem ser medidas apenas indiretamente, como ideologia, institucionalização, capital social, entre outras. Na verdade, a maior parte dos fenômenos de interesse em ciência política não podem ser diretamente observados. Como é o caso, por exemplo, do conceito de **democracia**. Diferentemente do peso e da altura, que podem ser objetivamente mensurados, o conceito de democracia não pode ser traduzido em um indicador. Ninguém vê uma democracia andando por aí, nem existe uma balança ou régua para mensurar quão democrático é determinado regime político. Isso não quer dizer que não podemos medi-la, apenas que não podemos fazê-lo diretamente.

O processo de operacionalização consiste em transformar o conceito abstrato em um atributo empírico. Esse atributo pode variar em termos de quantidade ou de qualidade. Quando a mensuração é feita com base em quantidades, dizemos que a variável é *quantitativa*. Já quando a medição depende da qualidade do atributo, estamos diante de uma variável chamada *qualitativa*. A Figura 2.1 ilustra a classificação das variáveis quanto ao nível de mensuração.

Figura 2.1 – Nível de mensuração das variáveis

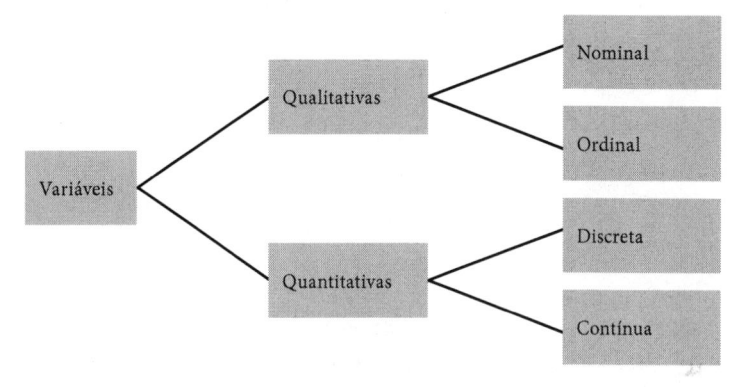

```
                          ┌── Nominal
              Qualitativas┤
              │           └── Ordinal
   Variáveis ─┤
              │            ┌── Discreta
              Quantitativas┤
                           └── Contínua
```

Existem duas perguntas que nos auxiliam a classificar as variáveis de acordo com o nível de mensuração:

- A variável pode assumir valor zero?
- A variável pode assumir valores fracionados?

Apenas variáveis quantitativas podem assumir valor zero. Assim, em relação à primeira pergunta, se a resposta é afirmativa, a variável é **quantitativa**. Em caso negativo, a variável é **qualitativa**. Talvez um exemplo ajude. Imagine que você queira medir o número de representantes políticos denunciados pela Operação Lava Jato, da Polícia Federal (Brasil, 2019). Teoricamente, a variável poderia assumir valor zero? Em outras palavras, poderíamos viver em um cenário sem nenhum caso de corrupção? Apesar de improvável, a variável poderia, em tese, assumir valor zero. Logo, devemos concluir que o número de políticos denunciados é uma variável quantitativa.

Depois de compreender a diferença entre variáveis quantitativas e qualitativas, o próximo passo é identificar o tipo específico da mensuração de interesse. Para isso, devemos analisar a segunda pergunta: faz sentido fracionar a medida ou o valor da variável? Em caso afirmativo, a variável é **quantitativa contínua**. Em caso negativo, a variável é **quantitativa discreta**. Para as variáveis qualitativas, devemos questionar se existe hierarquia entre as categorias. Em caso afirmativo, a variável é **qualitativa ordinal**. Caso contrário, estamos diante de uma variável **qualitativa nominal**. Parece complicado, mas não é. O Quadro 2.1 apresenta exemplos de variáveis com diferentes níveis de mensuração.

Quadro 2.1 – Exemplos de variáveis contínuas, discretas, ordinais e nominais

Contínua	Discreta	Ordinal	Nominal
Valor da fatura mensal da conta do telefone celular.	Número de amigos no Facebook.	*Ranking* dos brasileiros com mais seguidores no Instagram.	Tipo de rede social (Facebook, Instagram, Snapchat).
Produto Interno Bruto (PIB) *per capita*.	Número de mortes.	*Ranking* de países em uma escala de corrupção.	Partido político.
Gasto de campanha.	Número de votos em uma eleição.	Nível de desenvolvimento democrático.	Sistema de governo.

(continua)

(Quadro 2.1 – conclusão)

Contínua	Discreta	Ordinal	Nominal
Índice de Desenvolvimento Humano (IDH)[1].	Quantidade de cadeiras em um parlamento.	Categoria geral em uma escala Likert[2] (questionário).	Tipo de candidato (*challenger* ou *incumbent*[3]).
Taxa de reeleição.	Número de partidos da coalizão do governo.	Classificação dos países em ordem de desenvolvimento (1º, 2º e 3º mundo).	Sistema eleitoral.

Observe que as variáveis contínuas (conta de telefone, PIB *per capita*, gasto de campanha, IDH e taxa de reeleição) admitem valores fracionados. No Brasil, por exemplo, o IDH em 2015 foi de 0,754 (aprenderemos o que é um índice e como interpretá-lo ainda neste capítulo). Por sua vez, as variáveis discretas, como o número de mortes e o montante de amigos no Facebook, apenas podem ser quantificadas em unidades inteiras (1 morte/amigo, 2 mortes/amigos, 3 mortes/amigos etc.).

Como já vimos, as variáveis qualitativas podem ser ordinais ou nominais. As **ordinais** são geralmente observadas em questionários

---

1 O *Índice de Desenvolvimento Humano (IDH)* é uma das medidas mais amplamente utilizadas para medir o nível de bem-estar de uma sociedade. Quanto mais perto de "1", mais desenvolvido é o país. Contrariamente, quanto mais próximo de "0", maior é a sua fragilidade social. Metodologicamente, o IDH é calculado com base em indicadores de renda, saúde e educação. Ver Matoso (2017).

2 Para Babbie (2005, p. 214, tradução nossa), "índices e escalas (especialmente escalas) são dispositivos de redução de dados, as várias respostas de um respondente podem ser resumidas num único escore, e mesmo assim os detalhes específicos daquelas respostas serem mantidos quase que na totalidade".

3 Challenger é o candidato desafiante, ou seja, aquele que não ocupa o cargo eletivo naquele momento. Por sua vez, o incumbent é o candidato que busca se manter no cargo disputando uma reeleição.

Dalson Britto Figueiredo Filho

de *survey*. As **nominais** são especialmente importantes na pesquisa empírica em ciência política e muitas vezes exigem modelagens estatísticas mais sofisticadas. Por ora, basta saber que as variáveis nominais indicam a variação qualitativa de atributos sem hierarquia entre si, como o tipo de rede social ou partido político, por exemplo. E como saber se a operacionalização do conceito foi adequadamente realizada? Para responder a esse questionamento, devemos antes compreender a importância da validade e da confiabilidade das medidas na pesquisa científica.

(2.2)
VALIDADE E CONFIABILIDADE

O primeiro passo para compreender se um conceito foi adequadamente transformado em variável é examinar os requisitos técnicos de validade e confiabilidade. Anote aí no seu caderno as principais características de cada um. A **validade** refere-se ao grau de correspondência entre o que se mediu e o que se queria medir (Zeller; Carmines, 1980; Everitt; Skrondal, 2010)[4]. Dessa forma, **uma medida é válida quando ela reflete o que o investigador quer mensurar** (King; Keohane; Verba, 1994).

Nas palavras de Jannuzzi (2005, p. 139): "Validade é outro critério fundamental na escolha de indicadores, pois é desejável que se disponha de medidas tão 'próximas' quanto possível do conceito

---

4   Nunnally e Bernstein (1994) *defendem que o termo* validade *diz respeito à utilidade científica de determinado instrumento ou medida. Para ele, existem três tipos de validade: 1) construct (validade do construto); 2) predictive (validade preditiva) e 3) content (validade de conteúdo). Para os nossos propósitos, todavia, discutiremos apenas a noção geral de validade como o grau de correspondência entre o conceito abstrato e o indicador empírico.*

abstrato ou da demanda política que lhes deram origem". Por exemplo, um pesquisador interessado em analisar a relação entre violência e desigualdade social deve mensurar alguma variável que reflita esses conceitos. Uma opção seria a taxa de homicídios e o coeficiente de Gini, respectivamente. Por outro lado, não faz sentido utilizar a filiação partidária para representar o quociente de inteligência (Q.I.) de determinado candidato, visto que não existe uma relação claramente válida entre inteligência e preferência partidária.

Por sua vez, a **confiabilidade** indica o nível de consistência da mensuração. Em outras palavras, **um instrumento ou uma mensuração é confiável quando medidas repetidas sobre as mesmas unidades produzem resultados parecidos** (Figueiredo Filho et al., 2014a)[5]. Uma forma intuitiva de entender o conceito de *confiabilidade* é imaginar um termômetro. Se o mesmo indivíduo utiliza o mesmo dispositivo nas mesmas condições e observa os mesmos resultados, concluímos então que o instrumento e a medida são confiáveis. Contrariamente, se a cada nova mensuração o termômetro aponta uma temperatura diferente, devemos concluir que o instrumento não é confiável. Consequentemente, a medida é inconsistente. Outro exemplo ocorre nas disputas de ginástica olímpica. Ao final de cada prova, o mesmo competidor é avaliado por diferentes juízes. Quanto mais parecidas forem as notas, mais confiável será a mensuração. Por outro lado, todos ficariam desconfiados se um juiz atribuísse nota 10 e outro, nota 4 para julgar a mesma performance. Dessa forma, quanto mais semelhantes forem as medidas sobre o

---

5   Para mais informações sobre esse tema, ver: Figueiredo Filho (2014a). Uma das introduções mais didáticas sobre o assunto pode ser encontrada em Zeller; Carmines (1980). Por fim, indicamos Nunnally (1978).

mesmo fenômeno/observação, maior será o grau de confiabilidade da mensuração/instrumento.

> **Preste atenção!**
>
> **Confiabilidade** – Nível de consistência da mensuração. Medidas repetidas do mesmo fenômeno/observação devem produzir resultados semelhantes.
> **Validade** – Grau de correspondência entre o que se mediu e o que se queria medir.

Depois de compreender o que é uma variável e entender o papel da validade e da confiabilidade no processo de operacionalização de indicadores, o próximo passo é identificar a técnica estatística mais adequada em função do nível de mensuração das variáveis. A partir de agora, veremos como a estatística descritiva pode nos ajudar a explicar, explorar e comparar informações a respeito dos fenômenos sociais e políticos. Em particular, abordaremos as medidas de tendência central e as medidas de dispersão.

(2.3)
MEDIDAS DE TENDÊNCIA CENTRAL

Existem diferentes medidas para indicar a tendência central de um conjunto de dados. Veremos aqui as mais comuns: média, moda e mediana. A **média** aritmética é a medida mais popular de tendência central e deve ser utilizada para descrever o comportamento de variáveis quantitativas (discretas ou contínuas). Basta abrir os jornais ou acompanhar as notícias do Facebook para encontrar várias médias. Vejamos, então, alguns exemplos:

- "Brasil registra o maior número de assassinatos da história em 2016" (Mello, 2017).

- "Brasileirão de 2018 tem menor média de gols em 28 anos" (Nicola, 2018).
- "Brasileiros fazem sexo três vezes por semana, em média" (Lenharo, 2016).
- "Em média, um chinês toma um banho a cada dois dias" (Laguardia, 2015).
- "Média de mortes em acidentes de trânsito sobe 12% no fim do ano" (G1, 2017).
- "Resgatados de caverna na Tailândia perderam média de 2 kg" (G1, 2018b).
- "Negros ganham R$ 1,2 mil a menos que brancos em média no Brasil" (Velasco, 2018).

Veremos agora as principais propriedades e aplicações das medidas de tendência central e de dispersão. Durante a leitura, haverá algumas notações matemáticas. No entanto, qualquer computador pode fazer isso de forma mais eficiente e confiável. Nosso objetivo é a compreensão e a interpretação intuitiva dos conceitos.

2.3.1 Média, mediana e moda

$$\bar{x} = \frac{\sum x}{n} \longrightarrow \frac{\text{soma de todos os valores}}{\text{número de casos}}$$

Em que:
$\bar{x}$: média da distribuição. É chamado de "X barra";
$\sum x$: soma de todos os valores;
n: número de casos.

A média consiste na soma de todos os valores de uma distribuição dividida pela quantidade de observações. Ela informa um número síntese que representa o padrão geral observado em determinado conjunto de dados. Vejamos a seguinte distribuição:

> 1,2,3,4,5

A soma desses valores resulta em 15. Como a distribuição tem cinco elementos, a média se dá pela divisão da soma (15) pelo total de casos (5): 3. Ou seja, a média aritmética é 3. O procedimento é sempre o mesmo quando se trata da média aritmética: basta somar os valores de todos os casos e dividir pela quantidade total de observações. Algebricamente, utilizamos ($\bar{x}$) para representar a média.

Por sua vez, a **mediana**, assim como a média, também é uma medida de tendência central. No entanto, enquanto esta é estimada a partir de uma razão, aquela é uma medida de localização que divide a distribuição de dados ao meio (Dancey; Reidy, 2013). Imagine um conjunto de números. Se ordenarmos esse conjunto do maior para o menor, a mediana será o valor que separa a quantidade de casos em dois grupos de igual tamanho, de modo que 50% da população terão valores inferiores à mediana e os outros 50% da terão valores superiores à mediana (Dancey; Reidy, 2013). O professor Victor Davila (2019) define mediana como "o valor da variável que ocupa a posição central de um conjunto de n dados ordenados".

Como a mediana é o valor do meio de determinado conjunto de dados, a partir dela, teremos a divisão da distribuição em duas partes de igual tamanho. Talvez alguns exemplos nos ajudem a compreender melhor o papel da mediana como medida de posicionamento. Vejamos:

- A = 1, 2, **3**, 4, 5.
- B = 6, 7, **8**, 9, 10.

- C = 1, 2, 3, 4, 5, 6.
- D = 6, 7, 8, 9, 10, 11.

O primeiro passo para calcular a mediana é ordenar os valores. Depois disso, devemos identificar qual observação divide a distribuição exatamente em dois pedaços iguais. Nos casos A e B, as medianas são 3 e 8, respectivamente. E nos casos C e D? Como o número de elementos é par, devemos calcular a média dos elementos centrais, de modo a produzir uma distribuição simétrica. Teremos então 3,5 e 8,5, respectivamente.

E qual é a vantagem da mediana em relação à média? Muito simples: a mediana não é influenciada por valores extremos da distribuição. Dessa forma, em distribuições muito assimétricas (veremos as medidas de dispersão mais à frente), é preferível utilizar a mediana em detrimento da média[6]. Em outras palavras: como a mediana não é influenciada pela dispersão da distribuição, ela é mais adequada para ilustrar a tendência central de distribuições heterogêneas.

Por fim, a última medida de tendência central que iremos explorar é a **moda**. Ela é geralmente utilizada para descrever o comportamento de variáveis qualitativas (ordinais ou nominais) e indica o valor que ocorre com maior frequência em um conjunto de dados, isto é, o valor mais comum. Dessa forma, devemos utilizar a moda de uma distribuição para identificar o valor mais comum em um conjunto de dados. Vejamos alguns exemplos:

---

6 *Apesar de ser mais consistente para descrever a tendência central em distribuições muito heterogêneas, a mediana tem uma desvantagem que explica a sua limitada utilização prática: ela é menos intuitiva do que a média.*

- A = 1, 3, 5, 5, 6, 6.
- B = 1, 2, 3, 4, 5.
- C = 1, 2, 2, 2, 3,3, 3, 4, 4, 4.

Para identificar a moda, basta contar a ocorrência de cada valor. Na distribuição A, por exemplo, os valores 5 e 6 aparecem com mais frequência, logo, representam a moda. Como temos dois valores, dizemos que a distribuição é *bimodal*. No caso B, nenhum valor aparece com maior frequência; temos então um caso de distribuição *amodal*, ou seja, sem moda. Por fim, a distribuição C representa um caso com várias modas, o que chamamos de distribuição *plurimodal*.

Um exemplo famoso da moda na análise de fenômenos políticos é a intenção de voto em determinado candidato. Como a moda é o valor que mais se repete, ele indicará o concorrente com a maior intenção de votos. Naturalmente, os cientistas políticos falarão do candidato mais popular, já os estatísticos entenderão a mesma informação como a categoria modal. Em termos substantivos, no entanto, estão falando da mesma coisa.

Em síntese, os conceitos de cada medida de tendência central são os apresentados no Quadro 2.2.

Quadro 2.2 – Medidas de tendência central

Tendência central	Média	Soma dos valores de uma distribuição dividida pelo número de casos.
	Mediana	Valor que divide a distribuição ao meio.
	Moda	Valor que mais se repete em determinada distribuição.

Recapitulando: a média é a medida de tendência central mais conhecida. Ela é fácil de calcular e representa o ponto médio da distribuição dos valores. Sua principal desvantagem é a sensibilidade a casos extremos. A mediana, por sua vez, divide a distribuição ao meio e é especialmente adequada para descrever a variação de distribuições heterogêneas. Por fim, a moda representa o valor que mais se repete em determinada distribuição e é usualmente empregada para analisar variáveis qualitativas.

(2.4)
MEDIDAS DE DISPERSÃO

Na análise descritiva de dados, além das medidas de tendência central, é importante também avaliar as medidas de dispersão. As medidas de variabilidade ou *dispersão*, como são conhecidas, servem para indicar a variação dos casos de uma distribuição. Sozinhas, elas dizem muito pouco sobre a realidade (Triola, 2014). Todavia, a utilização conjunta das medidas de tendência central e das medidas de dispersão fornece informações valiosas sobre os fenômenos políticos. A partir de agora, abordaremos a variância, o desvio padrão e o erro padrão.

A **variância** indica a dispersão dos casos em relação à média de uma distribuição[7]. Quanto menor for a variância, mais homogênea será a distribuição, ou seja, maior será a semelhança entre os casos e

---

7 *Algebricamente,*

$$S^2 = \frac{\sum(x_1 - \bar{x})^2}{n-1}$$

A variância amostral é calculada com base na soma do quadrado dos desvios dividida pelo tamanho da amostra menos um. Triola (2014) identifica quatro propriedades importantes dessa estimativa: 1) a variância é medida em unidades quadradas da variável original, ou seja, se estamos medindo em R\$, a variância será mensurada em R\$²; 2) os valores da variância podem sofrer aumentos bruscos na presença de outliers; 3) como é medida em unidades quadradas, a variância é sempre positiva; e 4) a variância amostral é um estimador não enviesado da variância populacional.

a média. Contrariamente, quanto maior for a variância, mais heterogênea será a distribuição, ou seja, os casos são muito diferentes entre si. Para facilitar a compreensão, vejamos o passo a passo de como calculá-la.

Tabela 2.1 – Variância em quatro passos

1º	2º	3º	4º
X		X-	(X-)²
1	5,5	−4,5	20,25
2	5,5	−3,5	12,25
3	5,5	−2,5	6,25
4	5,5	−1,5	2,25
5	5,5	−0,5	0,25
6	5,5	0,5	0,25
7	5,5	1,5	2,25
8	5,5	2,5	6,25
9	5,5	3,5	12,25
10	5,5	4,5	20,25
		0	82,5

O primeiro passo é identificar o conjunto de dados. Em nosso exemplo, a amostra é formada por dez casos (1, 2, 3, 4, 5, 6, 7, 8, 9 e 10), como pode ser observado pela primeira coluna da Tabela 2.1. Depois disso, devemos calcular a média:

$$\frac{(1 + 2 + 3 + 4 + 5 + 6 + 7 + 8 + 9 + 10)}{10} = 5,5$$

Ou seja, a média é 5,5 (segunda coluna). O passo seguinte é estimar os desvios da média, ou seja, a diferença entre cada observação e o termo médio (ver terceira coluna).

Se o cálculo dos desvios foi devidamente efetuado, a soma de todos deve dar zero, já que os valores negativos cancelam os positivos. Para solucionar esse problema, basta elevar cada resultado ao quadrado (quarta coluna).

O último passo é fazer a soma dos quadrados dos desvios, que, em nosso exemplo, foi de 82,5. A variância é exatamente o resultado da divisão da soma por n – 1, ou seja, pela quantidade de observações menos um caso. Temos então:

$$\frac{82,5}{9} = 9,17$$

Graças ao avanço computacional, não é preciso calcular uma variância na mão. Para os nossos propósitos, basta saber o que a variância significa na prática: uma medida de dispersão das observações em relação à média. Quanto maior for a variância, maior será a variação dos casos em torno da média.

O **desvio padrão** nada mais é do que a raiz quadrada da variância. Em nosso exemplo, a raiz quadrada de 9,17 é 3,03. Uma forma bastante intuitiva de compreender o conceito de desvio padrão é imaginar que ele representa a distância média de cada observação para a própria média. Então, é como se cada caso estivesse a 3,03 unidades de distância da média da distribuição. A principal vantagem do desvio padrão é ser mensurado na unidade de medida da variável original, e não ao quadrado, como é o caso da variância[8].

Dessa forma, se a variável de interesse é a idade mensurada em anos, o desvio padrão informa a distância média dos casos em relação à média da distribuição em unidades de anos. A interpretação é direta: quanto maior for o desvio padrão, mais heterogênea será a distribuição. Logo, mais diferentes serão os casos entre si. Contrariamente, quanto menor for o desvio padrão, mais homogênea será a distribuição. Assim, maior será o nível de semelhança entre as observações e a média.

Para aprofundar nosso conhecimento a respeito da aplicação prática do desvio padrão na análise descritiva de dados, examinaremos a variação da taxa de homicídios por 100 mil habitantes no Brasil por Unidade da Federação em 2015. A Tabela 2.2 e o Gráfico 2.1 sumarizam essas informações.

Tabela 2.2 – Taxa de homicídios por unidade da federação (2015)

N	Mínimo	Máximo	Média	Desvio padrão
27	12,20	58,10	34,47	11,08

Fonte: Brasil, 2019c.

Existem informações para os 26 estados brasileiros mais o Distrito Federal. São Paulo (12,20) apresentou a menor taxa de homicídios, enquanto Sergipe apresentou a maior (58,10). A média da taxa de homicídios é de 34,47 mortes por 100 mil habitantes, com um desvio

---

8 *Algebricamente,*

$$S = \sqrt{\frac{\sum(x - \bar{x})^2}{n-1}}$$

O desvio padrão amostral (s) é calculado pela raiz quadrada da variância.

padrão de 11,08. Isso quer dizer que, em média, cada estado se afasta em 11,08 da taxa média de homicídios. É nesse sentido que o desvio padrão indica a distância média das observações para a própria média da distribuição. O Gráfico 2.1 ilustra a taxa de homicídios por 100 mil habitantes por Unidade da Federação.

Gráfico 2.1 – Taxa de homicídios por unidade da federação (2015)

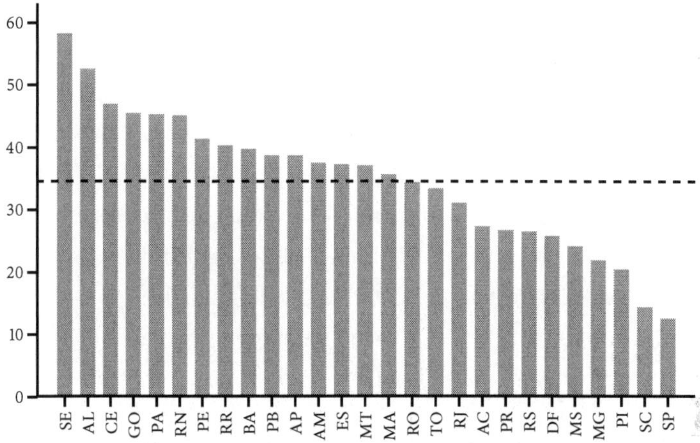

Fonte: Brasil, 2019c.

Tecnicamente, a análise gráfica facilita bastante a interpretação dos fenômenos de interesse. A linha pontilhada horizontal representa a média da taxa de homicídios por 100 mil habitantes no Brasil em 2015 (34,47). Como os valores dos estados estão ordenados do maior para o menor, fica fácil visualizar que Sergipe, Alagoas e Ceará são as unidades federativas mais violentas. Piauí, Santa Catarina e São Paulo, por outro lado, são os estados com as menores taxas de assassinato.

Por fim, o **erro padrão** indica a variabilidade das estimativas entre diferentes amostras. Quando utilizamos uma amostra qualquer para estimar uma média, por exemplo, o resultado será a média aritmética amostral, como vimos na seção 2.3, sobre as medidas de tendência central.

No entanto, se utilizarmos uma nova amostra aleatória da mesma população (ver Capítulo 1), provavelmente encontraremos um resultado ligeiramente distinto. Essa diferença entre uma amostra e outra é o que chamamos de *erro padrão*[9]. Ele é calculado com base na razão entre o desvio padrão e a raiz quadrada do tamanho da amostra. Como vimos, o desvio padrão é uma medida de dispersão dos casos em relação à média. Basta então usar essa informação ponderada pela raiz quadrada do número de observações disponíveis em nossa análise[10].

Qual seria então o erro padrão da média em nosso exemplo da taxa de homicídios no Brasil? Simples. Basta dividir o desvio padrão (11,08) pela raiz quadrada do tamanho da amostra (n = b27) para encontrar o valor de 2,13. Quanto menor for o erro padrão da média, mais precisa será nossa estimativa. Além disso, quanto maior for o tamanho da amostra, menor tenderá a ser o erro padrão da média. Logo, fica claro que amostras grandes, em geral, produzem melhores estimativas do que amostras pequenas. O Quadro 2.3 sumariza as medidas de dispersão estudadas até aqui.

---

9   *Algebricamente,*

$$SE = \frac{S}{\sqrt{n}}$$

O erro padrão da média (SE) é calculado pela razão entre o desvio padrão (S) e a raiz quadrada do número de casos (n).

10 *Para uma explicação bastante simples sobre a diferença entre desvio padrão e erro padrão, ver: LUNET; SEVERO; BARROS, 2006.*

Quadro 2.3 – Variância, desvio padrão e erro padrão

Dispersão	Variância	Indica a dispersão dos casos em relação à média.
	Desvio padrão	Raiz quadrada da variância. Informa o nível de dispersão dos casos em relação à média. Quanto maior for o desvio padrão, mais heterogênea será a distribuição. Contrariamente, quanto menor for o valor do desvio padrão em relação à média, mais homogêneo será um conjunto de dados.
	Erro padrão	Representa a variabilidade das estimativas entre diferentes amostras. Quanto menor ele for, mais precisa será a informação.

(2.5) ÍNDICES E ESCALAS[11]

Depois de compreender o papel das medidas de tendência central (média, mediana e moda) e das medidas de dispersão (variância, desvio padrão e erro padrão) na análise descritiva de dados, o próximo passo é examinar a função dos indicadores compostos.

Importante!

Dizemos que um indicador é *composto* quando ele é formado por mais de uma variável.

Vimos que a transformação de um conceito abstrato em uma variável empírica não é um processo simples, pois o mesmo conceito

---

[11] Dado o caráter introdutório deste capítulo, apenas estudaremos aspectos básicos da construção de índices e escalas. Os interessados em abordagens mais sofisticadas devem seguir as referências bibliográficas.

pode ser mensurado com base em diferentes indicadores. Para complicar ainda mais, a operacionalização de indicadores consistentes depende dos critérios de validade e de confiabilidade, como vimos anteriormente. Por exemplo, imagine um cientista político interessado em medir o fenômeno da corrupção. O primeiro passo é definir o conceito teoricamente. Afinal, o que é corrupção? Para um estudo no Brasil, uma opção é adotar a tipificação legal do Código Penal.[12] Outra opção é adotar o conceito comumente usado na literatura internacional, que define corrupção como a venda de propriedade do governo por seus integrantes oficiais visando ao ganho pessoal (Shleifer; Vishny, 1993).

Depois de definir conceitualmente o fenômeno, o próximo passo é mensurá-lo. Alguns estudos utilizam medidas observáveis de corrupção, como casos que foram detectados e julgados pelo Poder Judiciário. Outros trabalhos utilizam medidas compostas criadas com base em questionários com especialistas. É o caso, por exemplo, da medida de percepção da corrupção anualmente divulgada pela Transparência Internacional (2019). Nesta seção, discutiremos as principais características de índices e escalas, que são medidas compostas usualmente empregadas na pesquisa empírica em ciência política.

Uma das motivações para utilizar medidas compostas na pesquisa empírica é a sua capacidade de sintetizar informação (Maxfield; Babbie, 2014)[13]. Por exemplo, em vez de utilizar cinco variáveis,

---

12 De acordo com o Código Penal – Decreto-Lei n. 2848, de 7 de dezembro de 1940 –, a corrupção passiva é "Art. 317 - Solicitar ou receber, para si ou para outrem, direta ou indiretamente, ainda que fora da função ou antes de assumi-la, mas em razão dela, vantagem indevida, ou aceitar promessa de tal vantagem"; já a corrupção ativa é "Art. 333 – Oferecer ou prometer vantagem indevida a funcionário público, para determiná-lo a praticar, omitir ou retardar ato de ofício" (Brasil, 1940).

13 Para os interessados no assunto, sugerimos a leitura de OECD (2008); Mazziota; Pareto (2013). Em português, há o artigo de Figueiredo Filho et al. (2013a).

o pesquisador emprega apenas um índice ou uma escala que representa a maior parte da informação das variáveis originais. Outra motivação que justifica o uso de indicadores compostos é a busca por medidas com maiores níveis de validade e de confiabilidade. É por essa razão, por exemplo, que muitos concursos públicos são estruturados em diferentes fases (prova escrita, prova oral, análise de títulos, exame físico). A lógica é simples: é mais seguro concluir que um candidato é melhor do que outro quando a seleção não considera apenas uma dimensão específica do desempenho[14].

Além disso, a utilização de medidas compostas é especialmente relevante para mensurar conceitos e fenômenos que não são diretamente observáveis. Imagine, por exemplo, o cotidiano de um médico especializado em doenças raras. Ao examinar um paciente, ele observa diferentes variáveis, como temperatura do corpo, testes sanguíneos e ressonâncias magnéticas. A meta é utilizar conjuntamente os indicadores para diagnosticar o problema de saúde que não é diretamente observável. Portanto, indicadores compostos tendem a ser mais representativos dos conceitos de interesse do que variáveis isoladas. Em síntese, as utilidades das medidas compostas são:

- sintetizar informação;
- aumentar a confiabilidade e a validade das mensurações;
- medir conceitos/fenômenos não diretamente observáveis.

Índices e escalas são exemplos de indicadores compostos. Infelizmente, existe grande confusão conceitual na sua utilização (Rubin; Babbie, 2007). Para compreender melhor as diferenças entre

---

14   Para Rubin e Babbie (2007, p. 152, tradução nossa), "os pesquisadores muitas vezes precisam empregar vários indicadores para medir uma variável de forma adequada e válida. Índices, escalas e tipologias são medidas compostas úteis formadas por vários indicadores".

eles, é importante observar primeiramente as suas semelhanças, como veremos no próximo tópico.

(2.6) SEMELHANÇAS ENTRE ÍNDICES E ESCALAS

Índice e escala são medidas compostas, ou seja, são formadas por mais de uma variável. Além disso, tanto um quanto o outro permitem a ordenação hierárquica dos casos analisados (*ranking*).

Vejamos um exemplo. De acordo com o Programa das Nações Unidas para o Desenvolvimento (PNUD), o Brasil ficou estagnado no *ranking* do Índice de Desenvolvimento Humano (IDH), atrás de Chile, Argentina, Uruguai e Venezuela (Clavery, 2018; Gonçalves, 2018). Nesse caso, o IDH permite avaliar a posição relativa do Brasil em relação aos demais países no espectro do que se convencionou como *desenvolvimento humano*.

Contudo, uma diferença fundamental entre índices e escalas diz respeito à estrutura dos itens que são utilizados no cálculo da medida final. Enquanto o índice pode ser construído pela simples agregação dos escores das variáveis em um único indicador, a mensuração da escala depende de uma estrutura teórica e/ou empírica subjacente ao conceito que se pretende medir. Ou seja, na escala, o pesquisador assume que alguns itens capturam melhor o conceito de interesse e, por isso, devem ter maior peso na construção do indicador. Por exemplo, imagine um pesquisador interessado em avaliar qual é o melhor time de futebol do Brasil. Para isso, ele identifica as seguintes variáveis:

> Número de títulos estaduais + número de títulos nacionais + número de títulos internacionais

Não precisa ser especialista em esportes para perceber que um título internacional é mais difícil de conseguir e, por esse motivo, deve pesar de forma diferente na hora de construir a medida composta. Em resumo, a principal vantagem das escalas é incorporar a estrutura de intensidade dos itens/variáveis na construção do indicador final[15]. Talvez um exemplo nos ajude. Considere as seguintes afirmativas.

- X_1: Você é a favor da união homoafetiva?
- X_2: Você é a favor da adoção de crianças por casais homossexuais?

Pessoas favoráveis à adoção de crianças por casais homossexuais certamente concordam com a união homoafetiva. Todavia, é possível ser favorável ao casamento entre pessoas do mesmo sexo, mas discordar da política de adoção. Ou seja, o item X_2 tem uma estrutura de intensidade maior do que o item X_1. Essa estrutura subjacente entre os itens é a principal vantagem da escala em relação ao índice[16]. Esquematicamente, podemos sintetizar ambas as medidas no Quadro 2.4.

---

15 Operacionalmente, a análise fatorial é uma das técnicas mais comumente empregadas para construir índices. Para os interessados no assunto, sugerimos Figueiredo Filho; Silva Júnior (2010). Para abordagens mais avançadas, Tabachnick; Fidell (2007).

16 Para Rubin e Babbie (2007, p. 153, tradução nossa), "uma escala aproveita as diferenças de intensidade entre os atributos da mesma variável para identificar padrões distintos de resposta".

Quadro 2.4 – Índice e escala

Índice[17]	Escala[18]
Agregação dos escores de diferentes variáveis em um indicador sintético.	Agregação dos escores de diferentes variáveis em um indicador sintético, respeitando uma estrutura teórica e/ou empírica subjacente.

Comparativamente, a utilização de índices é mais comum na ciência política. Por esse motivo, dedicaremos mais atenção a essa modalidade de medida composta.

Já falamos que o IDH é um exemplo de medida composta, pois é formado por três dimensões: renda, educação e saúde[19]. O objetivo desse índice é fornecer uma medida comparativa para avaliar o grau de bem-estar de um país com base na agregação de diferentes variáveis em um único indicador. Tecnicamente, as variáveis têm o mesmo peso, ou seja, cada indicador contribui igualmente para a construção do índice, e o IDH varia entre 0 e 1. Quanto maior ele for, mais desenvolvido será o país. O Gráfico 2.2 ilustra a variação do IDH por Unidade da Federação no Brasil.

---

17 Rubin e Babbie (2007 p. 154, tradução nossa) definem índice como "um tipo de medida composta que resume e ordena várias observações específicas e representa alguma dimensão mais geral".

18 Para Maxfield e Babbie (2014, p. 154, tradução nossa), "um tipo de medida composta formada por vários itens que possuem uma estrutura lógica ou empírica entre eles. Exemplos de escalas incluem distância social Bogardus, escalas Guttman Likert e Thurstone".

19 O IDH foi originalmente criado pelo economista paquistanês Mahbub ul Haq em 1990 e publicado pelo relatório do PNUD, órgão da Organização das Nações Unidas (ONU). Ver PNUD Brasil (2019b).

Gráfico 2.2 – IDH por Unidade da Federação (2010)

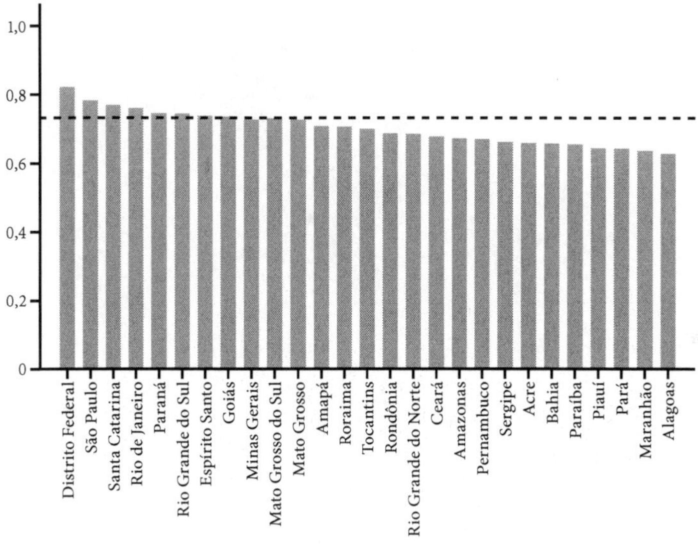

Fonte: Pnud, 2019.

A linha pontilhada representa o IDH do Brasil em 2010, de acordo com os dados do Atlas do Desenvolvimento Humano no Brasil (2019): 0,727. Distrito Federal (0,824), São Paulo (0,783) e Santa Catarina (0,774) lideram o *ranking* dos estados. No outro extremo, observamos Pará (0,646), Maranhão (0,639) e Alagoas (0,631). Note que é impossível verificar diretamente o conceito de *desenvolvimento humano*. Nesse caso, o índice busca representar a dimensão não observável com base em três diferentes variáveis que, teoricamente, mensuram o conceito de interesse.

Outra medida composta bastante conhecida entre os cientistas políticos é o índice de percepção da corrupção produzido pela Transparência Internacional. O Mapa 2.1 ilustra esses dados.

Mapa 2.1 – Percepção da corrupção em 2016

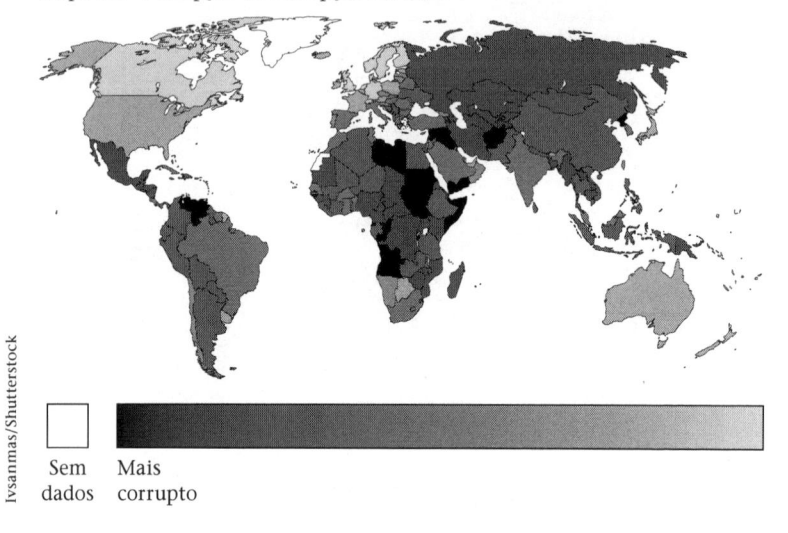

Sem dados | Mais corrupto

Fonte: Elaborado com base em Transparency International, 2017.

O índice é composto pela agregação de diferentes indicadores e varia entre 0 (muito corrupto) e 100 (muito íntegro). Portanto, quanto menor ele for, mais intensa será a corrupção percebida em uma sociedade. Como pode ser observado, a percepção da corrupção no Brasil se aproxima daquela sentida em países da África e da Ásia. No mundo, Sudão do Sul (13), Síria (13) e Somália (10) ocupam os últimos lugares, respectivamente. Ao se considerarem apenas os países americanos, nosso país ocupa a 20ª colocação entre 32 nações. Por outro lado, Dinamarca (88), Nova Zelândia (87) e Finlândia (85) lideram o *ranking* de integridade. Na verdade, como aponta a própria Transparência Internacional, dos dez países mais bem posicionados, sete estão localizados no continente europeu. O Reino Unido (80) aparece na 11ª colocação e os Estados Unidos, na 22ª posição, com escore de 71. O Gráfico 2.3 ilustra a variação desse indicador na América Latina (Transparency International, 2017).

Gráfico 2.3 – Percepção da corrupção na América Latina

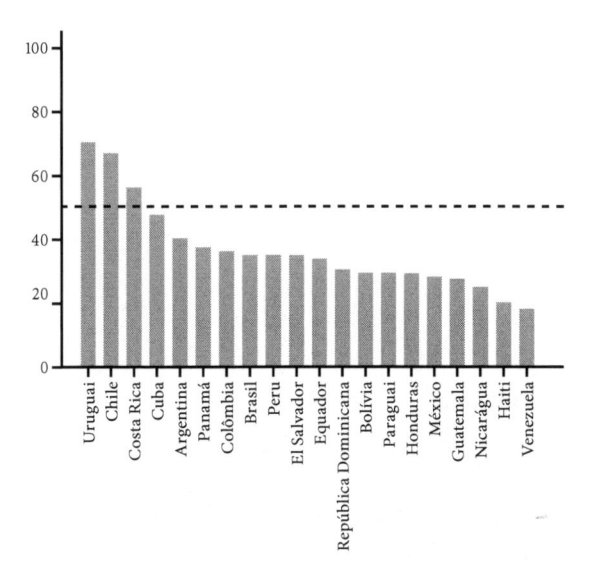

Fonte: Elaborado com base em Transparency International, 2017.

Na América Latina, Uruguai, Chile e Costa Rica lideram o *ranking* de transparência. No lado oposto, observamos Nicarágua, Haiti e Venezuela. O Brasil aparece na oitava colocação na América Latina, logo atrás da Colômbia. Nesse exemplo, a principal motivação para utilizar o índice é produzir uma medida com maior nível de validade e que sirva de referência para estudos comparativos[20].

---

20 Esse índice mede a percepção da corrupção, e não a corrupção realmente observada, que é, por definição, muito difícil de medir. Para mais informações sobre o tema, ver o artigo de Rodrigues et al. (2016).

Por fim, outro índice interessante foi produzido pelo Sistema Firjan (2019a). O Índice Firjan de Gestão Fiscal (IFGF) é uma "ferramenta de controle social que tem como objetivo estimular a cultura da responsabilidade administrativa, possibilitando maior aprimoramento da gestão fiscal dos municípios, bem como o aperfeiçoamento das decisões dos gestores públicos quanto à alocação dos recursos" (Firjan, 2019a). Tecnicamente, o índice varia entre 0 e 1 e é formado com base na agregação das seguintes variáveis observadas: receita própria, gastos com pessoal, investimentos, liquidez e custo da dívida (Firjan, 2017a). Quanto maior for o valor, melhor será a gestão fiscal. O Gráfico 2.4 ilustra a variação desse índice para as capitais brasileiras em 2016.

Gráfico 2.4 – Índice Firjan de Gestão Fiscal (IFGF) das capitais brasileiras (2016)

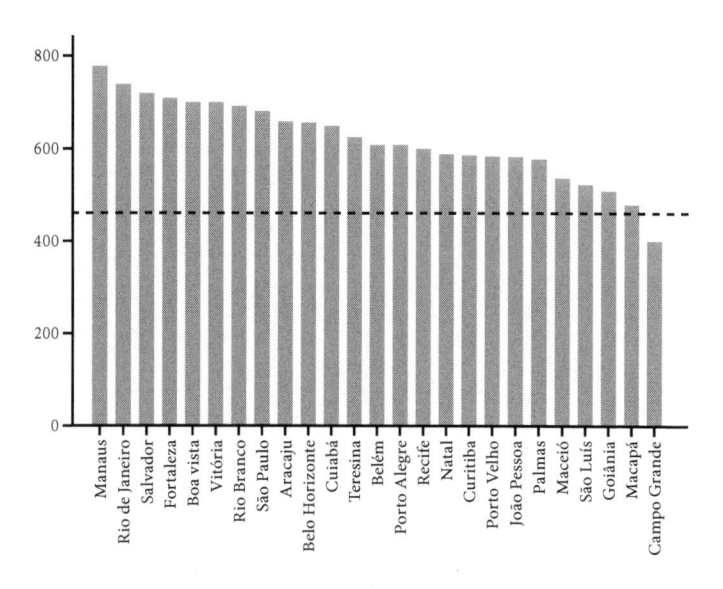

Fonte: Elaborado com base em Firjan, 2017b.

Como pode ser observado, Manaus (0,765), Rio de Janeiro (0,733) e Salvador (0,710) lideram o *ranking* de gestão fiscal. No lado oposto, observamos Goiânia (0,503), Macapá (0,477) e Campo Grande (0,399). Em síntese, seja para mensurar conceitos não diretamente observáveis, seja para melhorar a validade e a confiabilidade do que se pretende medir, as medidas compostas fornecem estimativas sintéticas que nos ajudam a compreender melhor os fenômenos de interesse.

Por fim, é importante discutir brevemente o conceito e as principais características de um método específico de construção de escalas. Vejamos um exemplo. Uma pesquisa questiona os entrevistados se eles concordam ou discordam da seguinte afirmação:

O *impeachment* de Dilma Rousseff foi um golpe.

O resultado observado com base na mensuração dicotômica (concorda ou discorda) apenas informa a quantidade/proporção de respondentes favoráveis ao enunciado. Não é possível saber o grau de concordância ou de discordância dos entrevistados. Agora, a mesma informação a respeito do processo de afastamento de Dilma Rousseff é julgado com base nas seguintes alternativas:

( ) Discordo fortemente.
( ) Discordo.
( ) Não discordo nem concordo.
( ) Concordo.
( ) Concordo fortemente.

Essa estrutura de intensidade de respostas (*discordo fortemente até concordo fortemente*) chama-se *escala Likert*, e é um procedimento muito utilizado em pesquisas de opinião em ciência política. Richardson e Peres (1985, p. 268) apontam:

Escalas foram definidas como instrumentos de medição, aplicando-se este conceito à numeração sistemática de um conjunto de observações, determinando a posição de cada membro de um grupo em termos da variável em estudo. [...] Assim, a construção dessas escalas está baseada em algum tipo de manifestação da propriedade mensurada.

Em particular, a escala Likert foi formulada na tese de doutorado do psicólogo norte-americano Rensis Likert como um método para mensurar atitudes comportamentais/opiniões[21]. Por utilizar a estrutura de intensidade entre os itens, ela é mais informativa sobre o conceito de interesse do que outros métodos de aferição, e seu objetivo é tentar mensurar o conceito abstrato que não pode ser diretamente observável com base nos itens que formam a escala. A Figura 2.2 ilustra a lógica da escala de Likert.

Figura 2.2 – Estrutura subjacente da escala de Likert

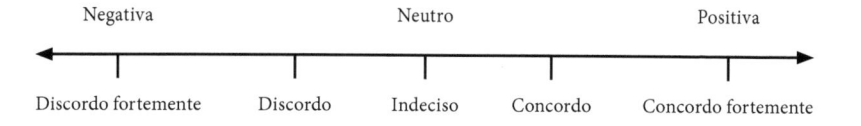

Negativa		Neutro		Positiva
Discordo fortemente	Discordo	Indeciso	Concordo	Concordo fortemente

Para Likert, as atitudes ou opiniões das pessoas variam em um espectro negativo-positivo. A estrutura de intensidade entre os itens permite classificar os respondentes e hierarquizá-los de acordo com o conceito que se procura mensurar. Essa é uma vantagem da escala Likert. Na prática, é comum observar variações na quantidade de categorias utilizadas e/ou na forma de apresentação dos itens.

---

21 A primeira publicação sobre o assunto apareceu na revista *Archives of Psychology*, em 1932 (Likert, 1932). Para um tratamento mais técnico (matemático), sugerimos Cunha (2007); Bertram (2019); Johns (2010).

Na área da psicologia, por exemplo, é comum utilizar expressões em vez de números para representar a intensidade entre os itens.

Figura 2.3 – Escala Likert

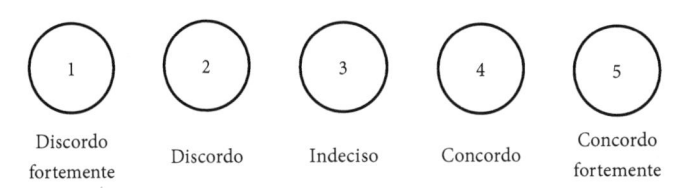

(1)	(2)	(3)	(4)	(5)
Discordo fortemente	Discordo	Indeciso	Concordo	Concordo fortemente

Para fixar a compreensão, vejamos mais um exemplo. Considere a seguinte afirmativa:

> "Às vezes, política e governo parecem tão complicados que uma pessoa como você não pode realmente entender o que se passa" (Fuks, 2012, p. 105).

A mensuração é feita com base em uma escala Likert de cinco pontos: concordo totalmente, concordo em parte, não concordo nem discordo, discordo em parte e discordo totalmente. De acordo com o padrão de respostas, podemos observar a atitude dos respondentes em relação a uma ou a mais dimensões teóricas de interesse. Nesse exemplo, Fuks (2012, p. 105) estava interessado em mensurar "eficácia política subjetiva". Como vimos, uma das funções das medidas compostas é mensurar conceitos que não podem ser diretamente observáveis, como é o caso da eficácia política subjetiva.

Depois de conhecer as principais características das medidas compostas, devemos agora examinar um assunto muito importante na análise quantitativa dos fenômenos políticos: o nível de análise dos dados.

(2.7)
DADOS AGREGADOS[22]

Chamamos de *unidade de análise* a entidade fundamental de interesse em uma pesquisa científica (Trochim, 2006). Por exemplo, é comum em estudos clínicos trabalhar com ratos. Em pesquisas de intenção eleitoral, a unidade de análise é o indivíduo que responde a uma bateria de questões. A unidade de análise também pode ser o município, a empresa, o estado, o país ou até mesmo um trabalho científico[23].

Vejamos alguns exemplos de unidade de análise em estudos de ciência política:

- Borba e Cervi (2017) examinam a relação entre propaganda, dinheiro e avaliação de governo no desempenho de candidatos em eleições majoritárias no Brasil. A unidade de análise são os candidatos aos cargos de presidente, governadores e prefeitos das capitais entre 2002 e 2014.
- Figueiredo Netto e Speck (2017) analisam o impacto do dinheiro sobre o desempenho eleitoral de candidatos nas eleições legislativas no Brasil. A unidade de análise são os candidatos aos cargos de deputado federal e deputado estadual nas eleições de 2010 e 2014.
- Lins, Figueiredo Filho e Silva (2016) testam a hipótese de que a redução da maioridade penal reduz os níveis de violência. A unidade de análise são países.

---

22 Existem diferentes sites *que fornecem dados agregados. Ao final do capítulo, na seção "Para saber mais", listamos algumas fontes especialmente relevantes para a pesquisa empírica em ciência política.*

23 *"A meta-análise consiste em colocar diferentes estudos juntos em um mesmo banco de dados e utilizar metodologias analíticas e estatísticas para explicar a variância dos resultados utilizando fatores comuns aos estudos" (Roscoe; Jenkins, 2005, p. 54, tradução nossa). Para um software específico sobre meta-análise, ver: Comprehensive Meta-Analysis (2019).*

- Batista (2013) analisa a relação entre competição política e corrupção no Brasil. A unidade de análise são os municípios.

Outra forma de compreender o conceito de unidade de análise é imaginar uma planilha de dados. Vejamos a Tabela 2.3.

Tabela 2.3 – IDH por Unidade da Federação (2010)[24]

UF	IDH
Acre	0,663
Alagoas	0,631
Amapá	0,708
Amazonas	0,674
Bahia	0,660
Ceará	0,682
Distrito Federal	0,824
Espírito Santo	0,740
Goiás	0,735
Maranhão	0,639
Mato Grosso	0,725
Mato Grosso do Sul	0,729
Minas Gerais	0,731
Pará	0,646
Paraíba	0,658
Paraná	0,749
Pernambuco	0,673
Piauí	0,646
Rio de Janeiro	0,761

(continua)

---

24 *Recentemente o PNUD divulgou os dados sobre IDH no mundo (UOL, 2018). Para mais informações sobre o IDH por país entre 1990 e 2017, sugerimos UNDP (2019).*

(Tabela 2.3 – conclusão)

UF	IDH
Rio Grande do Norte	0,684
Rio Grande do Sul	0,746
Rondônia	0,690
Roraima	0,707
Santa Catarina	0,774
São Paulo	0,783
Sergipe	0,665
Tocantins	0,699

Fonte: Pnud, 2019c.

Nesse exemplo, a informação de interesse (IDH) foi tabulada por estado. Portanto, para um estudo que utilize esses dados, devemos concluir que a unidade básica de análise é a Unidade da Federação. Vejamos outros exemplos.

Em um estudo na área de educação, podemos colher informações no nível individual de alunos, como a nota ou a frequência escolar. Diríamos, então, que nossa unidade fundamental de análise são os estudantes. Outra opção é utilizar as informações por estabelecimento educacional, por cidade ou até mesmo por estado. O Índice de Desenvolvimento da Educação Básica (Ideb), por exemplo, é calculado para diferentes níveis de análise, mas a unidade fundamental de interesse é o aluno. A informação é coletada por estudante e depois agregada para os outros níveis de pesquisa.

Em análise de dados, chamamos de *dados agregados* aquelas informações que agrupam mensurações de unidades de análise em grupos. Na pesquisa médica, por exemplo, muitas informações são coletadas no nível do paciente (peso, altura etc.). A agregação das informações de vários pacientes é utilizada para representar a tendência do grupo.

Talvez um exemplo nos ajude. Vejamos a variação da taxa de suicídios no Brasil entre 1995 e 2015, conforme ilustra o Gráfico 2.5.

Gráfico 2.5 – Taxa de suicídios como causa de morte no Brasil (1995-2015)[25]

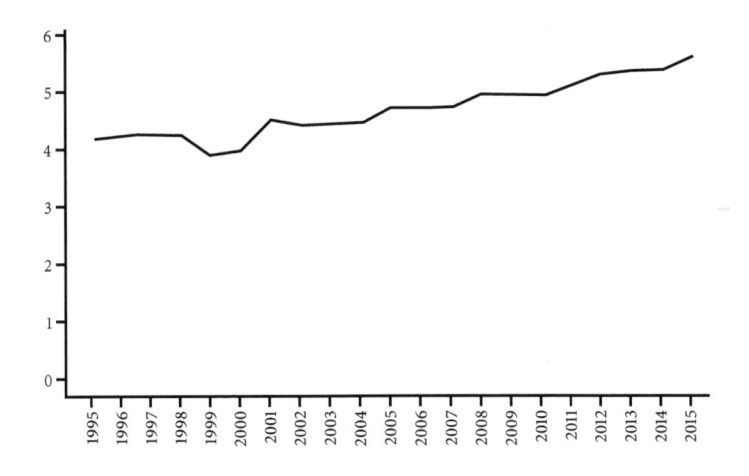

Fonte: Pnud, 2019c.

A taxa de suicídios por 100 mil habitantes passou de 4,18 em 1995 para 5,56 em 2015, o que representa um crescimento de 33,98%. Vale lembrar das aulas de introdução à sociologia, especificamente

---

25 De acordo com estimativas oficiais, a cada 45 segundos algum ser humano extingue a própria existência, o que coloca o suicídio como uma das 20 principais causas de morte no mundo. De acordo com a Organização Mundial de Saúde (OMS), por dia, cerca de 2 mil pessoas tiram a própria vida, o que equivale a uma taxa média mundial de quase 11 suicídios por 100 mil habitantes. Comparativamente, o Brasil encontra-se entre os dez países que registram os maiores números absolutos de suicídios, com 11.178 casos em 2015, conforme os registros mais recentes do Datasus. Ao se considerar a taxa, a marca de 6 óbitos por 100 mil habitantes coloca o país na 135ª posição, empatado com Espanha, Colômbia, Peru, Bangladesh e Líbia.

do conceito de *anomia* para Durkheim. A morte causada por lesão autoprovocada voluntária é coletada no nível individual. No entanto, as informações individuais podem ser posteriormente agregadas por gênero, por faixa etária, por município, por estado etc. Em nosso exemplo, a informação sobre a frequência de suicídios foi agregada nacionalmente, produzindo, então, a taxa nacional de suicídios por 100 mil habitantes. Em síntese, a análise de dados pode ocorrer com dados agregados ou desagregados. Tudo depende da unidade fundamental de análise original. Dados coletados por município podem ser agregados por estado, por exemplo. Seguindo a mesma lógica, dados coletados por país podem ser agregados por continente. Quanto mais desagregada for a unidade de análise de coleta original, maiores serão as possibilidades de agregação posterior[26].

(2.8)
Distribuição normal

O último assunto deste capítulo é especialmente importante na medida em que ele nos tira da estatística descritiva e nos direciona para a perspectiva inferencial (ver Capítulo 1). O professor Leonard Mlodinow (2009) afirma que a distribuição normal é uma das curvas mais importantes da ciência. E ele tem razão, visto que muitos fenômenos naturais e sociais seguem o que os estatísticos chamam

---

26 Devemos ter muito cuidado com o problema da **falácia ecológica**. *Ele ocorre quando o pesquisador utiliza dados agregados para fazer inferências sobre as unidades individuais. A regra aqui é simples: cada um em seu lugar. Se os dados foram coletados por estado, não podemos generalizar os achados para os municípios, por exemplo. Similarmente, se os dados foram coletados originalmente por cidade, nossas inferências não podem ser aplicadas aos indivíduos. O trabalho clássico sobre o assunto pode ser encontrado em Robinson (1950). O professor Gary King, da Universidade de Harvard, também tem um livro sobre o assunto, o qual pode ser acessado em King (2019).*

de *distribuição normal*[27]. Essa distribuição também é conhecida como *curva em formato de sino*, *curva gaussiana*[28] e até mesmo *chapéu de Napoleão*[29].

Figura 2.4 – Distribuição normal

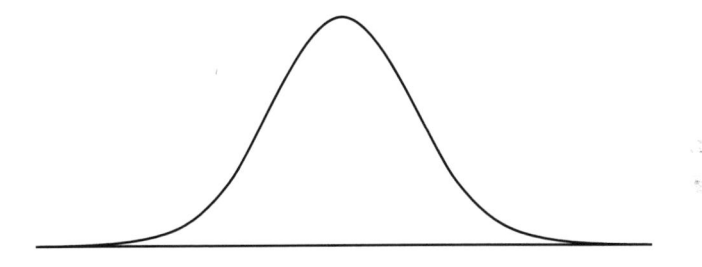

Podemos ver que a curva é simétrica e tem um pico no centro, que representa a média. Na verdade, em uma distribuição normal perfeita, média, mediana e moda têm os mesmos valores. Além disso, os cantos da curva são mais achatados, o que significa que valores extremos são menos frequentes. Talvez um exemplo nos ajude. Observe a altura de seus colegas de turma. Muito provavelmente a maior parte deles tem estatura próximo da média. É difícil encontrar alguém com mais de 1,90 metro, assim como é muito raro uma

---

27 *Algebricamente*,

$$y = \frac{1}{\sigma\sqrt{2\pi}} \; e \; -\frac{(x-\mu)^2}{2\sigma^2}$$

Em que µ representa a média da distribuição e σ representa o desvio padrão. Por sua vez, π e e representam constantes irracionais (π = 3,1415... e e = 2,718...).

28 *O nome* gaussiana *é uma homenagem ao matemático alemão Carl Friedrich Gauss.*

29 *Sobre a curva normal, Cramer e Howitt (2004, p. 133, tradução nossa), em seu dicionário de estatística, afirmam: "É uma distribuição teórica que mostra a frequência ou probabilidade de todos os valores possíveis que uma variável contínua pode assumir. O eixo horizontal da distribuição representa todos os valores possíveis da variável, enquanto o eixo vertical representa a frequência ou probabilidade desses valores. A distribuição pode ser descrita em termos de sua média e seu desvio padrão ou variância".*

pessoa com menos de 1,50 metro. Outro exemplo: em uma loja de sapatos, é difícil encontrar o número 33 ou o 46. Como esses valores estão muito distantes da média, é muito improvável achar um par de sapatos com essas especificações.

Por fim, é importante registrar que, nos dados que seguem a distribuição normal, cerca de 68% das observações estarão contidas entre –1 e 1 desvio padrão; 95% dos casos cairão entre –2 e 2 desvios padrões e 99% das ocorrências estarão entre –3 e 3 desvio padrões em relação à média. Vejamos a Figura 2.5, a seguir.

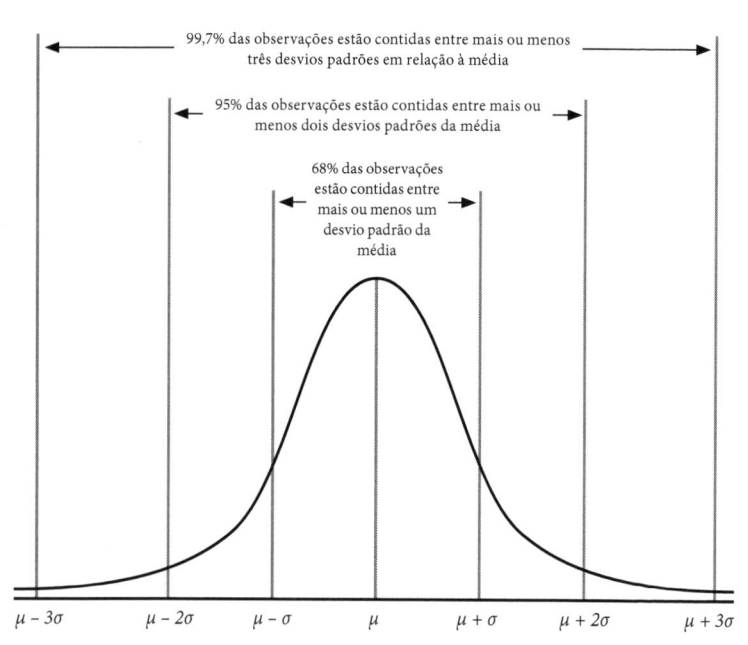

Figura 2.5 – Distribuição normal

99,7% das observações estão contidas entre mais ou menos três desvios padrões em relação à média

95% das observações estão contidas entre mais ou menos dois desvios padrões da média

68% das observações estão contidas entre mais ou menos um desvio padrão da média

$\mu - 3\sigma$ $\mu - 2\sigma$ $\mu - \sigma$ μ $\mu + \sigma$ $\mu + 2\sigma$ $\mu + 3\sigma$

Fonte: Janus; Haponiuk, 2019, tradução nossa.

A média da distribuição é representada pela letra grega μ (mi) e o desvio padrão, por σ (*sigma*). O eixo horizontal (x) representa todos os valores possíveis que a variável pode assumir, enquanto o eixo vertical (y) representa a frequência ou a probabilidade desses valores. Dessa forma, a distribuição será definida em função de sua média (medida de tendência central) e desvio padrão/variância (medida de dispersão).

> **Importante!**
> A curva normal padronizada representa uma distribuição gaussiana com os seguintes parâmetros: μ = 0 e σ = 1. A área total abaixo da curva é igual a 1.

Aplicando cálculo diferencial, é possível encontrar a área embaixo da curva, e como existe uma correspondência entre a área e a distribuição de probabilidade da variável, podemos utilizar essa informação durante o processo de inferência estatística. Mas não será preciso realizar nenhum cálculo, pois essa "receita" sempre funciona.

Na análise de dados, é comum comparar a distribuição observada dos dados com a distribuição teórica normal. Se os dados seguem uma distribuição aproximadamente normal, podemos invocar com mais segurança as propriedades da inferência estatística para utilizar informações da amostra e generalizá-las para a população. Talvez um exemplo prático nos ajude a compreender essa lógica. Vejamos a distribuição do IDH de todos os municípios brasileiros em 2010, conforme ilustra o Gráfico 2.6.

Gráfico 2.6 – IDH por município

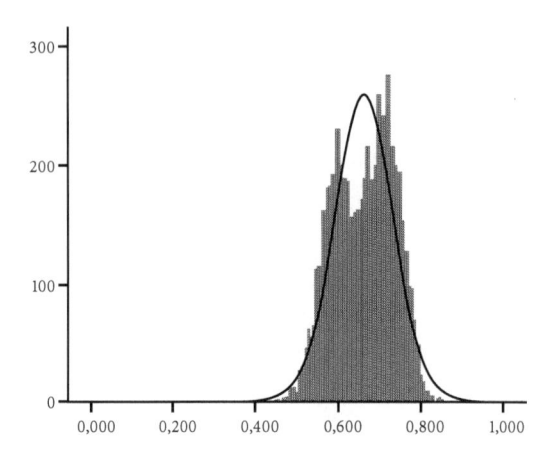

```
300

200

100

  0
   0,000   0,200   0,400   0,600   0,800   1,000
```

Fonte: Pnud, 2019c.

Já sabemos que o IDH varia entre 0 e 1 e que quanto maior ele for, melhores serão as condições de vida da população, mensuradas com base em três dimensões: educação, saúde e renda. Segundo informações disponíveis para 5.565 municípios, notamos que a média obtida é de 0,659, com desvio padrão de 0,072. Como pode ser observado, a distribuição do IDH ultrapassa o limite da curva teórica, assumindo normalidade. Ainda existe um vazio de casos esperados perto do centro da distribuição, caso a dispersão dos dados fosse perfeitamente gaussiana. Observe a curva em formato de sino. Na parte superior existe uma lacuna, ou seja, a quantidade observada é menor do que a quantidade esperada, pressupondo uma normalidade da distribuição. Essa lacuna é o que chamo de vazio. E qual é o problema disso?

Primeiro, devemos evitar fazer inferências baseados de amostras muito pequenas (n<30) para variáveis que não seguem a distribuição normal. Segundo, alguns testes estatísticos como a correlação – que veremos no Capítulo 4 – assumem que os dados seguem uma distribuição normal. A violação do pressuposto da normalidade é mais grave em amostras pequenas. Além disso, a lei dos grandes números garante que, em amostras muito grandes, a média amostral converge para o valor da média populacional. Em outras palavras: quando a amostra é muito grande, a distribuição esperada das médias amostrais tende à normalidade, ou seja, amostras grandes são mais confiáveis do que amostras pequenas – é por esse motivo que os cientistas políticos quantitativos preferem trabalhar com muitas observações. Similarmente, à medida que aumenta a quantidade de casos na amostra, a média estimada fica mais próxima do parâmetro populacional.

Síntese

Neste capítulo, vimos como ocorre mensuração, ou seja, o processo que transforma um conceito abstrato em uma variável empírica. Discutimos os diferentes níveis de mensuração (nominal, ordinal, discreta e contínua) com base em exemplos práticos e vimos a importância da validade e da confiabilidade para garantir medidas consistentes dos fenômenos de interesse. Analisamos também como as medidas de tendência central (média, mediana e moda) e de dispersão (variância, desvio padrão e erro padrão) ajudam a descrever e a entender os fenômenos políticos. Como a utilização de medidas compostas é muito comum na atividade de pesquisa, examinamos as principais semelhanças e diferenças de índices e escalas na pesquisa científica.

Ambos os tipos de medidas são formados da união de múltiplas variáveis, mas as escalas são mais informativas do que os índices, já que se beneficiam da estrutura da intensidade entre os itens.

Por fim, verificamos o papel da distribuição normal na inferência estatística. Vimos que as amostras grandes são melhores do que as pequenas, e que, quanto mais a distribuição observada se aproximar de uma distribuição normal, mais confiável será o nosso processo de inferência.

Exercícios resolvidos

1. Classifique as variáveis de acordo com o nível de mensuração (nominal, ordinal, discreta ou contínua).
   a) Quantidade de homicídios no Brasil em 2015.
   Resposta: O primeiro passo é verificar se, hipoteticamente, a variável pode assumir valor zero. Nesse caso, ainda que improvável, é possível que não ocorra nenhum homicídio. Logo, a variável é **quantitativa**. O segundo passo é examinar se a quantidade em questão admite fracionamento. As mortes são sempre consideradas como eventos inteiros (contagem). Assim, devemos concluir que a variável é **quantitativa discreta**.
   b) Número de partidos políticos no Congresso Nacional.
   Resposta: **Quantitativa discreta**.
   c) Quantidade de mortes no trânsito do Paraná em 2017.
   Resposta: **Quantitativa discreta**.
   d) Denominação religiosa.
   Resposta: Não faz sentido atribuir valor zero para a denominação religiosa de alguém. Por esse motivo, estamos diante de uma variável **qualitativa**. A seguir, analisamos se existe uma hierarquia natural entre as categorias da variável. Cristão, muçulmano, judeu e ateu denotam

qualidades diferentes entre si, mas não têm uma hierarquia. Logo, a variável é **qualitativa nominal**.
e) Time de futebol.
Resposta: **Qualitativa nominal.**
f) Marca de carro.
Resposta: **Qualitativa nominal.**
g) Taxa de mortalidade infantil.
Resposta: A taxa é representada por um número, ou seja, uma quantidade. Além disso, ela admite fracionamento. Logo, estamos diante de uma variável **quantitativa contínua**.
h) Taxa de desemprego.
Resposta: **Quantitativa contínua.**
i) Esperança de vida ao nascer.
Resposta: **Quantitativa contínua.**
j) Taxa de analfabetismo.
Resposta: **Quantitativa contínua.**
k) Renda per capita.
Resposta: **Quantitativa contínua.**
l) Percentual de domicílios com água encanada.
Resposta: **Quantitativa contínua.**
m) Nível de satisfação com o governo do Presidente Michel Temer.
Resposta: A satisfação provavelmente vai ser mensurada com base em alguma escala. Algo entre *muito satisfeito* até *muito insatisfeito*, por exemplo. Como não podemos atribuir valor zero, a variável é qualitativa. E como existe uma estrutura de intensidade natural entre as categorias, devemos concluir que estamos diante de uma variável **qualitativa ordinal**.

Dalson Britto Figueiredo Filho

n) Cor da pele.
   Resposta: **Qualitativa nominal**. Infelizmente, muitas pessoas ainda acreditam na superioridade em função da cor da pele. Elas não entendem nada de análise de dados. As diferenças raças/cor indicam apenas categorias diferentes. Não existe nenhuma hierarquia entre elas.
o) Gênero.
   Resposta: **Qualitativa nominal**.
p) Nota no Ideb.
   Resposta: **Quantitativa contínua**.
q) Número de gols em uma partida de futebol.
   Resposta: A partida pode terminar zero a zero. Logo, a variável é quantitativa.
r) Proporção de pessoas que votam em determinado candidato.
   Resposta: Como se trata de uma proporção, estamos diante de uma variável **quantitativa contínua**.
s) Número de deputados que votaram a favor do *impeachment* de Dilma Rousseff.
   Resposta: **Quantitativa discreta**.
t) Percentual de votos brancos nas eleições presidenciais de 2018.
   Resposta: **Quantitativa contínua**.
u) Intenção de voto em um determinado candidato (votaria ou não votaria nele).
   Resposta: **Qualitativa nominal**.
v) Quantidade de vezes que você pensou que este exercício não acabaria nunca.
   Resposta: **Quantitativa discreta**.

2. Você foi contratado como consultor do Ministério da Saúde para avaliar a frequência de trabalho dos médicos nos hospitais públicos brasileiros. Após examinar os dados, percebeu que a média de frequência de determinado hospital foi de 99%, com desvio padrão de 0,5%. O que podemos concluir com base nesses valores?

Resposta: A média foi extremamente alta, muito próximo do máximo possível (100%). Já a variação foi bastante reduzida, ou seja, a distância média entre as observações e a própria média foi muito pequena. Assim, ou esse hospital não fica no Brasil ou os dados do ponto foram editados. O *horário britânico*, como é conhecido no meio jurídico, é inválido como meio de prova, conforme a Súmula n. 338 do Tribunal Superior do Trabalho (Brasil, 1994). Veja então como a análise descritiva de dados pode nos ajudar a encontrar padrões interessantes. E esses padrões podem ser inclusive criminosos e/ou relevar mensurações inconsistentes dos fenômenos de interesse.

3. Identifique o valor da média e do desvio padrão da seguinte distribuição:

1, 1, 1, 1, 1

Resposta: Existem informações para cinco casos (n = 5). Os valores mínimo e máximo, assim como a média, também são 1. E o desvio padrão? Relembrando: o desvio padrão indica a distância média de cada observação em relação à média da distribuição. Dessa forma, como todos os casos são iguais à média, a nossa conclusão é de que o desvio padrão é igual a zero. Isso mesmo: quando todas as observações assumem o mesmo valor, não existe variabilidade nos dados. Tanto a variância quanto o desvio padrão assumirão valor zero. Portanto, em um pacote estatístico, o desvio padrão para uma distribuição em que todos os elementos assumem o mesmo valorserá sempre o mesmo: zero.

4. O índice de Gini é mesmo um índice?

    Resposta: É comum observar, na mídia e na academia, referências ao índice de Gini como um indicador que mede a concentração de renda. Basta abrir qualquer portal de notícias para ver o vocábulo *índice* na chamada das matérias. Na verdade, até o Banco Mundial utiliza a expressão *Gini index* (The World Bank, 2019). No entanto, como vimos neste capítulo, para ser considerada uma medida composta (escala ou índice), o indicador deve ser estimado com base em múltiplas variáveis, como é o caso do Índice de Desenvolvimento Humano (IDH), por exemplo. O Gini não é formado por vários indicadores, mas representa apenas uma razão. Dessa forma, julgamos que é mais apropriado utilizar a expressão *coeficiente de Gini* em vez de *índice de Gini*. O gráfico a seguir ilustra a variação desse indicador no Brasil entre 1976 e 2014, de acordo com os dados do Instituto de Pesquisa Econômica Aplicada (Ipea).

Coeficiente de Gini (Brasil, 1976-2014)

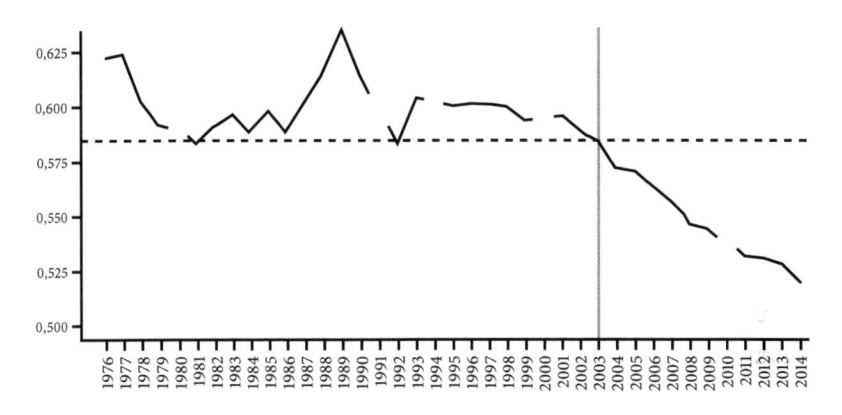

Fonte: Ipea, 2019.

A linha pontilhada representa a média do período: 0,584. A linha vertical sólida representa o início do governo do ex-Presidente Lula. Em termos substantivos, verifica-se uma forte estabilidade da desigualdade de renda durante a década de 1990. Além disso, a partir de 2000, observa-se uma tendência de redução da desigualdade que se mantém consistente durante os dois governos do Presidente Lula (2003-2011) e durante parte do governo Dilma (2012-2014).

Questões para revisão

1. Explique as principais diferenças entre variáveis quantitativas e qualitativas.

2. Informe, pelo menos, duas variáveis para cada nível de mensuração tipicamente utilizadas em pesquisas empíricas em ciência política.

3. Qual das seguintes medidas serve para indicar a dispersão em um conjunto de dados?
   a) Média.
   b) Mediana.
   c) Moda.
   d) Variância.

4. Qual das seguintes medidas serve para indicar a tendência central de um conjunto de dados?
   a) Desvio padrão.
   b) Erro padrão.
   c) Variância.
   d) Média.

5. Qual assertiva descreve um índice?
   a) Índice de Desenvolvimento Humano (IDH).
   b) Índice de Desenvolvimento da Educação Básica (Ideb).
   c) Taxa de homicídios por 100 mil habitantes.
   d) As alternativas A e B estão corretas.

Questões para reflexão

1. O Índice de Desenvolvimento da Educação Básica (Ideb) foi criado em 2007 com a união de dois indicadores: o fluxo escolar e a nota padronizada em testes de desempenho. Tecnicamente, o Ideb é estimado com base em informações secundárias do Censo Escolar, do Sistema de Avaliação da Educação Básica (Saeb) e da Prova Brasil no *site* do Instituto

Nacional de Estudos e Pesquisas Educacionais Anísio Teixeira (Inep), identifique o valor do Ideb no seu estado e indique a posição que ele ocupa no *ranking* nacional.[30]

2. Acesse o site The Political Compass (2019), responda às questões (em português) e observe o seu nível de ideologia. Você concorda com o resultado? Discuta com seus colegas.

THE POLITICAL COMPASS. **Test**. Disponível em: <https://www.politicalcompass.org/test>. Acesso em: 3jul. 2019.

3. Qual é a importância da curva normal na inferência estatística?

Para saber mais

Livros

AGRESTI, A.; FINLAY, B. **Métodos estatísticos para as ciências sociais**. Porto Alegre: Penso, 2012. (Métodos de Pesquisa).
Livro ideal para cursos de graduação e de pós-graduação em ciências sociais. Os autores abordam diversos temas importantes tais como: mensuração, estatística descritiva, inferência, testes de significância, comparação de grupos, correlação, regressão linear e logística, entre outros.

BABBIE, E. **Métodos de pesquisas de survey**. Belo Horizonte: Ed. da UFMG, 1999. v. 1.

---

[30] BRASIL. *Ministério da Educação. Instituto Nacional de Estudos e Pesquisas Educacionais Anísio Teixeira*. **Ideb**. *Disponível em: <http://portal.inep.gov.br/ideb>. Acesso em: 3 jul. 2019.*

BABBIE, E. **The Practice of Social Research**. Belmont: Thomson Learning, 2007.

Essa obra retoma alguns pontos do livro anterior do autor (*Métodos de pesquisa de survey*) e inclui outros seguramente essenciais para uma formação metodológica de alto nível. Duas vantagens dessa publicação: 1) linguagem simples, direta e objetiva; e 2) exemplos voltados para problemas empíricos das ciências sociais.

CARMINES, E. G.; ZELLER, R. A. **Reliability and Validity Assessment**. Thousand Oaks: Sage, 1979. (Applied Social Research Methods Series, v. 17).

DANCEY, C. P.; REIDY, J. **Estatística sem matemática para psicologia**. Porto Alegre: Penso, 2013. (Métodos de Pesquisa)

FIGUEIREDO FILHO, D. et al. Análise de componentes principais para construção de indicadores sociais. **Revista Brasileira de Biometria**, São Paulo, v. 31, n. 1, p. 61-78, 2013.

FIGUEIREDO FILHO, D. B. et al. Análise fatorial garantida ou o seu dinheiro de volta: uma introdução à redução de dados. **Revista Eletrônica de Ciência Política**, v. 5, n. 2, 2014a.

FIGUEIREDO FILHO, D. B.; SILVA JÚNIOR, J. A. da. Visão além do alcance: uma introdução à análise fatorial. **Opinião Pública**, Campinas, v. 16, n. 1, p. 160-185, jun. 2010.

HAIR, J. F. et al. **Análise multivariada de dados**. Tradução de Adonai Schlup Sant'Anna 6. ed. Porto Alegre: Bookman, 2009.

IMAI, K. **Quantitative Social Science**: an Introduction. Princeton: Princeton University Press, 2017.

Esse livro foi sugerido no primeiro capítulo e agora o recomendamos novamente. Apesar de bastante técnica, a obra tem um grande mérito: apresenta todos os *scripts* computacionais do programa R *Statistical* e disponibiliza as bases de dados originais utilizadas nos exemplos. Dessa forma, você pode reproduzir integralmente as tabelas e os gráficos, o que facilita muito a aprendizagem. Desvantagem: apenas disponível em inglês.

KELLSTEDT, P. M.; WHITTEN, G. D. **Fundamentos da pesquisa em ciência política**. Tradução de Lorena Barberia, Patrick Cunha Silva e Gilmar Masiero. São Paulo: Blucher, 2015.

KING, G.; KEOHANE, R. O.; VERBA, S. **Designing Social Inquiry**: Scientific Inference in Qualitative Research. Princeton: Princeton University Press, 1994.

Leitura indispensável para qualquer cientista político. Apesar de não ser um livro de estatística propriamente dito, os autores discutem vários conceitos centrais para análise de dados, como *viés, causalidade, endogeneidade, incerteza, erro de mensuração*, entre outros.

NUNNALLY, J. C.; BERNSTEIN, I. H. **Psychometric Theory**. New York: McGraw-Hill, 1994.

RICHARDSON, R. J.; PERES, J. A. **Pesquisa social**: métodos e técnicas. São Paulo: Atlas, 1985.

TRIOLA, M. F. **Introdução à estatística**: atualização da tecnologia. Rio de Janeiro: LTC, 2014.

ZELLER, R. A.; CARMINES, E. G. **Measurement in the Social Sciences**: the Link between Theory and Data. New York: Cambridge University Press, 1980.

Esse livro é um clássico sobre mensuração em ciências sociais. Os autores discutem detalhadamente os conceitos de *validade* e de *confiabilidade* com base em exemplos práticos. A obra conta também com um apêndice que discute o papel da análise fatorial para avaliar a validade e a confiabilidade das medidas. Esse livro é ideal para estudantes e profissionais interessados em aprofundar o conhecimento sobre como mensurar fenômenos em geral e nas ciências sociais, em particular.

Filme

PI. Direção: Darren Aronofsky. EUA: Europa Filmes, 1998. 85 min.

Séries

FALACCI, N.; HEUTON, C. **Numb3rs**. Direção: Dennis Smith et al. EUA: CBS, 2005-2010. Série de televisão.

Série sobre um matemático que ajuda o FBI (Federal Bureau of Investigation) a resolver crimes.

LORRE, C.; PRADY, B. **The Big Bang Theory**. Direção: Mark Cendrowski. EUA: CBS, 2007-2019. Série de televisão.

Sites

APPENDIX A: The Ideological Consistency Scale = Escala de consistência ideológica. **Pew Research Center**, 12 June 2014. Disponível em: <http://www.people-press.org/2014/06/12/appendix-a-the-ideological-consistency-scale/>. Acesso em: 3º jul. 2019.

THE POLITICAL COMPASS. **Test**. Disponível em: <https://www.politicalcompass.org/test>. Acesso em: 3jul. 2019.

Esse site oferece aos usuários um teste para mensurar sua ideologia (em português).

Perguntas & respostas

1. *Quando a mediana deve ser utilizada?*

   Comparativamente, a mediana é menos intuitiva do que a média. Isso explica, em parte, o seu menor uso. A principal vantagem da mediana é que ela não é afetada por valores extremos (*outliers*). Dessa forma, sempre que a distribuição for muito heterogênea, devemos reportar, além da média e do desvio padrão, o valor da mediana.

2. *A variância e o desvio padrão medem a mesma coisa?*

   Sim. Ambos são medidas de dispersão e indicam a variabilidade de um conjunto de dados. Matematicamente, o desvio padrão é calculado pela raiz quadrada da variância. A principal vantagem do desvio padrão é que ele é mensurado na mesma unidade da variável original, enquanto a variância é medida em termos da unidade ao quadrado, o que complica a interpretação. Por esse motivo, em seus trabalhos de análise de dados, reporte sempre o desvio padrão.

3. *Qual é a principal diferença entre* índices *e* escalas?

   Índices e escalas são medidas compostas, ou seja, são formados por mais de uma variável. Além disso, ambos permitem a ordenação hierárquica dos casos analisados, ou seja, a produção de *rankings*. A principal diferença entre eles diz respeito à estrutura dos itens que serão utilizados no cálculo da medida final. Como vimos, o índice pode ser construído com a simples agregação dos escores das variáveis originais. Por sua vez, a mensuração da escala depende de uma estrutura teórica e/ou empírica subjacente ao conceito que buscamos mensurar. Dito de outra forma, na escala, assumimos que alguns itens capturam melhor o conceito de interesse e, por esse motivo, devem ter pesos diferentes na composição do indicador. Assim, elas são mais informativas do que os índices porque se beneficiam da estrutura de intensidade dos itens que as compõem.

Capítulo 3
Teste de hipótese,
significância estatística,
poder estatístico e
comparação de médias

Conteúdos do capítulo:

- Teste de hipótese.
- Significância estatística e poder estatístico.
- Efeito do tamanho da amostra.
- Comparação de médias (teste t e análise de variância).
- Análise paramétrica *versus* análise não paramétrica.

Após o estudo deste capítulo, você será capaz de:

1. dominar o conceito de hipótese;
2. diferenciar o papel das hipóteses nula e alternativa na pesquisa científica;
3. explicar a função da significância estatística e do poder estatístico na pesquisa empírica;
4. descrever o efeito do tamanho da amostra sobre a consistência das estimativas;
5. reconhecer as principais técnicas estatísticas para comparação de médias;
6. distinguir as análises paramétricas das análises não paramétricas.

Neste capítulo, veremos os conceitos de *hipótese nula* e *hipótese alternativa*. Além disso, discutiremos a função da significância estatística e do poder estatístico na análise empírica de dados em Ciência Política. Também examinaremos três diferentes técnicas estatísticas para testes de comparação de médias: o teste *t* para amostras independentes, o teste *t* para amostras emparelhadas e a análise de variância (Anova). Por fim, veremos a diferença entre as técnicas paramétricas e as não paramétricas.

A linguagem pareceu muito técnica? Não se preocupe! Ao longo do capítulo iremos estudar cada tema com bastante calma, de modo que você se tornará apto a discutir os conceitos abordados.

Estudo de caso

A fosfoetanolamina sintética é eficaz na cura do câncer?

Lembra da pílula do câncer? Pois bem. A Lei n. 13.269, de 13 de abril de 2016 (Brasil, 2016), autorizou o uso da fosfoetanolamina sintética por pacientes diagnosticados com neoplasia maligna. A *pílula do câncer*, como ficou conhecida no Brasil, supostamente ajudava na recuperação dos pacientes. A substância foi originalmente desenvolvida pelo professor de Química Gilberto Chierice, da Universidade de São Paulo em São Carlos (Amaral, 2017).

De acordo com dados oficiais, estima-se que mais de 20 mil pessoas tenham recebido o medicamento. Porém, a comunidade científica, representada por diferentes instituições, como a Agência Nacional de Vigilância Sanitária (Anvisa), a Sociedade Brasileira para o Progresso da Ciência (SBPC) e até o Ministério da Ciência, Tecnologia, Inovações e Tecnologia (MCTI), discordou da eficácia da pílula do câncer. O debate chegou à justiça, já que muitos pacientes tentaram garantir a disponibilidade do remédio mesmo na ausência de estudos sobre os seus efeitos. A comoção pública foi tão grande que o caso foi parar no Supremo Tribunal Federal (STF). Depois de muita controvérsia, o Instituto do Câncer do Estado de São Paulo (Icesp) decidiu suspender a inclusão de novos pacientes no teste clínico de avaliação da substância em razão da ausência de efeitos significativos[1].

Como podemos mensurar a eficácia de um medicamento? O que significa dizer que aqui seu efeito foi significativo? Neste capítulo, responderemos a essas e a outras questões com o objetivo de facilitar a compreensão sobre o processo de tomada de decisão que orienta toda a pesquisa científica: o teste de hipótese.

(3.1) Teste de hipótese

A pesquisa social, tanto quantitativa quanto qualitativa, tem dois objetivos complementares: descrever e explicar. Ambos são igualmente importantes. É impossível construir uma boa explicação de um fenômeno sem antes descrevê-lo. Por sua vez, a descrição dos fenômenos é fonte de informação para outros trabalhos que podem avançar no desenvolvimento de modelos explicativos. Vimos, no primeiro capítulo, que um dos principais objetivos da pesquisa científica é fazer inferências, ou seja, utilizar informações disponíveis para apresentar conclusões a respeito de informações indisponíveis (King; Keohane; Verba, 1994). E essas inferências são realizadas com base no **teste de hipóteses**.

---

[1] *Como uma crítica ao uso da pílula do câncer, sugerimos a palestra de Natália Pasternak (2017),na TEDxUSP. Disponível em: <https://www.youtube.com/watch?v=F3kUeDlP3Io>. Acesso em: 3 jul. 2019.*

Antes de explicar para que serve um teste de hipótese, devemos primeiro aprender o que é uma **hipótese**. Na linguagem informal, hipótese é sinônimo de *suposição* ou *conjectura*. Na ciência, essa definição é apenas parcialmente correta. Não é qualquer suposição ou conjectura que pode ser **testada**. Portanto, o primeiro critério para compreender o significado de **hipótese científica** é a sua testabilidade. Vamos considerar a seguinte afirmativa:

> Deus existe.

Temos uma suposição sobre a existência de uma entidade onipresente e onisciente. Observe, no entanto, que essa conjectura não é passível de ser testada empiricamente. Ninguém pode provar que Deus existe. Da mesma forma, ninguém é capaz de demonstrar o contrário, que ele não existe. Dessa forma, como a afirmativa não pode ser falseada, dizemos que ela não faz parte das hipóteses consideradas científicas[2]. O professor Van Evera (1997, p. 9, tradução nossa) define hipótese como: "uma conjectura da relação esperada entre dois fenômenos. Assim como leis, hipóteses podem ser de dois tipos: causais (A causa B) e não causais – A e B são causados por C; dessa forma A e B são correlacionados, mas nem A causa B nem B causa A".

Similarmente, Collier, Mahoney e Seawright (2004) entendem hipótese como uma suposição a respeito de uma relação entre uma ou mais variáveis independentes e uma variável dependente. Seguindo esses ensinamentos, definimos hipótese como uma conjectura a respeito da relação entre uma variável independente (VI) e uma variável dependente (VD). Além disso, uma hipótese deve apresentar três

---

2 Karl Popper, em sua obra A lógica da pesquisa científica, *foi pioneiro em argumentar a principal característica de uma teoria: não a possibilidade de ela ser provada, mas sim de ser falseada.*

componentes básicos: (1) uma relação esperada; (2) uma variável independente; e (3) uma variável dependente. O segundo critério para a elaboração de uma hipótese é que ela deve conter variáveis e estabelecer uma relação esperada entre elas. Vejamos alguns exemplos de hipóteses em trabalhos empíricos de ciência política.

- Arraes, Amorim Neto e Simonassi (2017) testam a hipótese de que os recursos financeiros constituem uma variável significativa e com efeito positivo para explicar os votos obtidos pelos candidatos eleitos.
- Baião e Couto (2017) testam a hipótese de que os deputados tendem a destinar maior volume de emendas para municípios em que os prefeitos são seus colegas de partido.
- Fittipaldi et al. (2017) testam a hipótese de que a ampliação das regras democráticas, com maior inclusão de direitos políticos, produz efeito positivo sobre a taxa de crescimento econômico nos países da América Latina.
- Batista (2013) testa a hipótese de que, quanto maior for a distância ideológica entre o presidente e o ministro, maior será a probabilidade de centralização.

Na pesquisa empírica, usualmente, há duas hipóteses rivais: a **nula** (H_0) e a **alternativa** (H_a). Como regra, a nula nega a existência da relação entre as variáveis e/ou a diferença entre grupos. Por sua vez, a alternativa sempre se opõe à hipótese nula. É pura rivalidade. Por exemplo, em um estudo sobre gênero e renda, a hipótese nula assume que homens e mulheres recebem o mesmo salário, enquanto a hipótese alternativa postula que a renda é diferente para os dois grupos. Voltando ao exemplo da pílula do câncer, a hipótese nula assume que o medicamento não tem efeito. Já a hipótese alternativa seria de que o grupo que tomou o remédio deve exibir resultados diferentes do grupo que não o tomou. Não importa a área, toda pesquisa científica segue essa mesma lógica.

Vejamos mais alguns exemplos. Arraes, Amorim Neto e Simonassi (2017) testam a hipótese alternativa de que existe uma relação positiva entre recursos financeiros e desempenho eleitoral. A hipótese nula, então, é de que não existe relação entre essas variáveis. Similarmente, Fittipaldi et al. (2017) testam a hipótese alternativa de que existe uma relação entre a ampliação das regras democráticas e a taxa de crescimento econômico. Nesse caso, a hipótese nula sustenta que não existe associação entre as variáveis. Perceba que a mesma lógica pode ser aplicada aos estudos de Baião e Couto (2017) e Batista (2013). Mas como decidimos qual hipótese é mais plausível? Esse é o assunto da próxima seção.

(3.2) SIGNIFICÂNCIA ESTATÍSTICA E PODER ESTATÍSTICO

No primeiro capítulo, vimos que a inferência estatística consiste em utilizar informações disponíveis para a amostra para conhecer as características indisponíveis da população. Ou seja, usamos a parte conhecida dos dados amostrais para inferir a respeito dos parâmetros populacionais. Vimos também que a forma mais segura de fazer isso é com base em amostras aleatórias. No entanto, como podemos saber se os resultados amostrais são efetivamente representativos da população? É aí que entram os testes de hipótese e com eles a significância estatística (*statistical significance*) e o poder estatístico (*statistical power*). Nesta seção, vamos analisar esses conceitos.

3.2.1 SIGNIFICÂNCIA ESTATÍSTICA

Considere as seguintes hipóteses:
H_0: Homens e mulheres auferem a mesma renda.
H_a: A renda dos homens é diferente da renda das mulheres.

Como decidimos entre hipóteses concorrentes? Colocado de outra forma, diante de diferentes conjecturas, em qual delas devemos acreditar? Os testes de significância estatística fornecem uma medida objetiva para a tomada de decisão a respeito da plausibilidade de determinada hipótese. Ou seja, é com base na significância estatística que devemos escolher qual hipótese parece ser verdadeira. Vale ressaltar nunca devemos dizer que *aceitamos* uma hipótese. O correto é falar na *rejeição* ou na *não rejeição* dela. Se temos evidência suficiente, então devemos rejeitar a hipótese nula em função da hipótese alternativa. Contrariamente, se as evidências forem insuficientes, dizemos que não podemos rejeitar a hipótese nula.

Comparativamente, o **p-valor** (*p-value*) é o teste de significância mais utilizado na pesquisa científica. Ele determina a probabilidade de se obter um valor do teste igual ou mais extremo do que aquele observado na amostra, assumindo que a hipótese nula é verdadeira. Por isso, devemos aprender a interpretá-lo.

Sabemos que a definição formal não ajuda tanto. Na verdade, não ajuda em quase nada. Porém, iniciamos este capítulo falando sobre o papel do teste de hipótese na pesquisa científica. Dissemos também que os testes de significância nos ajudam a decidir a respeito da plausibilidade de hipóteses rivais. Até aí tudo bem. Dissemos ainda que o p-valor é uma **probabilidade**. Mas não qualquer uma. Ele é a probabilidade de observarmos os resultados esperados assumindo que a hipótese nula é verdadeira. Em nosso exemplo, um p-valor muito pequeno indicaria que os dados observados são incompatíveis com a hipótese de igualdade de rendimentos entre homens e mulheres. Por esse motivo, a hipótese nula deveria ser rejeitada em função da hipótese alternativa de que os salários de homens e mulheres são diferentes. É assim que todos os cientistas tomam decisões.

Parece complicado? Vejamos outra explicação. Existe um mantra ensinado nos cursos de Estatística que afirma o seguinte: *"When the p-value is low, the null hypothesis must go"*. Um estudante da graduação em Ciência Política traduziu para: "Quando o p-valor é baixo, a hipótese nula deve ir por água abaixo". Então, quanto menor for o p-valor, maior será a incompatibilidade entre os resultados observados e a hipótese nula, assumindo que ela é verdadeira. Essa incompatibilidade gera desconfiança sobre a sua plausibilidade. Dessa forma, também podemos interpretar o p-valor como uma medida da plausibilidade da hipótese nula. Quanto menor for a probabilidade, menos plausível será a suposição. Vale repetir para fixar: quanto menor for o p-valor, menor será a plausibilidade da hipótese nula; quanto menor for o p-valor, menos crível será a hipótese nula.

E quão pequeno deve ser o p-valor para rejeitarmos a hipótese nula? É preciso cuidado, pois não existe um patamar objetivo de rejeição. Em teoria, por ser uma probabilidade, o p-valor é uma medida contínua de evidência. Na prática, todavia, a comunidade científica julga a significância estatística com base em três principais critérios: (1) altamente significativo, quando o p-valor é menor do que 0,01 (1%); (2) significativo, quando o p-valor é menor do que 0,05 (5%); e (3) marginalmente significativo, quando o p-valor é menor do que 0,1 (10%). Esquematicamente:

- p-valor menor do que 0,01 = resultado altamente significativo (temos muita confiança ao rejeitar a hipótese nula);
- p-valor menor do que 0,05 = resultado significativo (temos confiança em rejeitar a hipótese nula);
- p-valor menor do que 0,1 = resultado marginalmente significativo (temos pouca confiança ao rejeitar a hipótese nula).

Em particular, apesar de o patamar de 5% ser adotado como limite de corte em diferentes áreas do conhecimento, ele também é arbitrário e reflete a preferência pessoal de Ronald Fisher, um dos responsáveis pela invenção dos testes de significância[3]. Para facilitar a compreensão do p-valor, vejamos a Figura 3.1 a seguir.

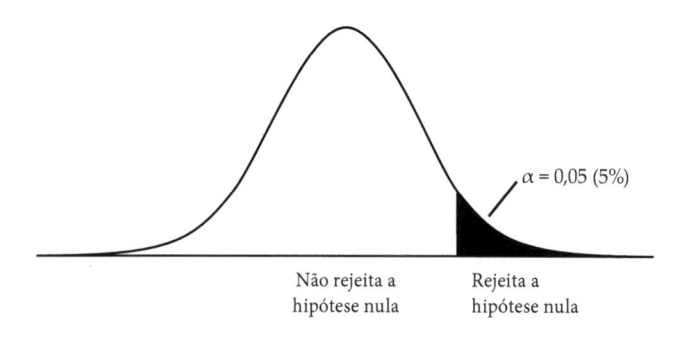

Figura 3.1 – Teste de significância da hipótese nula

Curva normal com área sombreada à direita indicando $\alpha = 0{,}05$ (5%). Abaixo da curva: "Não rejeita a hipótese nula" (área não sombreada) e "Rejeita a hipótese nula" (área sombreada).

Tecnicamente, não é preciso saber a fórmula matemática do cálculo do p-valor; poucos cientistas a sabem. O importante é interpretar o valor corretamente. Imagine que a área abaixo da curva é igual a 1. E de fato ela é. O p-valor está representado pela parte pintada da curva e indica a zona de rejeição da hipótese nula. Nesse caso, adotamos um p-valor de 5%. Qualquer medida nessa área indica que a hipótese nula deve "ir por água abaixo", ou seja, deve ser rejeitada. Contrariamente, se o p-valor estiver fora da área de rejeição, devemos concluir que não temos evidências suficientes para afastar a hipótese nula. Então, um p-valor muito abaixo do critério de corte (5%) implica a rejeição da hipótese nula. Contrariamente, um p-valor

---

3   *Ronald Fisher é um dos maiores nomes da estatística.*

acima do critério de corte (5%) nos obriga a não rejeitar a hipótese nula. Simples assim.

Talvez um exemplo prático nos ajude a compreender melhor a função dos testes de significância na pesquisa científica. Reportamos que a média da altura dos homens brasileiros é de 173 cm, enquanto as mulheres têm, em média, 160 cm. Pergunta: essa diferença é estatisticamente significativa? Ou seja, podemos generalizar essa conclusão da amostra para a população?

O primeiro passo para responder a essa questão é identificar as respectivas hipóteses nula e alternativa.

- H_0 = Homens e mulheres têm a mesma altura.
- H_a = A estatura dos homens é diferente da altura das mulheres.

O segundo passo é coletar informações para uma amostra aleatória representativa da população de interesse. Em nosso exemplo, devemos mensurar a altura de vários homens e mulheres e depois calcular as suas respectivas médias. O último passo é definir um p-valor de corte (α) e verificar se a diferença entre os grupos é estatisticamente significativa. Por um lado, se o p-valor observado é menor do que o ponto de corte, devemos concluir que a diferença entre homens e mulheres é estatisticamente significativa, o que implica a rejeição da hipótese nula em favor da hipótese alternativa. Por outro, se o valor observado for maior do que o patamar de corte, a diferença não é estatisticamente significativa, ou seja, a hipótese nula não pode ser rejeitada. A Figura 3.2 ilustra esse raciocínio.

Figura 3.2 – Rejeita ou não rejeita

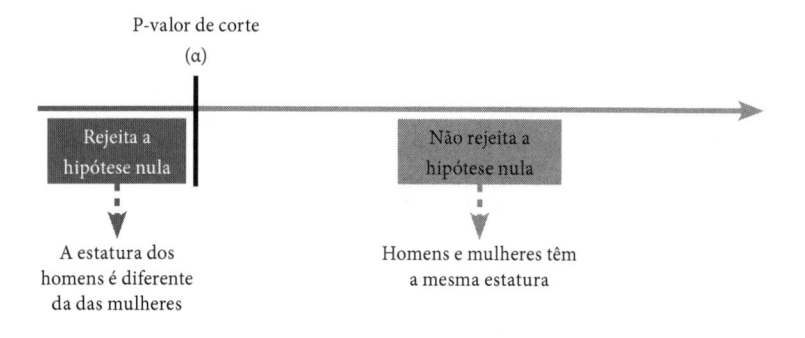

P-valor de corte
(α)

| Rejeita a hipótese nula | Não rejeita a hipótese nula |

A estatura dos homens é diferente da das mulheres

Homens e mulheres têm a mesma estatura

> **Importante!**
> É sempre melhor reportar o valor exato do p-valor do que simplesmente informar se o resultado foi ou não estatisticamente significativo.

Por exemplo, p-valores de 0,049 e 0,00001 podem ser considerados significativos, assumindo um ponto de corte de 0,05 (5%). No entanto, a segunda probabilidade é muito menor do que a primeira, o que aumenta a nossa confiança em rejeitar a hipótese nula. Infelizmente, como se trata de probabilidades, nunca teremos certeza de que a nossa decisão foi correta. Sempre haverá alguma margem para equívocos. E esses erros podem se manifestar de duas principais formas: 1) erro do tipo I e 2) erro do tipo II.

O **erro do tipo I** consiste em rejeitar erroneamente a hipótese nula. Ou seja, a hipótese nula é verdadeira, mas concluímos equivocadamente que ela é falsa. É o famoso *falso positivo*. Por sua vez, o **erro do tipo II** ocorre quando deixamos de rejeitar uma hipótese nula falsa. Em outras palavras, a hipótese nula é falsa, mas concluímos erroneamente que ela é verdadeira. É chamado de *falso negativo*. Alguns exemplos podem nos ajudar.

Imagine o julgamento do ex-Presidente Lula. A hipótese nula sustenta que ele é inocente; a hipótese alternativa postula que ele é culpado. O erro do tipo I ocorre quando um inocente é considerado culpado. O erro do tipo II consiste em libertar um culpado de forma equivocada. Vejamos outro exemplo. A marcação do impedimento costuma gerar conflitos em partidas de futebol. Afinal, determinado jogador estava ou não estava impedido? O primeiro passo é escrever as hipóteses. Hipótese nula: o jogador não estava impedido. Hipótese alternativa: o jogador estava impedido. O erro do tipo I consiste em parar um lance legal, ou seja, o jogador não está impedido, mas o juiz conclui que ele está adiantado. Por sua vez, o erro do tipo II ocorre quando o juiz não percebe a posição irregular do jogador e confirma que o gol foi legal. Em síntese, o erro do tipo I é a rejeição de uma hipótese nula verdadeira, enquanto o erro do tipo II é a não rejeição de uma hipótese nula falsa.

Preste atenção!

Erro do tipo I – A hipótese nula é rejeitada quando não deveria ser.
Erro do tipo II – A hipótese nula deveria ser rejeitada, mas não é.

Da mesma forma que os juízes de futebol erram, os cientistas muitas vezes também se enganam. A diferença é que eles sempre terão uma medida para avaliar a probabilidade de erro. A esta altura, você já percebeu o papel da significância estatística na pesquisa científica. O próximo passo é compreender o conceito de *poder estatístico*.

3.2.2 Poder estatístico[4]

A noção de **poder estatístico** é especialmente importante para pesquisadores que utilizam desenhos de análises experimentais para testar a plausibilidade de hipóteses rivais. A definição matemática de poder estatístico é

> 1 – erro do tipo II (β) – um menos o erro do tipo II.

Essa definição representa a probabilidade de não rejeitar a hipótese nula quando ela é falsa. Dito de outra forma, o poder estatístico indica a chance de detectarmos o efeito quando ele realmente existe. Falando de outra maneira, vimos que a significância estatística nos ajuda a decidir sobre a plausibilidade de hipóteses rivais. O poder estatístico tem uma função parecida. Ele também nos auxilia no processo de tomada de decisão, mas de uma forma mais específica: ele indica a probabilidade de que encontraremos o efeito em que estamos interessados. Esquematicamente, existem três elementos que afetam o poder estatístico: (1) tamanho do efeito; (2) nível de significância (p-valor); e (3) tamanho da amostra. Com base nesses três critérios, é possível determinar o poder estatístico do teste.

Quanto maior for o tamanho do efeito, maior será o poder estatístico, mantendo constantes o tamanho da amostra e o nível de significância. Ou seja, é mais fácil detectar efeitos grandes do que efeitos pequenos. É a mesma lógica de um terremoto. Quando ele é pequeno, ninguém o percebe e os abalos sísmicos apenas podem ser mensurados com ajuda de aparelhos altamente especializados.

---

[4] *Para os propósitos deste capítulo, apenas revisamos aspectos básicos do conceito de poder estatístico. Leitores interessados em abordagens mais aprofundadas devem ver Hair et al. (2009).*

No entanto, quando a magnitude do terremoto é muito alta, todo mundo o sente e, infelizmente, ocorrem catástrofes mortais, inclusive com a produção de *tsunamis* (Araguaia, 2019). Imagine o seguinte experimento. Convide dois amigos do mesmo gênero e com aproximadamente o mesmo peso para uma festa. Um amigo vai beber um copo de cerveja, o outro um de cachaça. Repita isso três ou quatro vezes. Teoricamente, qual dos dois amigos deve ficar bêbado mais rápido? Essa é a lógica do tamanho do efeito esperado. Isso porque, quanto maior for o tamanho do efeito, maior será a probabilidade de ele ser detectado.

Outro elemento que afeta o poder estatístico é o nível de significância (p-valor). Lembrando que quanto menor for o p-valor, mais rigoroso será o teste em relação à plausibilidade da hipótese nula. Temos, então, que, quanto menor for o p-valor, menor será o poder estatístico, mantendo constantes o tamanho do efeito e o tamanho da amostra. Dito de outra forma: quanto menor for o p-valor, mais difícil será detectar a presença do efeito esperado, assumindo que estamos trabalhando com uma amostra do mesmo tamanho e mantendo constante também o tamanho do efeito.

Por fim, devemos compreender a relação entre o tamanho da amostra e o poder estatístico: quanto maior for o tamanho da amostra, maior será o poder estatístico, mantendo constantes o nível de significância e o tamanho do efeito. Na pesquisa experimental, a inclusão de novos casos obviamente gera custos financeiros e logísticos, o que muitas vezes pode inviabilizar o estudo. Nos estudos observacionais, por sua vez, o custo de um caso adicional normalmente é muito próximo de zero, o que explica a baixa frequência da expressão *poder estatístico* em estudos dessa natureza. A Tabela 3.1 apresenta a relação entre tamanho da amostra, tamanho do efeito, poder estatístico e significância estatística.

Tabela 3.1 – Tamanho da amostra, tamanho do efeito e significância estatística

Tamanho da amostra	P-valor = 0,05		P-valor = 0,01	
	Tamanho do efeito		Tamanho do efeito	
	Pequeno (0,2)	Moderado (0,5)	Pequeno (0,2)	Moderado (0,5)
20	0,095	0,338	0,025	0,144
40	0,143	0,598	0,045	0,349
60	0,192	0,775	0,067	0,549
80	0,242	0,882	0,092	0,709
100	0,290	0,940	0,120	0,823
150	0,411	0,990	0,201	0,959
200	0,516	0,998	0,284	0,992

Fonte: Elaborado com base em Hair et al. 2009.

O Gráfico 3.1 ilustra a variação do poder estatístico (eixo y) em função do tamanho da amostra (eixo x) para diferentes níveis de significância (p-valor).

Gráfico 3.1 – Tamanho da amostra, tamanho do efeito e significância estatística

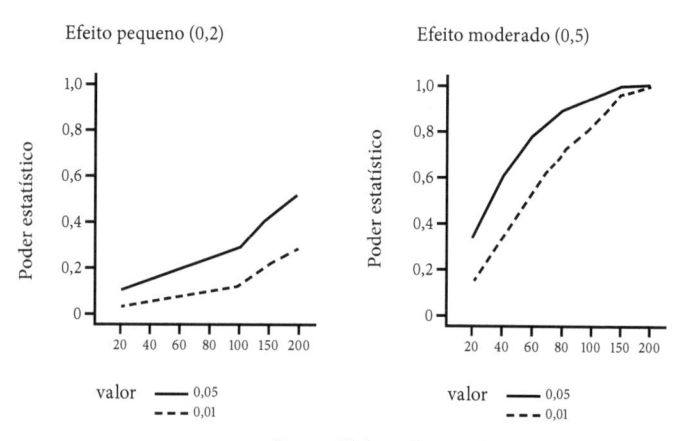

Fonte: Elaborado com base em Hair et al. 2009.

Podemos notar que, quando a amostra cresce, independentemente do p-valor e do tamanho do efeito, o poder estatístico também aumenta. Em particular, o nível da curva do p-valor = 0,05 é sempre superior ao nível da curva do p-valor = 0,01. Isso ocorre porque, como já dissemos antes, quanto menor for a significância estatística, menor será o poder estatístico do teste. Em resumo: mantendo constante todos os demais fatores, a melhor forma de aumentar o poder estatístico é incluir mais casos na amostra.

Depois de apresentar a função da significância estatística, discutir os tipos potenciais de erros e examinar o conceito de *poder estatístico*, devemos analisar algumas interpretações equivocadas sobre o p-valor. O Quadro 3.1 sumariza essas informações.

Quadro 3.1 – Sete reflexões saber sobre o p-valor[5]

1	O p-valor não indica a probabilidade de que a hipótese nula é verdadeira.
2	O p-valor não indica que os resultados foram produzidos aleatoriamente.
3	O p-valor não indica o tamanho do efeito observado.
4	O p-valor não mensura a importância substantiva dos resultados observados.
5	O p-valor não deve ser interpretado sozinho quando houver outras ferramentas disponíveis.
6	O p-valor não deve ser interpretado quando os pressupostos de seu cálculo forem violados.
7	O p-valor não deve ser interpretado quando se trabalha com a população.

Fonte: Elaborado com base em Wasserstein; Lazar, 2016.

---

5 Sugerimos a leitura do documento produzido pela Associação Americana de Estatística (Wasserstein; Lazar, 2016).

A seguir, vamos explorar cada uma dessas reflexões.

1. **O p-valor não indica a probabilidade de que a hipótese nula é verdadeira.**

   De acordo com Goodman (2008), esse é o equívoco mais comum na interpretação do p-valor. Um valor de p de 0,01 não indica que a hipótese nula tem uma probabilidade de 1% de estar correta. Isso porque o cálculo do p-valor já assume que a hipótese nula é verdadeira, logo, não pode indicar se ela é correta ou não. Esse erro é muito comum entre alunos de graduação e pós-graduação, mas também acomete pesquisadores experientes. Por exemplo, Diamond e Forrester (1983) examinaram uma amostra de 24 médicos cardiologistas, dos quais 50% foram incapazes de identificar corretamente o significado do p-valor em um questionário com múltiplas escolhas.

2. **O p-valor não indica que os resultados foram produzidos aleatoriamente.**

   Esse equívoco é recorrente e pode ser interpretado como uma extensão do erro anterior (Greenland et al., 2016). Por exemplo, um p-valor de 0,06 não significa que existe uma probabilidade de 6% de que os resultados observados foram produzidos ao acaso, nem indica que temos 94% de certeza de que os resultados estão corretos. Esse problema ocorre porque os pesquisadores utilizam o p-valor para inferir a respeito da veracidade da hipótese nula ou sobre o papel da aleatoriedade na produção do resultado observado. É preciso muito cuidado, pois o p-valor não é nenhum dos dois.

3. **O p-valor não indica o tamanho do efeito observado.** Esse erro é especialmente recorrente em congressos profissionais, e é muito perigoso. Em geral, ouve-se a expressão de que um coeficiente foi "altamente significativo" como sinônimo da magnitude do efeito observado. Essa interpretação também é errada. Muito errada. O p-valor pequeno não necessariamente implica a presença de um efeito grande/importante, e p-valor alto também não é sinônimo de falta de importância ou de ausência de efeito. Por exemplo, em amostras muito pequenas, apenas efeitos de grande magnitude tendem a ser detectados. Em amostras excessivamente grandes, qualquer efeito é detectado, independentemente do tamanho. Então, não devemos confundir *significância estatística* com *tamanho do efeito*.

4. **O p-valor não mensura a importância substantiva dos resultados observados.** Não devemos confundir *significância estatística* com *significância substantiva*. Um p-valor de 0,001 não é melhor nem mais importante do que um p-valor de 0,1. Infelizmente, muitos pesquisadores tratam os testes de significância como uma verdadeira caça ao tesouro e não descansam até encontrar um resultado estatisticamente significativo. A magnitude do p-valor é fortemente influenciada pelo tamanho da amostra. Dessa forma, se a quantidade de observações é extremamente grande, o p-valor tende a diminuir, independentemente do tamanho do efeito ou da diferença entre os grupos (Hair et al., 2006). No limite, com uma amostra excessivamente grande, qualquer diferença será estatisticamente significativa, a despeito de sua magnitude (Figueiredo Filho et al., 2013b). Ou seja, para reduzir o tamanho

do p-valor, basta coletar informações para amostras imensas. Esses resultados serão necessariamente relevantes para a ciência? Não.

5. **O p-valor não deve ser interpretado sozinho quando houver outras ferramentas disponíveis.**

Essa recomendação é ponto pacífico na literatura (Wasserstein; Lazar, 2016; Greenland et al., 2016; Goodman, 2008). Por exemplo, antes de inferir a respeito da natureza de uma distribuição, deve-se examinar graficamente os dados (histograma, por exemplo). Similarmente, antes de concluir a respeito da significância de uma correlação, deve-se examinar o gráfico de dispersão, o que é chamado de *scatter plot*.

O mesmo se aplica a qualquer teste de significância, já que diferentes elementos podem induzir um resultado significativo falso (falso positivo) ou omitir um resultado significativo verdadeiro (falso negativo). Por exemplo, em análise de séries temporais, ninguém deve (ou deveria) concluir nada com base na significância das estimativas sem primeiramente examinar a distribuição dos dados e os gráficos de autocorrelação. Nunca se deve interpretar um p-valor sem antes analisar graficamente os dados.

A interpretação correta do p-valor também depende da transparência dos resultados. Tecnicamente, existem várias formas de produzir um resultado estatisticamente significativo (*P-hacking*). Os planos de pré-análise e os registros prévios dos estudos científicos reduzem a probabilidade de se encontrarem falsos positivos. Uma das formas de combater o viés de publicação é exigir dos autores não apenas os dados, mas também o passo a passo das análises estatísticas.[6]

6. **O p-valor não deve ser interpretado quando os pressupostos de seu cálculo forem violados.**

Algumas violações são mais graves do que outras, assim como alguns testes são mais robustos do que outros. Antes de atribuir muita importância ao p-valor, o pesquisador deve analisar criticamente em que medida os dados utilizados respeitam os pressupostos do seu cálculo. É a mesma lógica de uma receita. Imagine que você quer cozinhar uma feijoada, mas acabou o sal. Digamos que isso pode comprometer o sabor. A mesma situação ocorre em análise de dados. Talvez outro exemplo nos ajude. O cálculo do p-valor assume que as observações foram aleatoriamente selecionadas e são independentes entre si. Portanto, faz pouco sentido examinar o p-valor em uma amostra por conveniência[7], já que amostras não aleatórias tendem a produzir estimativas enviesadas dos parâmetros populacionais, como vimos no Capítulo 1. Por outro lado, sempre que os pressupostos forem devidamente respeitados, o p-valor tenderá a cumprir o seu papel de informar o nível de incompatibilidade dos dados observados com um modelo teórico esperado.

---

6   Para saber mais sobre o movimento de transparência científica na ciência política, consulte o site da Berkeley Initiative for Transparency in the Social Sciences. Disponível em: <https://www.bitss.org/>. Acesso em: 3 jul. 2019. Outro endereço que contém informações sobre o assunto é o do Poject Tier. Disponível em: <https://www.projecttier.org/tier-protocol/>. Acesso em: 3 jul. 2019. Há também o site Open Science Framework. Disponível em: <https://osf.io/>. Acesso em: 3 jul. 2019.

7   Esses argumentos foram mais extensivamente desenvolvidos em Figueiredo Filho et al. (2014c).

7. **O p-valor não deve ser interpretado quando se trabalha com a população[8].**

A utilização de amostras se justifica pela economia de tempo e recursos e, se forem corretamente coletadas, produzem estimativas confiáveis a respeito dos parâmetros populacionais. Para Hair et al. (2009), a utilização do censo populacional torna a inferência estatística desnecessária, já que qualquer efeito ou diferença observados, por menores que sejam, existem na população. Nós concordamos com os autores e defendemos essa posição. O papel da estatística é utilizar amostras para fazer inferências válidas para a população. Se a amostra é igual à população, não existe necessidade de estimação, já que os parâmetros populacionais já são conhecidos. Imagine o censo de uma população em que o salário dos homens é R$ 100,00 e as mulheres recebem R$ 99,99. Não faz sentido questionar se a diferença é estatisticamente significativa, pois não existe incerteza a respeito dos parâmetros populacionais. Não existe estimação na população, apenas na amostra.

(3.3)
Comparação de médias

De acordo com uma matéria publicada pela *Folha de S.Paulo* em novembro de 2017, "trabalhadoras brasileiras recebem o equivalente a 84% do salário dos homens no Brasil, em média" (Alegretti, 2017). Em particular, de acordo com informações do Ministério do Trabalho, em 2016, a remuneração média do homem foi de R$ 2.886,24. Já as mulheres receberam, em média, R$ 2.427,14. Ao fim do ano, a diferença salarial chegou a R$ 6 mil, em média (Alegretti, 2017). Observe

---

8 Esse é um ponto controverso entre frequentistas e bayesianos, ver Gelman e Stern (2006).

que toda a notícia está estruturada com base em uma medida de tendência central que já estudamos: a média. A comparação de médias, como o próprio nome já indica, consiste inicialmente na avaliação comparativa de diferentes médias para grupos distintos. Vejamos alguns exemplos.

- De acordo com o Programa das Nações Unidas para o Desenvolvimento (PNUD), a média de anos de escolaridade no Brasil é de 7,8. Na Argentina, a média é de 9,9 anos e, no Uruguai, de 8,6 anos (Matoso, 2017b).
- Em 2016, a nota média do Exame Nacional do Ensino Médio (Enem) foi de 533,5 em ciências humanas. Em 2017, a média foi 519,3, o que representa uma redução percentual de aproximadamente 2,7% (G1, 2019).
- Em média, um homem holandês tem 1,83 metro de altura. Na Letônia, a altura média de uma mulher é de 1,70. No Brasil, essas medidas são de 1,73 e 1,60, respectivamente (Amos, 2016).

Em comum, essas comparações avaliam em que medida as médias são parecidas ou não. Em termos técnicos, devemos avaliar se essas diferenças entre as médias são estatisticamente significativas. Para isso, devemos utilizar o nosso conhecido p-valor. Um resultado estatisticamente significativo indica que as médias são distintas, logo, devemos inferir que elas representam populações diferentes. Por sua vez, um resultado não significativo sugere que as evidências disponíveis não são suficientes para afastar a hipótese nula de igualdade das médias.

No entanto, antes de avançarmos, devemos compreender algumas diferenças fundamentais entre a lógica da pesquisa experimental e o funcionamento da pesquisa observacional. Vimos, no Capítulo 1, que a inferência estatística consiste em realizar afirmações válidas para a população com base em dados amostrais. Já repetimos essa ideia várias vezes, mas é porque ela é muito importante. Como os cientistas políticos podem garantir inferências confiáveis? De forma direta: como fazer a melhor inferência possível?

A pesquisa experimental é considerada o padrão-ouro da investigação científica. E por um motivo muito simples: a aleatorização do tratamento. Considere o exemplo da pesquisa clínica. Regra geral, há dois grupos experimentais: um de tratamento, que receberá o medicamento, e outro de controle, que receberá o placebo. O sorteio ao acaso das observações que compõem cada grupo elimina eventuais vieses que poderiam contaminar as conclusões. Dessa forma, a diferença média na variável dependente entre os grupos de tratamento e de controle é interpretada como o efeito causal do medicamento. Da mesma forma que o sorteio aleatório de observações garante que todos os casos têm a mesma chance de compor a amostra, aumentando assim a capacidade inferencial, o sorteio ao acaso das observações que receberão o tratamento e o placebo também permite afastar eventuais vieses que podem contaminar as inferências. Resumindo: o grande segredo está na aleatoriedade.

Importante!

A pesquisa experimental examina o efeito causal do tratamento (variável independente) sobre a variação da variável resposta (variável dependente) a partir da aleatorização das observações que receberão o tratamento (grupo de tratamento) e os casos controle (grupo de controle). A seleção ao acaso elimina eventuais vieses que podem contaminar as inferências. O efeito causal é calculado pela diferença média entre os dois grupos. Quanto maior for a diferença, maior será o impacto do tratamento.

Vamos relembrar o estudo de caso do início deste capítulo. Começamos com a discussão sobre a eficácia da pílula do câncer, a fosfoetanolamina sintética. Para saber o seu efeito, os cientistas primeiramente devem separar os pacientes em dois grupos. O grupo de tratamento receberá a dose do medicamento. Já o do placebo receberá uma pílula com açúcar. Os grupos serão acompanhados durante algum tempo com base em diferentes variáveis que os médicos julgam relevantes para avaliar o quadro clínico dos pacientes. Dizemos que o resultado produz efeito quando a diferença entre o grupo de tratamento e o grupo de controle é estatisticamente significativa. Isso mesmo. Quando o p-valor está abaixo do critério de corte estabelecido pelo pesquisador. Por outro lado, um valor não significativo, ou seja, o p-valor acima do patamar de corte, sugere que a hipótese nula não pode ser descartada. Logo, devemos concluir que o medicamento não surte efeito para tratar da doença. Essa é a lógica básica da pesquisa experimental.

Na pesquisa social, por sua vez, na maior parte das vezes, não é possível realizar experimentos. Por exemplo, não é eticamente razoável negar um benefício social a uma família em vulnerabilidade econômica para tentar avaliar o efeito de um programa de distribuição de renda. Em outras oportunidades, é logisticamente impossível fazer uma pesquisa experimental, mesmo que eticamente aceitável. Por esse motivo, a maior parte da pesquisa social é observacional, e não experimental[9]. Infelizmente, como não é possível fazer o sorteio dos casos que compõem os grupos, as inferências são mais suscetíveis a vieses.

---

9   *A ciência política contemporânea tem assistido a uma expansão de pesquisas experimentais. Sobre esse assunto, sugerimos as seguintes leituras: Gelman (1971); McDermott (2002); Rezende (2017). Na seção "Para saber mais", indicamos alguns cursos específicos sobre este assunto.*

> **Importante!**
>
> A pesquisa observacional também procura examinar o efeito causal do tratamento (variável independente) sobre a variação da variável resposta (variável dependente). No entanto, não contam no sorteio aleatório observações que receberão o tratamento (grupo de tratamento) e os casos controle (grupo de controle). Por esse motivo, não é possível eliminar todos os vieses que podem contaminar as inferências. **O efeito causal não pode ser calculado pela simples diferença média entre os grupos.**

Por esse motivo, as ferramentas estatísticas para a análise de dados observacionais precisam ir além do que é tipicamente utilizado por um médico, um biólogo ou um farmacêutico. Há diferenças consideráveis entre estudar um rato em laboratório e analisar o desempenho de um deputado no Congresso Nacional.

Além disso, para complicar ainda mais, toda vez que lidamos com pessoas como unidades de observação, devemos lembrar que os seres humanos são dotados de intencionalidade, emoções, racionalidade, entre outros aspectos. Esses sentimentos podem gerar problemas adicionais na hora de fazer inferências. Por essas razões, a estatística necessária para analisar os fenômenos sociais é muito mais avançada do que aquela utilizada em pesquisas experimentais. Por isso a importância de aprender métodos quantitativos.

Depois dessa breve reflexão sobre as diferenças entre as pesquisas experimental e observacional, devemos retornar aos métodos de comparação de médias. Lembrando que essas técnicas são mais adequadas na presença de tratamento aleatório e menos aplicáveis na pesquisa observacional. Todavia, elas representam a fundação básica das técnicas estatísticas mais sofisticadas em geral e do modelo de regressão, em particular, que veremos mais adiante (Capítulo 5). Por esse motivo, temos de aprender a lógica intuitiva das comparações de médias.

A partir de agora, veremos três técnicas estatísticas comumente utilizadas para fazer comparação de médias: (1) teste *t* para amostras independentes; (2) teste *t* para amostras emparelhadas; e (3) análise de variância (Anova).

O **teste *t* para amostras independentes** é comumente utilizado para comparar a média entre dois grupos ou condições experimentais independentes entre si. Vale ressaltar: apenas **dois** grupos ou **duas** condições experimentais. A variável dependente deve ser quantitativa (discreta ou contínua) e a variável independente deve ser qualitativa, com apenas duas categorias – por exemplo, homem ou mulher; fumante ou não fumante; participanteou não participante do programa; entre outros. As variáveis que têm apenas duas categorias também são chamadas de **variáveis *dummies*.**

Importante!

O teste *t* para amostras independentes é utilizado para comparar a distribuição de uma variável dependente quantitativa para dois grupos ou das condições experimentais.

São exemplos as seguintes pesquisas[10]:

- A renda dos homens é maior do que a renda das mulheres?
- Os beneficiários do Programa Bolsa Família gastam mais recursos com alimentação do que os não beneficiários?
- Os alunos que estudam em escolas particulares apresentam desempenho melhor no Enem do que os alunos da rede pública?

---

10 *Esses exemplos foram retirados do material da disciplina de Métodos Quantitativos ofertada aos alunos do curso de graduação em Ciência Política na Universidade Federal de Pernambuco (UFPE). Todo o material está disponível para download em Figueiredo (2019).*

- Os estados que adotam políticas focalizadas de segurança pública apresentam menor taxa de homicídio do que os estados que não as adotam?

Em uma perspectiva experimental, poderíamos utilizar o teste t para amostras independentes para responder a essas questões. Na perspectiva observacional, todavia, essa técnica ajuda, mas não resolve. Veremos como superar essa limitação mais adiante, quando estudarmos a regressão linear. Por enquanto, vamos no ater a como a comparação de médias pode nos auxiliar a compreender a lógica do teste de hipóteses na pesquisa empírica de forma geral.

3.3.1 Teste t para amostras independentes

O que é preciso:
"Uma variável dependente quantitativa (renda, recursos em alimentação, nota ENEM, nível de violência).

Uma variável categórica independente com apenas DOIS grupos [ou condições experimentais] (homens/mulher; beneficiários/não beneficiários; escola pública/escola privada; políticas focalizadas/políticas não focalizadas)" (Figueiredo, 2019b).

Para que serve[11]:

O teste *t* de amostras independentes informa se existe diferença estatisticamente significativa entre a média dos valores para os dois grupos na população. Lembrando que quanto menor for o p-valor, maior será a probabilidade de se rejeitar a hipótese nula. Por outro lado, quanto maior o p-valor, menor é a confiança em se rejeitar a hipótese nula.

Pressupostos:

- A distribuição da variável dependente é normal ou aproximadamente normal.
- Os grupos ou condições experimentais apresentam a mesma variância (homocedasticidade).
- A amostra foi coletada aleatoriamente (o tratamento foi ao acaso).
- As observações são independentes umas das outras.

Para ilustrar a aplicação do teste *t* para amostras independentes, vejamos um exemplo bem simples. Considere a seguinte questão de pesquisa:

Qual é a relação entre gênero e desempenho eleitoral?[12]

---

11 *O teste* t *foi desenvolvido por William Sealy Gosset, químico da cervejaria Guinness, localizada em Dublin, na Irlanda. Originalmente, o teste foi criado para monitorar a qualidade da cerveja tipo* stout *(cerveja preta). A Guinness também foi a primeira cerveja a trocar o gás carbônico por nitrogênio, o que explica parcialmente a cremosidade da bebida. Gosset publicou o artigo* The Problable Error of a Mean *na revista* Biometrika *em 1908 com o pseudônimo de Student. Ficou interessado no artigo? Consulte-o em: Student (1908). Para conhecer um pouco da história da cerveja Guiness e do teste proposto por Student (William Sealy Gosset), veja o vídeo da Research by Design (2016). Também sugerimos a leitura de Figueiredo (2019a).*

12 *Para saber mais sobre esse tema, sugerimos: Sacchet; Speck (2012); Fernandes (2018).*

Para responder a essa questão, devemos primeiro estabelecer as hipóteses nula e alternativa:

- H_0: Não existe relação entre gênero e desempenho eleitoral.
- H_a: Existe relação entre gênero e desempenho eleitoral.

O segundo passo é identificar as variáveis de interesse. Em nosso exemplo, o gênero será mensurado em duas categorias apenas (homem e mulher). Já o desempenho eleitoral será aferido pela quantidade total de votos recebidos. O último passo consiste em identificar o teste estatístico mais adequado, dadas as condições objetivas da pesquisa. Como a variável dependente é quantitativa (número de votos) e a variável independente tem apenas duas categorias, devemos utilizar o teste *t* para amostras independentes. Ele nasceu para isso. Vejamos então o desempenho eleitoral de candidatos e candidatas ao cargo de deputado federal no Brasil em 2014. A Tabela 3.2 sumariza essas informações.

Tabela 3.2 – Desempenho eleitoral de homens e mulheres nas eleições de 2014[13]

Gênero	N	Média	Desvio padrão
Homem	15.618	7.399,91	15.423,89
Mulher	6.403	2.482,60	9.026,78

$\Delta = 4.917,31$; p-valor < 0,01

Fonte: Elaborado com base em TSE, 2019b.

---

13 *Gostaria de agradecer a Antônio Fernandes, que respondeu ao meu e-mail em menos de dois minutos e gentilmente cedeu o conjunto de dados que serviu como base para elaborar o nosso exemplo.*

O primeiro passo é analisar a estatística descritiva da quantidade de votos para candidatos e candidatas. Como pode ser observado, a maior parte dos postulantes é homem. Além disso, um candidato recebe, em média, 4.917,31 votos a mais do que uma candidata ao mesmo cargo. Essa diferença é ilustrada pelo delta (Δ) e é estatisticamente significativa (p-valor < 0,01), o que indica que a hipótese nula deve ser rejeitada em função da hipótese alternativa.

Toda essa inferência estaria correta se fosse possível aleatorizar o gênero dos candidatos. Como não podemos fazer isso, estamos diante de um estudo observacional que pode estar contaminado por vieses. Isso porque existem outros elementos que podem afetar o desempenho eleitoral dos candidatos, como o financiamento de campanha e a experiência política, por exemplo. Como essas variáveis não foram incluídas na análise, devemos ter cautela em concluir que existe relação entre gênero e performance nas urnas.

3.3.2 Teste T para amostras emparelhadas (antes/depois)

Depois de vermos a função e a aplicação do teste t para amostras independentes, o próximo passo é compreender o papel do **teste t para amostras emparelhadas**. Eles são parecidos, mas não são iguais.

Assim como o teste t para amostras independentes, o teste t para amostras emparelhadas serve para comparar médias. A diferença, todavia, diz respeito ao tipo de amostra ou à condição experimental. No teste emparelhado, examinamos as mesmas observações em dois períodos distintos, ou seja, o mesmo caso é analisado mais de uma vez. A meta é avaliar se existem diferenças significativas entre antes e depois do tratamento/condição experimental. Por esse motivo, o teste t para amostras emparelhadas também é chamado de *teste antes/depois*.

> **Importante!**
>
> O teste *t* para amostras emparelhadas é utilizado para comparar a distribuição de uma variável dependente quantitativa para o mesmo grupo em períodos distintos no tempo ou em diferentes condições experimentais.

Vejamos um exemplo.

Figura 3.3 – Lógica dos testes antes e depois

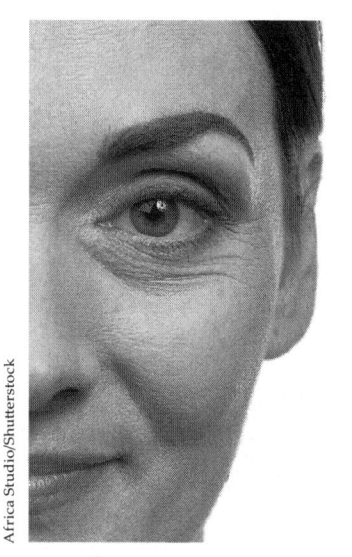

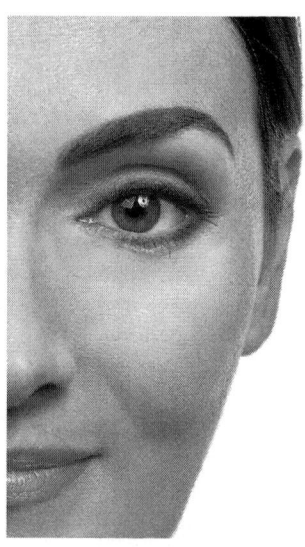

A lógica intuitiva é bastante simples. Devemos avaliar se a média da variável dependente antes da intervenção é diferente da média depois do tratamento. Quanto maior for a diferença entre os dois períodos, maior será a evidência em favor da existência do efeito. No exemplo da dieta, devemos mensurar o peso antes e depois. A hipótese alternativa é que a média depois da dieta deve ser menor do que a média antes da restrição alimentar. Por sua vez, a hipótese nula sustenta que as médias são iguais (antes e depois da dieta).

O teste *t* para amostras emparelhadas é muito popular na pesquisa clínica experimental, mas também é utilizado na pesquisa observacional, principalmente no contexto de avaliação de políticas públicas. No entanto, devemos lembrar que o pressuposto básico para o funcionamento do teste é o sorteio aleatório das observações que receberão o tratamento, o que muitas vezes não ocorre na implementação de programas governamentais. Dessa forma, devemos ter cautela ao inferir que determinada política produziu os efeitos esperados baseando-nos na simples comparação da variável de interesse antes e depois da implementação do programa[14].

O que é preciso:
"Uma variável dependente quantitativa (renda, recursos em alimentação, nota ENEM, nível de violência).

Uma variável categórica independente com o mesmo grupo em dois períodos de tempo distintos ou condições experimentais" (Figueiredo, 2019b).

Para que serve:
O teste *t* para amostras emparelhadas informa se existe diferença estatisticamente significativa entre a média dos escores para os dois períodos de tempo ou as duas condições experimentais na população. Lembrando que, quanto menor for o p-valor, maior será a probabilidade de se rejeitar a hipótese nula.

Para ilustrar a aplicação do teste *t* para amostras emparelhadas, vejamos um exemplo hipotético. Imagine que você foi contratado

---

14 Existem outros métodos de comparação antes e depois que permitem avaliar com mais segurança o efeito de determinada intervenção. Um deles é o método da dupla diferença. Outra técnica são as séries temporais interrompidas.

para analisar a variação do coeficiente de Gini no Brasil no período entre 2000 e 2010. O primeiro passo é identificar as hipóteses nula e alternativa.

- H_0: A média do Gini em 2000 é igual à média do Gini em 2010 (as médias são iguais).
- H_a: A média do Gini em 2000 é diferente da média do Gini em 2010 (as médias são diferentes).

O segundo passo é identificar as variáveis de interesse. Em nosso exemplo, a variável dependente é representada pelo coeficiente de Gini, que é uma medida quantitativa (varia entre 0 e 1). O próprio enunciado da questão identifica dois períodos diferentes do tempo (2000 e 2010). Dessa forma, estamos diante de uma configuração que pode ser examinada pelo teste *t* para amostras emparelhadas. A Tabela 3.3 ilustra a média do coeficiente de Gini no Brasil em 2000 e 2010.

Tabela 3.3 – Gini por Unidade da Federação (2000 e 2010)

Gini	N	Média	Desvio padrão
2000	27	0,627	0,031
2010	27	0,591	0,039

Fonte: Elaborado com base em Ipea, 2019c.

Como pode ser observado, a média do coeficiente de Gini passou de 0,627 em 2000 para 0,591 em 2010, o que representa uma redução de 5,74%. A Tabela 3.4 apresenta as estatísticas de interesse do teste *t* para amostras emparelhadas.

Tabela 3.4 – Teste t para amostras emparelhadas (Gini)

Δ (2010-2000)	Desvio padrão	t	P-valor <	Intervalo de confiança (95%)	
				inferior	superior
-0,036	0,022	24,939	0,001	-0,045	-0,028

A diferença média entre os dois períodos é calculada pela subtração da média em 2010 da média em 2000, e é representada pelo triângulo que chamamos de *delta* (Δ = -0,036)[15]. Existem diferentes estimativas que nos ajudam a avaliar a significância estatística dessa diferença: estatística *t*, p-valor e intervalos de confiança.

Vamos falar sobre cada um deles, mas vejamos inicialmente o p-valor. Vimos que o parâmetro tradicional de corte nas ciências sociais é de 0,05. Valores acima desse patamar indicam que a hipótese nula não pode ser rejeitada. Por outro lado, quando o p-valor é baixo, a hipótese nula deve ir por "água abaixo". Em nosso exemplo, o p-valor foi menor do que 0,001, ou seja, muito abaixo do critério de corte de 0,05. Nesse sentido, devemos rejeitar a hipótese nula e inferir que as médias dos dois períodos são diferentes.

Outra forma de avaliar a significância estatística da diferença entre as médias é observar os intervalos de confiança. Se o intervalo de confiança contém o valor zero, não podemos rejeitar a hipótese nula. Isso porque a diferença entre as médias pode ser zero. Por outro lado, sempre que o zero não estiver contido no intervalo de confiança, podemos ter mais segurança em rejeitar a hipótese nula. Em nosso exemplo, os limites inferior e superior foram de -0,045 e -0,028,

---

15 *Nada muda se calcularmos a diferença entre 2000 e 2010. Ou seja, pouco importa como a diferença média é estimada. As conclusões permanecem as mesmas. Logicamente, devemos observar uma variação no sinal, cambiando do negativo para o positivo dos coeficientes estimados: diferença média, teste t e intervalos de confiança.*

respectivamente (sempre negativos). O problema ocorre quando o intervalo varia entre –1 e +5, por exemplo. A inclusão do zero no intervalo indica que não é possível rejeitar a hipótese nula. Em resumo, a nossa estimativa da diferença média foi de -0,036. O intervalo de confiança de 95% indica que ela pode variar entre –0,045 e –0,028.

3.3.3 Análise de variância (Anova)

Por fim, devemos compreender a função da análise de variância (Anova). Essa técnica também serve para comparar médias. Todavia, ela é especialmente apropriada quando a quantidade de grupos ou de situações experimentais é maior do que dois ($k > 2$). Assim como o teste t para amostras independentes, a Anova requer uma variável dependente quantitativa (discreta ou contínua). A diferença é que a variável independente deve ser categórica com pelo menos três categorias que representam os diferentes grupos/condições experimentais. Por exemplo, podemos investigar em que medida a taxa de disciplina partidária (variável dependente) varia por ideologia (esquerda, centro e direita). Resumindo, no teste t para amostras independentes, apenas podemos comparar duas categorias ou condições experimentais. A Anova serve como uma extensão e permite comparar mais de dois grupos ou mais de duas condições experimentais.

O que é preciso:
"Uma variável dependente quantitativa (renda, recursos em alimentação, nota ENEM, nível de violência).

Uma variável categórica independente com pelo menos três categorias que representam diferentes grupos ou condições experimentais" (Figueiredo, 2019b).

Para que serve:

A Anova informa se existe diferença estatisticamente significativa entre a média dos escores para pelo menos três grupos ou condições experimentais na população. Lembrando que, quanto menor for o p-valor, maior será a probabilidade de se rejeitar a hipótese nula. Imagine a seguinte política pública. Com o objetivo de tentar reduzir as taxas de reincidência criminal, o governo federal criou um programa que concede benefícios a egressos do sistema prisional. Por meio de um sorteio aleatório com três possibilidades, os participantes poderiam ganhar: (1) um encaminhamento para um trabalho remunerado; (2) um auxílio mensal financeiro; e (3) nada. Além disso, as pessoas sorteadas com os prêmios 1 e 2 também receberiam visitas mensais de acompanhamento psicológico e social. Nesse exemplo, a variável dependente é quantitativa (taxa de reincidência). Já a variável independente é categórica e apresenta três níveis/condições, o que torna a análise de variância ideal para examinar o impacto da política pública. O último passo é identificar as hipóteses nula e alternativa. A hipótese nula sustenta que todas as médias são iguais, enquanto a hipótese alternativa defende que as médias são diferentes. Após um ano de experimento, o governo avaliou a taxa de reincidência para as três possibilidades. A Gráfico 3.2 ilustra diferentes cenários possíveis.

Gráfico 3.2 – Reincidência criminal (cenários hipotéticos)

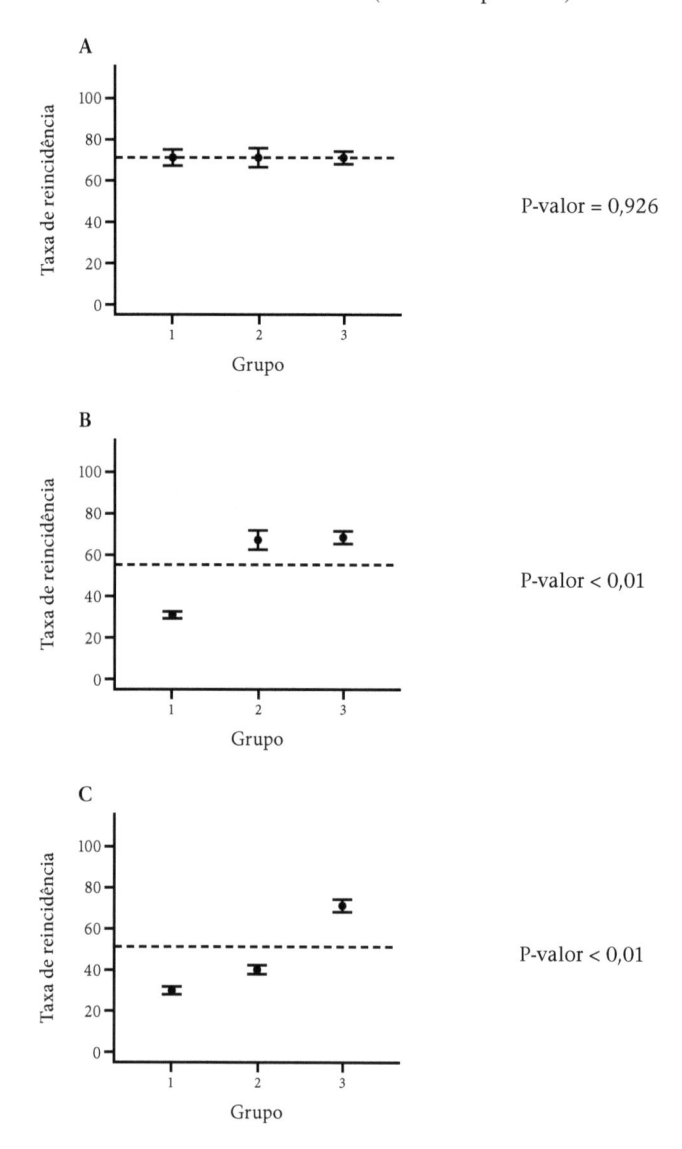

A

P-valor = 0,926

B

P-valor < 0,01

C

P-valor < 0,01

A linha pontilhada horizontal representa a taxa de reincidência para cada cenário hipotético. O cenário **A** ilustra a total inefetividade da política, ou seja, não podemos rejeitar a hipótese nula de igualdade das médias (p-valor = 0,926). Isso quer dizer que o encaminhamento para o trabalho remunerado e as bolsas de auxílio mensal não surtem efeito sobre a propensão em voltar a delinquir. Devemos chegar a essa conclusão porque as médias dos grupos 1, 2 e 3 são muito parecidas.

Por sua vez, o cenário **B** indica que apenas o encaminhamento para o trabalho remunerado parece surtir efeito para combater a reincidência criminal. Observe que a taxa média de reincidência para o grupo 1 foi de 30,52%, enquanto, nos grupos 2 e 3, a reincidência média foi de 66,80% e 68,16%, respectivamente. Outra forma de saber se pelo menos algum grupo ou alguma condição experimental é diferente é observar o p-valor. Nesse exemplo, o p-valor foi menor do que o patamar de corte comumente utilizado nas ciências sociais (0,05). Logo, devemos rejeitar a hipótese nula de igualdade das médias e optar pela hipótese alternativa de que pelo menos uma média é diferente das demais.

Por fim, o cenário **C** sugere que tanto o encaminhamento para o trabalho (grupo 1) quanto o auxílio financeiro mensal (grupo 2) parecem ter contribuído para reduzir o retorno do indivíduo ao crime. Esse é o cenário teoricamente esperado. O grupo 3 (nada) serve aqui como grupo de controle, tal e qual uma pesquisa médica. O problema, todavia, seria conseguir aprovar uma política pública dessa natureza em função das questões éticas envolvidas.

(3.4)
ANÁLISE PARAMÉTRICA *VERSUS* ANÁLISE NÃO PARAMÉTRICA

Depois de discutir a lógica dos testes de hipótese, o papel da significância estatística e do poder estatístico na análise de dados e conhecer as principais técnicas estatísticas de comparação de médias, é importante compreender a diferença entre testes paramétricos e não paramétricos. Para os cientistas políticos, importa mais saber quais testes utilizar e como interpretar os resultados do que propriamente dominar os fundamentos matemáticos de cada aplicação. É para isso que existem os estatísticos. No entanto, para trabalhar com análise de dados é importante conhecer, pelo menos superficialmente, a diferença entre *análise paramétrica* e *análise não paramétrica*.

O termo *paramétrico* vem de *parâmetro* e significa dizer que há algumas suposições sobre a natureza da distribuição dos dados. Dessa forma, enquanto os testes paramétricos exigem a satisfação de mais pressupostos, os não paramétricos são mais livres, ou seja, o pesquisador não precisa assumir determinados pressupostos como verdadeiros para utilizá-los em sua pesquisa. Em outras palavras, dizemos que determinado teste é não paramétrico quando inexiste a exigência do cumprimento de pressupostos específicos sobre o formato e/ou a natureza da distribuição do processo gerador dos dados.

Talvez um exemplo nos ajude. Imagine que você vai comer algum doce com creme de avelã. Sejamos sinceros: quase tudo com creme de avelã é gostoso. Ou seja, não existe muita restrição no seu uso como tempero de sobremesa. Ele se aproxima então da lógica dos testes não paramétricos que podem ser utilizados mais livremente. Por outro lado, a utilização dos testes paramétricos requer que determinadas condições sejam garantidas. É como aquele processo chato de alugar um apartamento ou um carro em uma locadora, para o qual é preciso ter um fiador ou deixar uma caução, caso algo dê errado. Na ausência desses termos, o contrato é inviabilizado. O mesmo acontece com os testes paramétricos: na ausência dos requisitos formais, eles não funcionarão adequadamente e/ou poderão, inclusive, gerar resultados errados.

Neste capítulo, vimos três diferentes testes paramétricos que servem para comparar médias – teste t para amostras independentes, teste t para amostras emparelhadas e análise de variância (Anova). Enfatizamos também que, para que as nossas inferências sejam confiáveis, é necessário satisfazer os pressupostos de cada teste. Por sua vez, a estatística não paramétrica surge como uma ferramenta opcional de análise de dados quando um ou mais pressupostos dos testes paramétricos forem violados. Como este é um livro de introdução à análise de dados, um exame detalhado das técnicas não paramétricas está fora de nosso escopo[16]. No entanto, é importante registrar a correspondência entre as técnicas paramétricas e não paramétricas discutidas até aqui. Vejamos.

Quadro 3.2 – Testes paramétricos *versus* não paramétricos

Paramétrico	Não-paramétrico
Teste t para amostras independentes	Teste de Mann-Whitney
Teste t para amostras emparelhadas	Teste de Wilcoxon
Análise de variância unidirecional	Teste de Kruskal-Wallis

Já vimos que o teste t para amostras independentes deve ser utilizado para comparar a média entre dois grupos. O seu primo não

---

16 *Para aprofundar seus estudos nesses assuntos, sugerimos dois livros do professor Emerson Cervi (2014; 2017).*

paramétrico, por assim dizer, é o teste de Mann-Whitney. Por sua vez, a alternativa não paramétrica que mais se aproxima do teste *t* para amostras emparelhadas, ou seja, quando estamos diante de amostras dependentes, é o teste de Wilcoxon. Por fim, o teste de Kruskal-Wallis pode ser utilizado para comparar três ou mais grupos tal e qual o seu primo paramétrico: A Anova.[17]

Síntese

Neste capítulo, analisamos o conceito e a função do teste de hipótese na pesquisa empírica. Vimos que uma hipótese científica deve estabelecer a relação esperada entre uma variável dependente (VD) e uma variável independente (VI).

Discutimos também as noções de significância estatística e poder estatístico. Em particular, verificamos as principais características e limitações do p-valor, medida mais amplamente utilizada para a tomada de decisão na pesquisa científica. Enfatizamos que o p-valor é comumente interpretado com base em três patamares: 1%, 5% e 10%. Além disso, pudemos notar que quando o p-valor é baixo, a hipótese nula vai por água abaixo.

Descrevemos ainda os erros do tipo I e do tipo II e explicamos em que situações eles são mais prováveis de ocorrer. Abordamos três testes estatísticos comumente empregados para testes de hipóteses com base na comparação entre médias: teste *t* para amostras independentes, teste *t* para amostras emparelhadas e análise de variância (Anova). Por fim, vimos as diferenças entre os testes paramétricos e não paramétricos e quais são as principais alternativas não paramétricas de análise de dados.

---

17 *Para mais explicações sobre os testes não paramétricos, sugerimos a leitura de Portal Action (2019).*

Exercícios resolvidos

1. Escreva as hipóteses nulas e alternativas dos seguintes desenhos de pesquisa:
   a) Um estudo que investiga a relação entre investimento em segurança pública e criminalidade.
      - H_0: Não existe relação entre investimento em segurança pública e criminalidade.
      - H_a: Existe relação entre investimento em segurança pública e criminalidade.
      - H_{at}: Quanto maior for o investimento em segurança pública, menor será a criminalidade.
   b) Uma pesquisa que analisa a relação entre a atuação do Ministério Público e a corrupção.
      - H_0: Não existe relação entre a atuação do Ministério Público e a corrupção.
      - H_a: Existe relação entre a atuação do Ministério Público e a corrupção.
      - H_{at}: Quanto maior for a atuação do Ministério Público, menor será a corrupção.
   c) Um desenho de pesquisa que examina a diferença de rendimentos por raça/cor.
      - H_0: Não existe diferença na média de rendimento por raça/cor.
      - H_a: Existe diferença na média de rendimento por raça/cor.
      - H_{at}: Brancos auferem, em média, rendimentos mais altos do que não brancos.

d) Um estudo que investiga a relação entre consumo de carboidratos e massa corporal.
   - H_0: Não existe relação entre consumo de carboidratos e massa corporal.
   - H_a: Existe relação entre consumo de carboidratos e massa corporal.
   - H_{at}: Quanto maior for o consumo de carboidratos, maior será a massa corporal.
e) Uma pesquisa que analisa a diferença de remuneração por gênero.
   - H_0: Homens e mulheres auferem a mesma renda.
   - H_a: A renda dos homens é diferente da renda das mulheres.
   - H_{at}: Em média, homens recebem maiores salários em comparação com os salários das mulheres.
f) Um desenho de pesquisa que examina a relação entre quociente de inteligência (QI) e resultado no vestibular.
   - H_0: Não existe relação entre quociente de inteligência (QI) e resultado no vestibular.
   - H_a: Existe relação entre quociente de inteligência (QI) e resultado no vestibular.
   - H_{at}: Quanto maior for o quociente de inteligência (QI), melhor será o resultado no vestibular.
g) Um estudo que investiga a diferença entre as taxas de mortalidade infantil por Estado.
   - H_0: Não existe diferença entre as taxas de mortalidade infantil por estado.
   - H_a: Existe diferença entre as taxas de mortalidade infantil por estado.

- H_{at}: Estados do Nordeste devem apresentar, em média, taxas de mortalidade mais altas do que os estados do Sudeste.

h) Uma pesquisa que compara as taxas de pobreza por região do país.
- H_0: Não existe diferença entre as taxas de pobreza infantil por região do país.
- H_a: Existe diferença entre as taxas de pobreza por região do país.
- H_{at}: A região Nordeste deve apresentar, em média, taxas de pobreza mais altas do que a Região Sudeste.

Lembrando que H_{at} significa hipótese alternativa teórica. Nessa perspectiva, utilizamos a teoria para especificar ainda mais a direção da hipótese de pesquisa. Em vez de dizer simplesmente que existe relação, nós podemos especificar o sentido da relação (positiva ou negativa). Similarmente, em vez de dizer simplesmente que as médias são diferentes, podemos especificar qual grupo deve ter a média maior e qual deve ter a média menor.

2. Você foi contratado para avaliar o impacto da Política de Combate à Mortalidade Infantil (PCMI). Institucionalmente, alguns hospitais foram aleatoriamente escolhidos para receber a política, enquanto outros não foram contemplados. A principal variável de interesse é a taxa de mortalidade infantil por 1.000 nascimentos. Identifique qual é o teste mais adequado para realizar essa comparação e escreva as hipóteses nula e alternativa. Você acha correto o sorteio ao acaso das instituições beneficiadas pela política? Justifique a sua resposta.

Resposta: O primeiro passo é identificar o nível de mensuração das variáveis. A variável dependente é quantitativa e é representada pela taxa de mortalidade infantil. Por sua vez, a variável independente é qualitativa categórica e indica o recebimento da política pública, sendo que alguns hospitais receberam (grupo de tratamento) e outros não foram contemplados (grupo de controle). Dessa forma, devemos concluir que a técnica estatística mais adequada é o teste t para amostras independentes. Como o tratamento foi determinado ao acaso, a diferença média entre o grupo de tratamento e o grupo de controle pode ser interpretado como o efeito da intervenção da política pública. Esquematicamente, a hipótese nula sustenta que não existe diferença na taxa de mortalidade infantil entre os hospitais que adotaram a política e aqueles que não a adotaram. Contrariamente, a hipótese alternativa sustenta que existe diferença entre os grupos. A principal vantagem do sorteio aleatório é facilitar a comparação estatística entre os grupos. No entanto, essa facilidade não parece eticamente correta. O sorteio aleatório não faz diferença entre hospitais. Dessa forma, aqueles que já são muito bons podem ser incluídos, enquanto alguns carentes podem ser excluídas. O mais correto seria destinar a política pública para as entidades com maiores taxas de mortalidade infantil, o que aumentaria o impacto e a eficiência da intervenção. A desvantagem dessa opção é que a comparação entre os grupos não poderá ser realizada com base no teste t para amostras independentes que, como já foi dito, exige que todas as observações tenham a mesma chance de receber tratamento.

3. Parabéns! Seu trabalho como analista de dados ganhou repercussão nacional. Você foi agora contratado para analisar as informações do Programa Próximo Passo (PPP). O conjunto de dados consiste na nota final de estudantes submetidos a um teste padronizado de desempenho. Uma parte dos candidatos frequentou um cursinho preparatório, enquanto a outra não o fez. Sabendo que o critério de seleção dos candidatos foi a renda familiar, identifique qual é o teste mais adequado para realizar essa comparação e escreva as hipóteses nula e alternativa.

Resposta: Toda análise de dados deve começar pela identificação do nível de mensuração das variáveis. Nesse exemplo, a variável dependente é a nota final em um teste padronizado como o resultado do Enem. Por sua vez, a variável independente é a participação ou não em um cursinho preparatório. Isso quer dizer que a técnica mais adequada para realizar a comparação é o teste t para amostras independentes. A hipótese nula sustenta que não existe diferença na nota final entre os estudantes que participaram do cursinho e aqueles que não o fizeram. Contrariamente, a hipótese alternativa sustenta que a média dos grupos é diferente. Todavia, um pressuposto central do teste foi violado: o critério de atribuição do tratamento (cursinho) não foi aleatório, e sim intencionalmente decidido pela política pública, que elencou a renda familiar como método de seleção dos estudantes. Essa restrição garante que alunos com maior vulnerabilidade econômica sejam beneficiários da política, o que é socialmente desejável. Por outro lado, a ausência de aleatoriedade no tratamento impede que o teste *t* para amostras independentes seja corretamente utilizado para avaliar o efeito do programa.

4. Você foi contratado por um partido político para analisar a variação do Índice de Desenvolvimento Humano (IDH) por Unidade da Federação no Brasil no período entre 2000 e 2010. Identifique qual é o teste mais adequado e escreva as hipóteses nula e alternativa.

    Resposta: A variável dependente é o IDH. O próprio enunciado indica que os dados estão organizados em dois períodos distintos (2000 e 2010). Dessa forma, estamos diante de uma variável dependente quantitativa (IDH) que será examinada em dois períodos diferentes no tempo. Essa é a configuração ideal para a aplicação do teste *t* para amostras emparelhadas. Note que as unidades da Federação serão as mesmas em 2000 e em 2010. A hipótese nula sustenta que a média do IDH em 2000 é igual à média do IDH em 2010. Contrariamente, a hipótese alternativa sustenta que as médias dos períodos são diferentes. As tabelas a seguir sumarizam as estatísticas de interesse que são comumente reportadas no teste *t* para amostras emparelhadas com base nos dados do *Atlas do Desenvolvimento Humano no Brasil*.

Ano	N	Média	Desvio padrão
2000	27	0,576	0,073
2010	27	0,705	0,049

    Fonte: Elaborado com base em Pnud, 2019c.

Como pode ser observado, a média do IDH passou de 0,576 em 2000 para 0,705 em 2010, o que representa uma variação percentual positiva de 22,40%. Vejamos como fica a tabela do teste t para as amostras emparelhadas.

Δ (2010 – 2000)	Desvio padrão	t	P-valor	Intervalo de confiança (95%)	
				inferior	superior
0,128	0,027	24,939	0,001	0,118	0,139

A diferença média entre os dois períodos é calculada pela subtração da média em 2000 da média em 2010: 0,705 - 0,576, e é representada pelo triângulo que chamamos de delta (Δ = 0,128). Existem diferentes estimativas que nos ajudam a avaliar a significância estatística dessa diferença: estatística t, p-valor e intervalos de confiança. Vejamos inicialmente o p-valor. Sabemos que o parâmetro tradicional de corte nas ciências sociais é de 0,05. Valores acima desse patamar indicam que a hipótese nula não pode ser rejeitada. Contrariamente, quando o p-valor é baixo, a hipótese nula deve ir por água abaixo. Em nosso exemplo, o p-valor foi de 0,001, ou seja, muito menor do que o critério de corte de 0,05. Nesse sentido, devemos inferir que as médias dos dois períodos são diferentes. Já vimos que outra forma de avaliar a significância estatística da diferença entre as médias é observar os intervalos de confiança. Se o intervalo de confiança contém o valor zero, não podemos rejeitar a hipótese nula. Por outro lado, sempre que o zero não estiver contido no intervalo de confiança, podemos ter mais segurança em rejeitar a hipótese nula. Em nosso exemplo, os limites inferior e superior foram de 0,118 e 0,139, respectivamente. Em resumo, a nossa estimativa da diferença média foi de 0,128. O intervalo de confiança de 95% indica que ela pode variar entre 0,118 e 0,139. Logo, estamos bastante confiantes em rejeitar a hipótese nula. Conclusão: A média do IDH em 2010 é significativamente maior do que a média do IDH em 2000.

5. Um sociólogo utilizou a análise de variância (Anova) para examinar a relação entre regime político e desigualdade de renda. Sabendo que a variável *regime político* foi mensurada em três categorias (democrático, semidemocrático e autoritário) e a variável dependente foi operacionalizada com base no coeficiente de Gini, explique o que pode dar errado nessa pesquisa.

Resposta: A análise de variância (Anova) é a técnica adequada para examinar a distribuição de uma variável dependente quantitativa entre três ou mais grupos. Na verdade, podemos interpretar a Anova como uma extensão do teste *t*, mas que permite a inclusão de mais de dois grupos ou de duas condições experimentais. Em nosso exemplo, a variável dependente é o coeficiente de Gini, enquanto a variável de agrupamento tem três categorias (democrático, semidemocrático e autoritário). Em uma situação experimental, não resta dúvida: a Anova seria a melhor opção. O problema é que estamos diante de dados observacionais. Não é possível aleatorizar o regime político de determinado país. Dessa forma, como o tratamento não foi sorteado ao acaso, não é possível eliminar todos os vieses que podem contaminar nossas inferências, e o efeito causal não pode ser calculado pela simples diferença média entre os grupos.

Questões para revisão

1. Explique, em suas palavras, o que é uma hipótese. Quais são os elementos básicos de uma hipótese científica?

2. Dê um exemplo de hipótese nula e alternativa para uma pesquisa em ciência política.

3. Qual dos seguintes testes deve ser utilizado para examinar dados experimentais em que a variável dependente é quantitativa e a variável de agrupamento tem apenas duas categorias?
   a) Teste *t* para amostras independentes.
   b) Teste *t* para amostras emparelhadas.
   c) Análise de variância (Anova).
   d) Nenhuma das alternativas anteriores.

4. Qual dos seguintes testes deve ser utilizado para analisar dados experimentais em que a variável dependente é quantitativa e a variável de agrupamento tem mais de duas categorias?
   a) Teste *t* para amostras independentes.
   b) Teste *t* para amostras emparelhadas.
   c) Análise de variância (Anova).
   d) Nenhuma das alternativas anteriores.

5. Qual dos seguintes testes deve ser utilizado para examinar a variação de uma variável dependente quantitativa em dois períodos diferentes do tempo?
   a) Teste *t* para amostras independentes.
   b) Teste *t* para amostras emparelhadas.
   c) Análise de variância (Anova).
   d) Nenhuma das alternativas anteriores.

Questões para reflexão

1. Após assistir ao vídeo indicado a seguir, responda às perguntas:
   a) Existe diferença estatisticamente significativa entre o antes e o depois?
   b) Como o tratamento de imagens pode distorcer a nossa percepção sobre o conceito de beleza?

   PIPER, T. **Dove Evolution**. 6 out. 2006. Disponível em: <https://www.youtube.com/watch?v=iYhCn0jf46U>. Acesso em: 4 jul. 2019.

2. Assista ao clipe indicado a seguir e identifique as hipóteses nula e alternativa. Afinal, houve traição? Discuta com seus colegas.

   BON JOVI. **Bon Jovi**: Misunderstood. 16 jun, 2009. Disponível em: <https://www.youtube.com/watch?v=Q0Lg_ISGGW4>. Acesso em: 4 jul. 2019.

3. Na sua opinião, o que é mais grave: prender uma pessoa inocente ou soltar um indivíduo culpado? Discuta com seus colegas sobre os erros do tipo I e do tipo II.

4. Elabore uma questão de pesquisa em que seja possível utilizar o teste *t* para amostras emparelhadas.

Para saber mais

Artigos

MONOGAN, J. E. A Review of Textbooks for Teaching Undergraduate Methods. **PS: Political Science & Politics**, v. 50, n. 2, p. 549-553, 2017.

ORSI, C. Fosfoetanolamina, o "caso que envergonhou a ciência brasileira". **Gazeta do Povo**, Ideias, 1º jun. 2017. Disponível em: <http://www.gazetadopovo.com.br/ideias/fosfoetanolamina-ocaso-que-envergonhou-a-ciencia-brasileira-d5wnxh6h28oop2z9b3xsg6v3w>. Acesso em: 4 jul. 2019.

Livros

AGRESTI, A.; FINLAY, B. **Métodos estatísticos para as ciências sociais**. Tradução de Lori Viali. 4. ed. Porto Alegre: Penso, 2012. (Métodos de Pesquisa).

BABBIE, E. **Métodos de pesquisas de survey**. Belo Horizonte: Ed. da UFMG, 1999. v. 1.

DANCEY, C. P.; REIDY, J. **Estatística sem matemática para psicologia**. Porto Alegre: Penso, 2013. (Métodos de Pesquisa). Esse livro é ideal para pessoas com pouco ou nenhum conhecimento matemático. O conteúdo é apresentado de forma leve, com base em exemplos reais da pesquisa empírica em psicologia. Outra qualidade da obra é a lista de exercícios ao final de cada capítulo. Por fim, o livro também conta com um passo a passo para a implementação computacional dos testes estatísticos com o uso do Statistical Package for Social Sciences (SPSS).

HAIR, J. F. et al. **Análise multivariada de dados**. Tradução de Adonai Schlup Sant'Anna. 6. ed. Porto Alegre: Bookman, 2009. Um dos melhores livros já escritos sobre o assunto. A linguagem é bastante acessível e a explicação dos conceitos é extremamente detalhada.

IMAI, K. **Quantitative Social Science: an Introduction.** Princeton: Princeton University Press, 2017.

JOHNSON, J. B.; REYNOLDS, H. T.; MYCOFF, J. D. **Political Science Research Methods.** Washington: CQ Press, 2015.

KELLSTEDT, P. M.; WHITTEN, G. D. **Fundamentos da pesquisa em ciência política.** Tradução de Lorena Barberia, Patrick Cunha Silva e Gilmar Masiero. São Paulo: Blucher, 2015.

Tive a oportunidade de ser aluno do professor Guy Whitten, um dos autores desse livro. E pode ter certeza: a obra é tão boa quanto a aula. De forma extremamente didática, os autores iniciam o livro com uma discussão sobre o estudo científico da política. Além disso, eles debatem conceitos que geralmente ficam de fora de livros aplicados, como causalidade e a importância de hipóteses teoricamente orientadas para o desenvolvimento do conhecimento científico. Outro elemento que merece destaque é a revisão, ainda que superficial, de temas mais avançados como modelos de regressão para variáveis qualitativas e séries temporais. Todos os exemplos computacionais são estruturados com base no Stata. Recentemente o livro foi traduzido para o português.

POLLOCK III, P. H. **The Essentials of Political Analysis.** Washington: CQ Press, 2015.

A obra cobre o material básico de análise de dados. Existem três versões do livro com diferentes aplicações computacionais: Stata, R e SPSS. A lista de exercícios ao final dos capítulos ajuda a sedimentar o conteúdo teórico. Trata-se de um dos melhores manuais se o objetivo é aprender estatística aplicada com o uso de algum *software*.

TRIOLA, M. F. **Introdução à estatística**: atualização da tecnologia. Rio de Janeiro: LTC, 2014.

WHEELAN, C. **Naked Statistics**: Stripping the Dread from the Data. New York; London: WW Norton & Company, 2013.

O livro do professor Wheelan é mais voltado para o desenvolvimento do pensamento estatístico. Sua grande virtude é ensinar conceitos importantes de análise de dados com base em exemplos práticos. Além disso, a linguagem é leve, o que ajuda a compreensão.

Sites

ACADEMIA.EDU. Disponível em: <https://www.academia.edu/>. Acesso em: 4 jul. 2019.
Este é o Facebook dos cientistas. Acesse e abra a sua conta. Se quiser, me adicione.

GOOGLE ACADÊMICO. Disponível em: <https://scholar.google.com.br/>. Acesso em: 4 jul. 2019.
Acesse este *site* e abra a sua conta.

RESEARCHGATE: Disponível em: <https://www.researchgate.net/>. Acesso em: 4 jul. 2019.
Instagram dos cientistas. Entre neste *site* e abra a sua conta. Se quiser, me adicione.

OSF – Open Science Framework. Disponível em: <https://osf.io/>. Acesso em: 4 jul. 2019.
Entre neste *site* e abra sua conta. Estou por aqui também.

Vídeos

LASTWEEKTONIGHT. **Scientific Studies**: Last Week Tonight with John Oliver (HBO). 8 maio 2016. Disponível em: <https://www.youtube.com/watch?v=0Rnq1NpHdmw&t=117s>. Acesso em: 4 jul. 2019.

PASTERNACK, N. A ciência brasileira e síndrome de Cassandra. Natália Pasternak. **TEDx Talks**, 28 nov. 2017. Disponível em: <https://www.youtube.com/watch?v=F3kUeDlP3Io>. Acesso em: 3 jul. 2019.

TED. Disponível em: <https://www.ted.com/talks>. Acesso em: 4 jul. 2019.

Perguntas & respostas

1. *O p-valor indica o tamanho do efeito da variável independente sobre a dependente?*

    Muito cuidado aqui. Apesar de muito difundida, essa interpretação é errada. O p-valor apenas indica se os resultados amostrais podem ser generalizados para a população. Não devemos confundir **significância estatística** com **significância substantiva**. Quando a amostra é muito grande, qualquer diferença tende a ser significativa, independentemente da magnitude do efeito. Por outro lado, em amostras muito pequenas, apenas efeitos muito grandes serão detectados. Existem outras medidas estatísticas que indicam o tamanho do efeito de uma variável independente sobre a variação da variável dependente. Veremos esse assunto nos próximos capítulos.

2. *Qual é o papel da aleatoriedade do tratamento na pesquisa científica?* Em alguns estudos, os dados são coletados com base em um experimento cuidadosamente planejado. Via de regra, o principal objetivo do desenho experimental é comparar a variável dependente entre observações submetidas a diferentes condições que, teoricamente, podem afetar os resultados. Nessa perspectiva, cabe ao pesquisador decidir quais observações serão submetidas às diferentes condições experimentais. Na pesquisa clínica, por exemplo, essas condições geralmente são denominadas **de tratamento** (remédio) e **de controle** (ausência de remédio/placebo). A aleatorização das observações desempenha um papel fundamental para que as inferências amostrais sejam válidas e confiáveis. Em particular, é exatamente o sorteio das observações que receberá o tratamento que elimina eventuais vieses que podem contaminar as inferências. O efeito causal é então calculado pela diferença média entre os dois grupos. Quanto maior for a diferença, maior será o impacto do tratamento. Todavia, vimos que nem sempre é possível aleatorizar, seja por questões éticas, seja por razões logísticas. Nesses casos, estamos diante de dados observacionais que exigem técnicas estatísticas mais avançadas.

Capítulo 4
Correlação

Conteúdos do capítulo:

- Associação, relação e correlação.
- Pressupostos da correlação.
- Correlação de Pearson.
- Gráficos de dispersão.
- Correlação espúria.
- Implementação computacional.

Após o estudo deste capítulo, você será capaz de:

1. identificar os principais pressupostos que devem ser satisfeitos em uma análise de correlação;
2. compreender artigos científicos que utilizam técnicas correlacionais de análise de dados;
3. determinar a direção e estimar a magnitude do coeficiente de correlação com base na inspeção visual do gráfico de dispersão;
4. diferenciar correlação de causalidade;
5. implementar computacionalmente a correlação.

No filme *Obrigado por fumar* (2005), o lobista Nick Naylor argumenta que todo mundo sabe que o cigarro não é totalmente inofensivo. Em 1939, Franz Hermann Muller publicou o primeiro estudo epidemiológico relacionando o hábito tabagista e a incidência de câncer. Desde então, muitos trabalhos demonstraram a existência de uma associação entre essas variáveis. Mas o que isso quer dizer? O que significa afirmar que duas variáveis estão relacionadas? Neste capítulo, veremos a medida de associação mais amplamente utilizada na pesquisa científica: a correlação.

Estudo de caso

Candidatos mais altos recebem mais votos?

À primeira vista, essa pergunta parece um tanto absurda. Afinal, por que deveríamos observar alguma relação entre a altura do candidato e o seu desempenho nas urnas? Contudo, tanto a literatura científica quanto os meios de comunicação sugerem que essas variáveis estão associadas, pelo menos para o contexto norte-americano (Murse, 2019). Por exemplo, Stulp et al. (2013) reportam evidências de que a estatura afeta o desempenho eleitoral dos concorrentes ao cargo de presidente dos Estados Unidos. Em particular, os autores indicam que candidatos mais altos têm maiores chances de reeleição e concluem que "a altura é uma característica importante na escolha e na avaliação dos líderes políticos" (Stulp et al., 2013, p. 1, tradução nossa).

Faz parte do cotidiano de qualquer cientista político analisar o padrão de relacionamento entre variáveis. Alguns estão interessados na associação entre o tipo de sistema eleitoral e a quantidade de partidos políticos (Mainwaring, 2001)[1]. Outros examinam a relação entre gênero e desempenho eleitoral (Sacchet; Speck, 2012). Em comum, esses estudos buscam identificar a associação entre variáveis.

Dizemos que existe *associação entre variáveis* quando é possível identificar semelhanças em suas respectivas distribuições (Figueiredo Filho; Silva Júnior, 2009; Paranhos et al., 2014). Em outras palavras, se a distribuição dos escores de uma variável x for parecida com a distribuição dos valores da variável y, essas duas variáveis estarão associadas. Assim, existe **correlação** entre as variáveis quando as suas distribuições "caminham juntas". Para as variáveis qualitativas, devemos observar a relação entre as frequências. Para as quantitativas, devemos analisar o compartilhamento da variância. É nesse sentido que as diferentes medidas de correlação servem para mensurar a direção e a magnitude dessas associações.

Vejamos como os cientistas políticos definem *correlação*. Para Kellstedt e Whitten (2013), "correlação é uma medida estatística que indica a direção (positiva ou negativa) e a magnitude (força) da associação entre duas ou mais variáveis"[2]. O professor Triola (2014, p. 65) afirma que "dizemos que existe uma correlação entre duas ou mais variáveis quando o valor de uma variável está, de alguma forma, associado ao valor da outra variável". Existem diferentes medidas de associação e o seu uso depende fundamentalmente do nível de

---

1 Por exemplo, de acordo com a lei Duverger, como é conhecida, a regra majoritária produz sistemas bipartidários, enquanto a regra proporcional gera sistemas multipartidários (Duverger, 1972).

2 Essa definição é comumente aceita por diferentes autores e pode ser encontrada, por exemplo, no livro The Fundamentals of Political Science Research (Kellstedt; Whitten, 2013). Similarmente, para Jupp, "a correlação diz respeito à relação linear entre variáveis. O coeficiente de correlação é uma medida de associação entre duas variáveis quantitativas, geralmente denominadas de x e y" (Sapsford; Jupp, 2006, p. 43, tradução nossa.).

mensuração das variáveis e da forma funcional esperada da relação[3]. Neste capítulo, apresentaremos o conceito, os pressupostos, as limitações e a implementação computacional do coeficiente de correlação de Pearson.

(4.1)
ORIGEM

Apesar do nome – **correlação de Pearson** –, essa medida foi desenvolvida com base no trabalho de dois cientistas: Karl Pearson (1857-1936) e Francis Galton (1822-1911)[4]. Nesse sentido, o mais correto é creditar aos dois autores o desenvolvimento do coeficiente de correlação.

(4.2)
PRESSUPOSTOS, PROPRIEDADES E LIMITAÇÕES

A correlação de Pearson é representada pela letra *r* e mensura a **direção** e a **magnitude** da associação linear entre duas ou mais variáveis quantitativas (discretas ou contínuas)[5]. Ressaltamos que a correlação é uma medida da direção e da magnitude da relação linear entre duas

---

[3] Lembrando que as variáveis podem estar associadas de diversas formas funcionais (quadrática, cúbica, exponencial etc.). Além disso, as associações lineares são mais fáceis de visualizar e representam um padrão bastante comum.

[4] Para os interessados no desenvolvimento histórico da correlação, sugerimos Stanton (2001).

[5] Existem outras medidas estatísticas para mensurar a correlação entre variáveis qualitativas. Por exemplo, o coeficiente de qui-quadrado pode ser utilizado para mensurar o grau de associação entre variáveis categóricas. Similarmente, o coeficiente de correlação de Sperman pode ser utilizado para investigar o padrão de associação entre variáveis ordinais e/ou quando os pressupostos da correlação de Pearson forem violados. Para saber mais, sugerimos: Agresti (2007); Pallant (2007); e Triola (2014).

Dalson Britto Figueiredo Filho

ou mais variáveis quantitativas. Uma associação é considerada linear quando a melhor forma de ilustrá-la é uma linha reta.

> **Importante!**
>
> A análise de correlação de Pearson é utilizada para descrever a direção e a força da relação linear entre variáveis quantitativas (Pallant, 2007). Dizemos que a relação entre as variáveis é *linear* quando o padrão de associação é mais bem representado por uma linha reta (Triola, 2014).

A **direção** indica o sentido da correlação, que pode ser positiva ou negativa. Por um lado, uma correlação positiva indica que, quando uma variável aumenta, a outra também cresce, ou seja, valores altos de x estão associados a valores altos de y. É o caso, por exemplo, da relação esperada entre horas de estudo e desempenho na prova, ou da associação desejada entre a quantidade de seguidores no Instagram de um usuário e o número de curtidas em suas postagens. Por outro, uma correlação negativa indica que valores altos de x estão associados a valores baixos de y. Ou seja, o quanto x aumenta, em média, y diminui. Na área de saúde, por exemplo, espera-se uma associação negativa entre idade e massa muscular. Ou seja, pessoas mais velhas, em média, devem apresentar menor massa muscular quando comparadas com as mais jovens. Na área de políticas públicas, espera-se que quanto maior for o investimento em saúde básica, menor será a taxa de mortalidade infantil, por exemplo, ou, ainda, espera-se uma associação negativa entre o número de policiais *per capita* e a quantidade de crimes. A Figura 4.1 ilustra exemplos de correlações com diferentes direções.

Figura 4.1 – Diferentes correlações

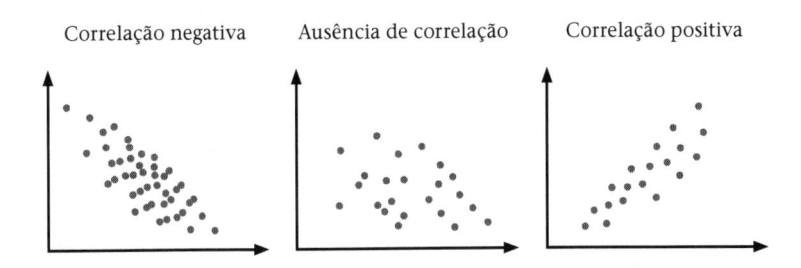

Correlação negativa   Ausência de correlação   Correlação positiva

Por sua vez, a **magnitude** indica a força da associação linear entre as variáveis. Tecnicamente, o coeficiente de correlação de Pearson varia entre –1 e 1: quanto mais perto de 1, mais forte é a relação; quanto mais próximo de 0, mais fraca é a correlação[6]. A Figura 4.2 ilustra como interpretar a variação da magnitude do coeficiente.

Figura 4.2 – Magnitude da correlação

Independência linear

–1   0   1

Correlação negativa perfeita   Correlação positiva perfeita

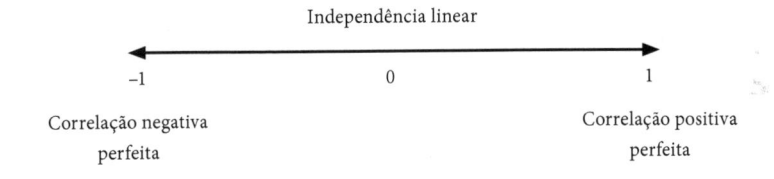

Uma **correlação perfeita** (1 ou –1) indica que, ao se saber o valor de x, é possível prever o valor de y sem nenhum erro. Ou seja, ao se conhecer o valor de uma variável, podemos antecipar exatamente o

---

[6] *A magnitude da correlação é interpretada de forma diferente. Nas ciências humanas, dados os problemas de validade e de confiabilidade dos indicadores, é normal observar coeficientes de correlação menores quando comparados com os reportados pelas ciências naturais. Há muitas diferenças entre medir a concentração de alguma substância em um laboratório e medir a corrupção, por exemplo. Por esse motivo, os profissionais de ciências humanas precisam de técnicas de análise de dados muito mais avançadas do que os de ciências naturais.*

valor da outra. Contrariamente, uma correlação de 0 indica que as variáveis são estatisticamente independentes, ou seja, saber o valor de x em nada ajuda a prever o valor de y. No entanto, como valores extremos raramente são observados na prática, é importante compreender como interpretar a magnitude da correlação. Vejamos a perspectiva de diferentes autores (Quadro 4.1).

Quadro 4.1 – Magnitude da correlação

Cohen (1988)	Valores de r entre 0,1 e 0,29 podem ser considerados pequenos; escores entre 0,3 e 0,49 podem ser considerados médios; e valores acima de 0,5 podem ser interpretados como altos.
Dancey e Reidy (2005)	Valores de r entre 0,10 e 0,30 podem ser considerados fracos; escores entre 0,4 e 0,6 podem ser considerados moderados; e valores acima de 0,7 podem ser interpretados como altos.

Existem ferramentas que nos ajudam a identificar a direção e a magnitude da correlação entre as variáveis de interesse: são os **gráficos de dispersão** (*scatter plots*). Esses gráficos permitem identificar, de forma rápida e confiável, se a correlação é positiva ou negativa, se ela é forte, moderada ou fraca. Por esse motivo, é preciso saber interpretá-los. O Gráfico 4.1 ilustra a representação gráfica de diferentes correlações.

Gráfico 4.1 – Diferentes correlações

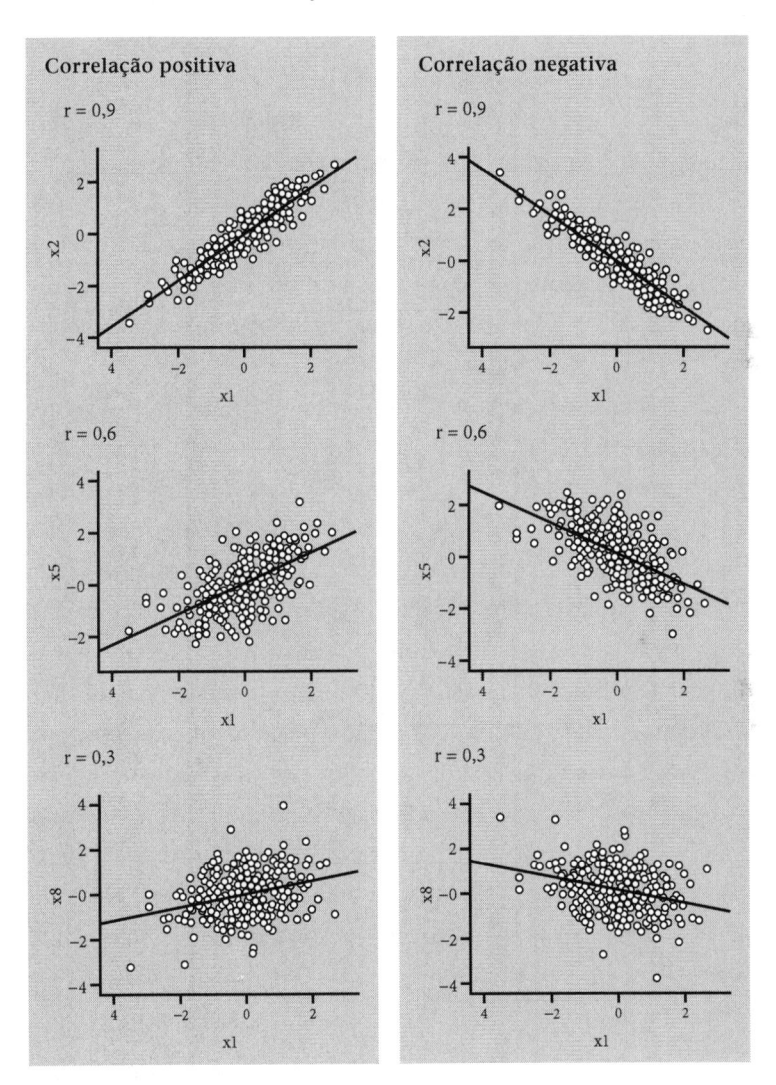

No gráfico de dispersão, cada eixo ilustra a variação de uma variável específica e os pontos representam as observações de interesse. Quanto menor for o coeficiente de correlação, mais dispersos serão os pontos, independentemente do sinal, ou seja, quanto mais dispersa for a distribuição dos pontos no gráfico, menor será a correlação. Contrariamente, quanto mais perto de um, maior a contiguidade dos pontos em função da reta que representa a tendência linear esperada. Simplificando: quando os pontos estiverem muito juntos, quase formando uma reta, mais forte será a associação entre as variáveis.

Por exemplo, quando a correlação é forte e positiva (r = 0,9), as observações se agrupam de forma bem definida em função de uma reta crescente (saindo do canto inferior esquerdo para o superior direito do gráfico). Por outro lado, quando a correlação é fraca (r = 0,3), a distância entre os pontos e a reta é maior. Além disso, menos evidente é o padrão de associação linear entre as variáveis.

Vamos explicar de outra forma. Olhe fixamente para o gráfico que tem correlação r = 0,9. Então, gire a cabeça rapidamente para o lado direito e continue olhando as demais figuras (correlações 0,6 e 0,3). Você deve ter percebido que os pontos se tornaram cada vez mais dispersos em relação à reta. Isso implica redução na magnitude do coeficiente de correlação. Em síntese, quanto maior for a proximidade dos pontos em relação à reta, mais forte será a correlação; quanto mais dispersos forem os pontos, menor será a correlação. Isso vale para as correlações tanto positivas quanto negativas.

Preste atenção!

- A correlação de Pearson apenas identifica relações lineares.
- Se a relação não é linear, devemos utilizar outras medidas de associação.

Depois de definir o conceito, o próximo passo é observar algumas propriedades e limitações do coeficiente de correlação de Pearson:

- não diferencia entre variáveis independentes e dependentes;
- assume que as variáveis são quantitativas (discretas ou contínuas);
- **é desprovido de unidade física de mensuração, ou seja, é adimensional;**
- não é um percentual nem é uma proporção;
- apenas detecta relações lineares;
- sempre deve vir acompanhado da análise do gráfico de dispersão;
- **é muito sensível ao tamanho da amostra;**
- deve-se ter cuidado com os *outliers*.

Como a correlação não diferencia entre variáveis independentes e dependentes, o coeficiente calculado entre x e y é exatamente igual ao estimado entre y e x. Portanto, não faz diferença quem é quem (essa propriedade não se aplica no contexto da regressão linear, como veremos no próximo capítulo). Por ser uma medida de covariação, a correlação de Pearson exige variáveis quantitativas (discretas ou contínuas). Além disso, a correlação é adimensional, ou seja, é desprovida de unidade física de mensuração (Chen; Popovich, 2002). Essa propriedade é interessante, já que o coeficiente de correlação não será afetado pela unidade de medida das variáveis originais. Dessa forma, pouco importa se a temperatura foi mensurada em graus Celsius ou Fahrenheit ou se o Produto Interno Bruto (PIB) foi estimado em reais ou dólares, o valor do coeficiente será o mesmo.

Um equívoco comum é interpretar a correlação em termos percentuais. Isso é errado (Chen; Popovich, 2002). Uma correlação de 0,6 não significa que existe 60% de associação. Como o coeficiente de correlação de Pearson assume que a relação entre as variáveis é linear, ele não deve ser utilizado para identificar associações não lineares.

Tecnicamente, a forma mais segura de analisar uma correlação é sempre basear-se em gráficos, e não no coeficiente isoladamente. Falou em correlação, mostre o gráfico.

Como toda estimativa, o coeficiente de correlação de Pearson é muito sensível ao tamanho e ao tipo da amostra (Achen, 1977; Maxfield; Babbie, 2014)[7]. Dessa forma, quanto menor for o número de casos, menos confiável será a estimativa (Kennedy, 1998; Hair et al., 2009). Recomendamos que os pesquisadores evitem calcular a correlação para amostras demasiadamente pequenas (n < 10), principalmente em pesquisas observacionais (Altman; Krzywinski, 2015).

Além disso, é importante que a amostra seja aleatória e as observações, independentes entre si (Pallant, 2007). A violação desses pressupostos pode produzir correlações espúrias (ver Seção 4.4, "Correlação espúria").

Por fim, devemos ter especial cuidado com os *outliers*. Assim como outras medidas de análise estatística, a correlação de Pearson também é afetada pela presença de casos extremos (Anscombe, 1973; Chen; Popovich, 2002; Hair et al., 2009)[8]. Dessa forma, antes de inferir a respeito do padrão de relacionamento entre x e y, é importante averiguar se existem observações atípicas na amostra.

A correlação de Pearson é um exemplo de técnica paramétrica e, por esse motivo, existem alguns requisitos que devem ser verificados

---

7   Em um artigo famoso sobre o tema, Measuring representation: perils of the correlation coeficient, *Achen (1977) examina as limitações das medidas correlacionais nos estudos sobre representação política e defende a sua substituição por coeficientes de regressão não padronizados e variância dos resíduos (assunto do próximo capítulo).*
8   Outliers ou casos extremos *são sinônimos para descrever observações que são muito diferentes das demais. Para saber mais sobre o assunto, sugerimos: Figueiredo Filho; Silva (2016).*

para garantir a sua correta aplicação. Vejamos agora o Gráfico 4.2 que nos ajudará a fixar essas informações.

Gráfico 4.2 – Diferentes padrões de associação, mesma correlação

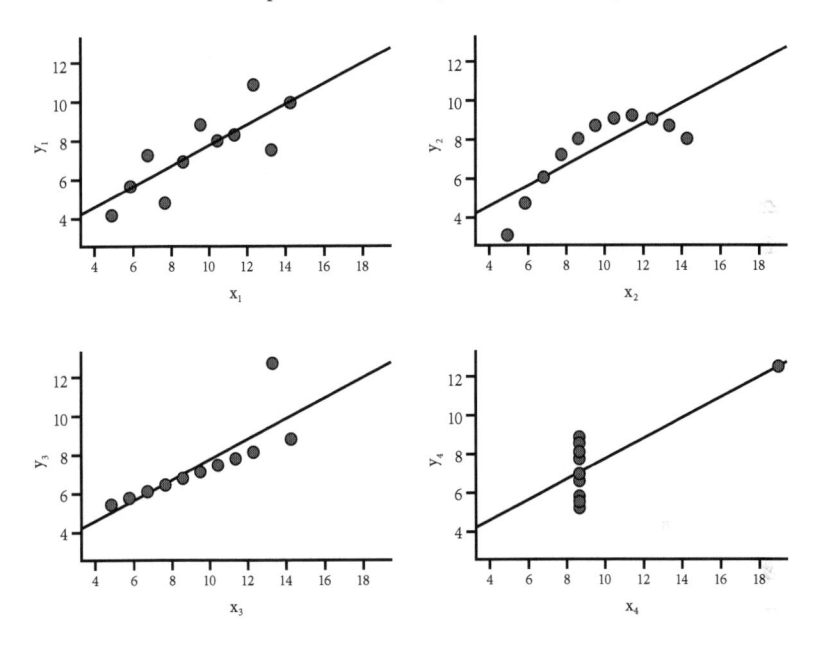

Fonte: Elaborado com base em Anscombe, 1973, p. 19-20.

As quatro figuras apresentam o mesmo coeficiente de correlação de Pearson (r = 0,816). No entanto, exibem padrões totalmente diferentes de associação entre as variáveis. Por exemplo, ao se examinar a associação entre x_4 e y_4, fica evidente que a presença de um único caso destoante forjou uma correlação inexistente. Similarmente, a relação entre x_2 e y_2 é claramente não linear, já que a melhor forma de representar a relação entre as variáveis não é uma reta, mas sim uma parábola. Considere o Gráfico 4.3 a seguir.

Gráfico 4.3 – Relação não linear entre x_1 e x_2

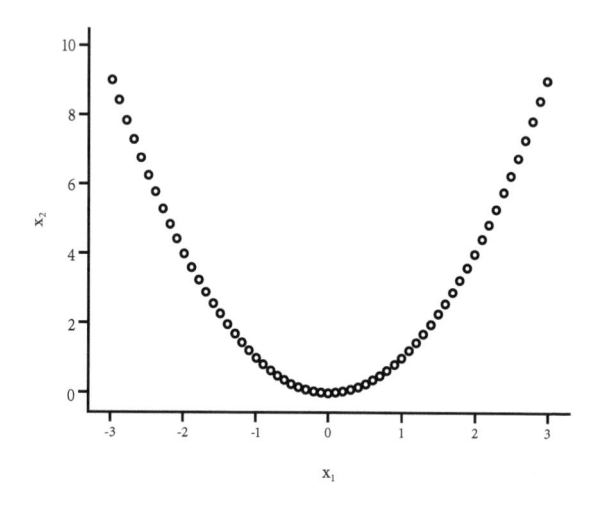

A correlação de Pearson entre x_1 e x_2 é exatamente zero, o que levaria o pesquisador a concluir que as variáveis são estatisticamente independentes. Observe, no entanto, que as variáveis estão relacionadas, mas a relação não é linear, e sim quadrática[9]. Esses exemplos reforçam a importância da análise gráfica de dados em geral e, em particular, do exame de correlações.[10]

---

[9] Para mais informações sobre as relações não lineares, sugerimos: Williams (2015).
[10] Para mais informações, sugerimos: Kasteller; Leoni (2007). Quer saber mais sobre esse assunto? Veja aqui: KASTELLEC, J. P.; LEONI, E. L. Using Graphs instead of Tables in Political Science. Perspectives on Politics, v. 5, n. 4, p. 755-771, 2007. Disponível em: <https://www.princeton.edu/~jkastell/Tables2Graphs/graphs.pdf>. Acesso em: 4 fev. 2019.

(4.3)
CORRELAÇÃO ESPÚRIA

Depois de abordar as propriedades e as limitações do coeficiente de correlação de Pearson, o próximo passo é examinar o que a literatura denomina de *correlação espúria*. Vejamos o seguinte exemplo. Em outubro de 2012, Franz H. Messerli (2012) publicou o artigo *Chocolate Consumption, Cognitive Function, and Nobel Laureates* (Consumo de chocolate, função cognitiva e vencedores de Nobel), sugerindo que o consumo de chocolate poderia aumentar a habilidade cognitiva. Levando em conta uma amostra de 23 países, o autor reporta uma correlação positiva de 0,791 entre o consumo de chocolate *per capita* e o número de agraciados com o prêmio Nobel por 100 mil habitantes. De acordo com Messerli (2012), o aumento de 0,4 quilo no consumo de chocolate por ano poderia gerar um prêmio Nobel adicional.

Devemos acreditar nesses resultados? Muitas pessoas adoram chocolate, mas a resposta é *não*. Um dos mantras da análise estatística é de que correlação não implica causalidade (Altman; Krzywinski, 2015). Duas variáveis podem estar associadas por vários motivos. Por exemplo, se duas variáveis têm a mesma causa, espera-se que as suas distribuições sejam similares, ou seja, correlacionadas[11].

Voltemos ao exemplo do chocolate. Esse estudo tem várias limitações que colocam a conclusão do autor em xeque, para dizer o mínimo. Em primeiro lugar, a amostra não é aleatória (vimos a importância das amostras aleatórias no processo de inferência estatística no

---

11 *É o que chamamos de* viés de variável omitida. *O problema de variável omitida é comum nas ciências naturais e sociais, e pode afetar dramaticamente a consistência das estimativas. Na análise de correlação, as variáveis omitidas podem, inclusive, criar correlações sem sentido entre* x *e* y.

Capítulo 1). Em segundo lugar, o critério de escolha das observações foi a conveniência de oferta de dados, o que tende a reduzir a consistência das estimativas. Em terceiro lugar, a amostra é excessivamente pequena e, portanto, não representativa da população de países do mundo (já aprendemos também a calcular amostras em função do tamanho da população). Tanto o efeito dos *outliers* quanto a probabilidade de surgimento de correlações espúrias aumentam quando a amostra é pequena (Triola, 2014). Para piorar, o autor não incluiu nenhuma variável de controle (veremos o que é isso no próximo capítulo). Provavelmente, a variável omitida aqui é renda/educação. Espera-se que, ao se controlar pelo efeito dessas variáveis, a correlação entre consumo de chocolate e prêmio Nobel desapareça, caracterizando, assim, a falsidade da associação. E, para finalizar, os dados são observacionais, o que dificulta tudo sempre muito mais. O Quadro 4.2 ilustra alguns exemplos de correlações espúrias.

Quadro 4.2 – Exemplos de correlações espúrias

Correlação espúria	Direção	Variável omitida
Quantidade de sorvete e mortes por afogamento	+	Temperatura
Tamanho das duas mãos	+	Genética
Tamanho do pé e desempenho em leitura	+	Idade
Número de policiais e quantidade de crimes	+	População

Ainda, podemos encontrar variáveis correlacionadas simplesmente por sorte. Considere o seguinte exemplo.

Gráfico 4.4 – Correlação entre gasto com ciência e suicídios nos Estados Unidos[12]

Gastos dos EUA com ciência, espaço e tecnologia
correlaciona com
Suicídios por enforcamento, estrangulamento e sufocação
Correlação: 99,79% (r = 0,99789126)

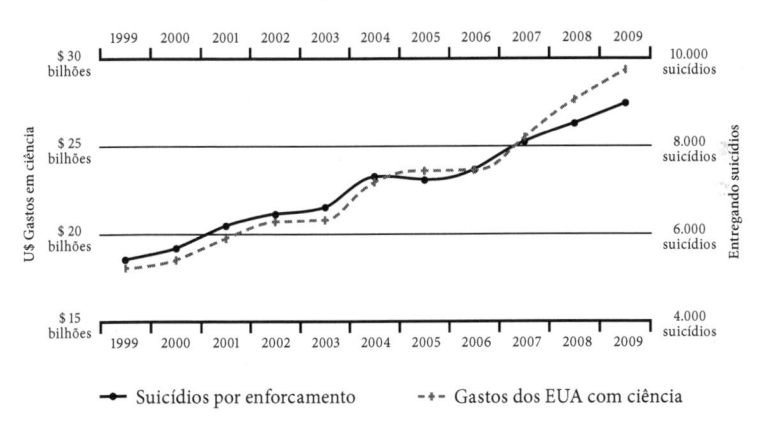

[Gráfico com eixo X de 1999 a 2009; eixo Y esquerdo: U$ Gastos em ciência de $15 bilhões a $30 bilhões; eixo Y direito: Entregando suicídios de 4.000 a 10.000 suicídios]

—●— Suicídios por enforcamento   –✦– Gastos dos EUA com ciência

Fonte: Tylervigen.com, 2019, tradução nossa.

A correlação é positiva e forte (r = 0,998). No entanto, não faz nenhum sentido assumir que uma variável afeta a outra. Na verdade, como os dados estão dispostos no tempo, qualquer indicador com tendência ao crescimento estará positivamente correlacionado tanto com o gasto com ciência quanto com o número de suicídios. As correlações espúrias representam um perigo para a investigação científica e, por esse motivo, é importante avaliar não só os valores numéricos, mas, principalmente, a teoria que explica a relação esperada entre *x* e *y* (King; Keohane; Verba, 1994).

---

12 Outras correlações espúrias também podem ser encontradas em *Buzzle Staff (2019)*

(4.4)
IMPLEMENTAÇÃO COMPUTACIONAL

Por fim, o último passo é aprender como implementar computacionalmente uma análise de correlação. Existem muitos *softwares* de análises de dados com comandos específicos para calcular diferentes medidas de correlação. Reportaremos aqui as rotinas computacionais de três programas: *Statistical Package for Social Sciences* (SPSS), *Stata* e *R Statistical*. O Gráfico 4.5 reproduz os dados compilados por Galton (1886) para analisar a relação entre a altura dos pais e a altura dos filhos.

Gráfico 4.5 – Correlação entre a média de altura dos pais e a altura dos filhos

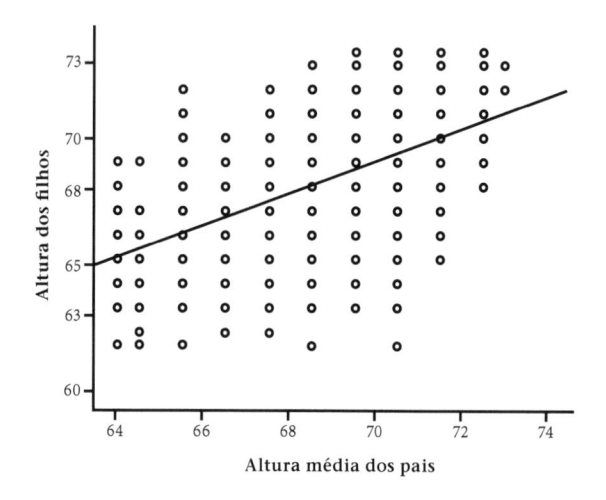

Fonte: Elaborado com base em Galton, 1886.

O primeiro passo é identificar as hipóteses nula e alternativa. A hipótese nula sustenta que não existe associação linear entre a altura média dos pais e a altura dos filhos (r = 0). Contrariamente, a correlação entre a média de altura dos pais e a altura dos filhos é de 0,459 (n = 928). Ou seja, quanto maior for a altura dos pais, em média, maior será a estatura de seus filhos. O Quadro 4.3 sumariza os comandos utilizados em cada programa para estimar o coeficiente de correlação e o respectivo gráfico de dispersão.

Quadro 4.3 – Rotinas computacionais (correlação de Pearson)[13]

SPSS	STATA	R
GRAPH /SCATTERPLOT(BIVAR)=parent WITH child /MISSING=LISTWISE. CORRELATIONS /VARIABLES=child parent /PRINT=TWOTAIL NOSIG /MISSING=PAIRWISE.	scatter child parent corr child parent	rcorr (child parent)

Síntese

Neste capítulo, vimos que a correlação é a medida de associação mais amplamente utilizada na pesquisa científica. Em particular, a correlação de Pearson é empregada em diferentes áreas do conhecimento que se preocupam em investigar o padrão de associação linear entre variáveis quantitativas.

---

[13] Não se deixe intimidar pela aparente complexidade dos comandos. A maior parte dos softwares de análise de dados pode ser facilmente manuseada via point-and-click. Ou seja, você pode operar todos os comandos sem ter de escrever uma única linha de programação. Contudo, recomendamos fortemente que você aprenda alguma linguagem de programação. No entanto, se essa não for sua intenção, aprenda a operar alguns desses programas e estude a lógica intuitiva dos testes estatísticos. Você será capaz de fazer análises sofisticadas utilizando dados políticos e sociais.

Dalson Britto Figueiredo Filho

Observamos também as principais características e limitações dessa correlação. Além disso, enfatizamos a importância da análise gráfica de dados como uma ferramenta essencial na investigação empírica. Por fim, examinamos os perigos das correlações espúrias e explicamos como implementar a correlação computacionalmente.

Exercícios resolvidos

1. Analise as afirmativas a seguir e assinale se elas são verdadeiras ou falsas:

   ( ) O coeficiente de correlação de Pearson foi inventado, exclusivamente, por Karl Pearson e, por isso, recebe o seu nome.

   Resposta: **Falsa**.
   Como vimos, a correlação foi desenvolvida a partir do esforço coletivo de Karl Pearson e Francis Galton. Muitos livros apresentam, equivocadamente, a correlação como produto exclusivo do trabalho de Pearson.

   ( ) A correlação de Pearson é sempre utilizada para medir o grau de associação linear entre variáveis qualitativas.

   Resposta: **Falsa**.
   A correlação de Pearson é o método indicado para medir o grau de associação entre variáveis quantitativas (discretas ou contínuas). Existem outras medidas estatísticas para mensurar a correlação entre variáveis qualitativas. Por exemplo, o coeficiente de qui-quadrado pode ser utilizado para mensurar o grau de associação entre variáveis categóricas. Similarmente, o coeficiente de correlação de Sperman pode ser utilizado para investigar o padrão de associação entre variáveis ordinais e/

ou quando os pressupostos da correlação de Pearson forem violados.

( ) Quanto maior for a média de uma determinada variável, maior será a correlação esperada.

Resposta: **Falsa**.

Não existe relação entre a tendência central da distribuição, aferida pela média, e a magnitude esperada da correlação. Uma correlação pode ser alta, mesmo que a média da distribuição seja zero. Contrariamente, as variáveis podem ser estatisticamente independentes ($r = 0$), mesmo que as suas respectivas médias sejam altas.

( ) Uma correlação de 0,09 pode ser considerada forte.

Resposta: **Falsa**.
A correlação sempre varia entre –1 e 1. Quanto mais próximo de um, mais forte é o nível de associação entre as variáveis. Quanto mais perto de zero, mais fraca é a relação. Nesse exemplo, o coeficiente de 0,09 é muito pequeno, o que falsifica integralmente o enunciado da afirmativa.

2. Informe o valor esperado do coeficiente de correlação com base na análise visual dos gráficos a seguir:

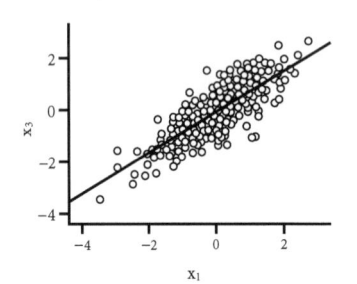

Correlação entre x_1 e x_3 — Correlação entre x_1 e y_6

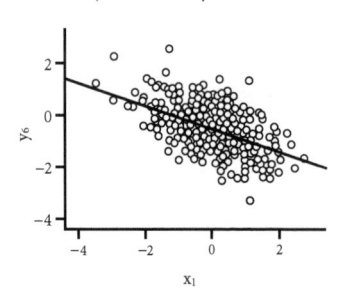

Resposta: O primeiro passo para calcular a correlação é observar a direção da relação. Ou seja, devemos identificar se a tendência é positiva ou negativa. Depois disso, devemos avaliar o nível de dispersão dos casos (pontos) em relação à reta da tendência. Lembrando que, se a correlação for perfeita (r=1), todas as observações estarão agrupadas exatamente em cima da reta. Por sua vez, quando as variáveis forem estatisticamente independentes (r=0), deveremos observar uma dispersão aleatória de pontos. A correlação entre x_1 e x_3 é claramente positiva. Em termos de magnitude, o valor de r é de 0,8. Além disso, a correlação entre x_1 e y_6 é negativa com uma magnitude de -0,5.

Questões para revisão

1. Em suas palavras, defina o conceito de correlação e descreva as potencialidades da referida técnica.

2. Identifique um exemplo de correlação entre variáveis tipicamente utilizadas em ciência política.

3. Dizemos que a correlação serve para:
   a) mensurar a normalidade dos dados.
   b) estimar o grau de associação entre variáveis.
   c) identificar causalidade entre fenômenos.
   d) ponderar o tamanho da amostra.

4. Uma correlação positiva de 0,8 entre x e y pode ser interpretada como:
   a) As variáveis são estatisticamente independentes.
   b) Quando x aumenta, y diminui.
   c) As variâncias de x e y não estão associadas.
   d) Valores altos em x, em média, estão associados a valores altos em y.

5. Observe o gráfico a seguir e indique a interpretação correta:

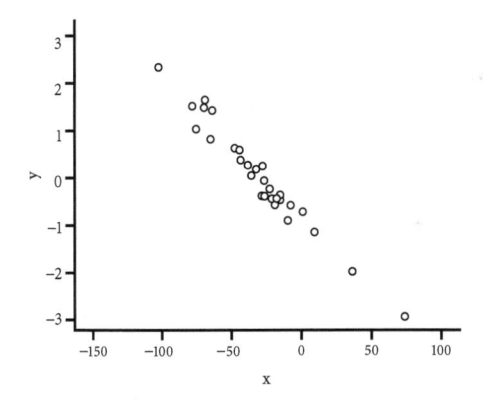

   a) A análise gráfica em nada ajuda a compreender o padrão de correlação entre x e y.
   b) Não resta dúvida: as variáveis apresentam uma correlação positiva.

c) Ao que parece, as variáveis são estatisticamente independentes.

d) Existe uma correlação negativa e estatisticamente significativa entre x e y.

Questões para reflexão

1. Uma pesquisa conduzida pela Universidade de Pittsburgh identificou uma correlação entre o uso de redes sociais e a chance de ter depressão (Lin et al., 2016). De acordo com uma das autoras do trabalho, Lui Yi Lin, "pode ser que pessoas que já estejam deprimidas estejam se voltando para as redes sociais para preencher um vazio" (Lin et al., 2016, p. 12). Com base nas principais limitações de análise correlacional, reflita sobre a consistência dos resultados dessa pesquisa. Esses resultados parecem consistentes? Converse com seus colegas sobre isso.

2. Faça um resumo do artigo *Desvendando os mistérios do coeficiente de correlação de Pearson*, publicado na **Revista Política Hoje** (Figueiredo Filho; Silva Júnior, 2009). Anote seus questionamentos e converse com o seu professor.

3. Ouça as músicas *Xibom bombom*, cantada pelo grupo As Meninas; *A cidade*, cantada por Chico Science; e *Society*, cantada por Eddie Vedder. Você consegue identificar a utilização do conceito de correlação? Reporte exatamente a parte das letras que ilustra a ideia de associação entre variáveis.

GASPAR, R; RANGEL, W. **Xibom bombom**. Intérprete: As Meninas. In: Xibom bombom. Brasil: Polydor; Universal Music, 1999. Faixa 1.

HANNAN, J. Society. Intérprete: Eddie Vedder. In: **Into the wild**. EUA: J Records, 2007. Faixa 8.

SCIENCE, C. A cidade. Intérprete: Chico Science & Nação Zumbi. In: **Da lama ao caos**. Brasil: Chaos, 1994. Faixa 4.

4. Acesse o seguinte endereço eletrônico e execute as tarefas elencadas a seguir:

    GUESSING correlations. Disponível em: <http://istics.net/Correlations/>. Acesso em: 5 jul. 2019.

    - Identifique visualmente o padrão de associação entre as variáveis e determine a direção e a magnitude da correlação.
    - Reporte o percentual de acertos.
    - Determine o valor exato da correlação.
    - Reporte a sua pontuação.

Para saber mais

Artigos

ACHEN, C. H. Measuring Representation: Perils of the Correlation Coefficient. **American Journal of Political Science**, v. 21, n. 4, p. 805-815, 1977.

O autor discute as limitações das medidas de correlação para estudar a representação política. Apesar de antigo, esse artigo representa uma importante contribuição para a análise de um tema central na pesquisa empírica em ciência política.

FIGUEIREDO FILHO, D. B.; SILVA JÚNIOR, J. A. da. Desvendando os mistérios do coeficiente de correlação de Pearson (r). **Revista Política Hoje**, Recife, v. 18, n. 1, p. 115-146, 2009. Disponível em: <https://periodicos.ufpe.br/revistas/politicahoje/article/viewFile/3852/3156>. Acesso em: 2 jul. 2019. Esse artigo apresenta uma introdução ao coeficiente de correlação de Pearson. A abordagem intuitiva dos autores facilita a compreensão dos conceitos por aqueles sem treinamento específico em matemática e/ou estatística.

LEE RODGERS, J.; NICEWANDER, W. A. Thirteen Ways to Look at the Correlation Coefficient. **The American Statistician**, v. 42, n. 1, p. 59-66, 1988.

PARANHOS, R. et al. Desvendando os mistérios do coeficiente de correlação de Pearson: o retorno. **Leviathan**, São Paulo, n. 8, p. 66-95, 2014. Disponível em: <http://www.revistas.usp.br/leviathan/article/view/132346/pdf_40>. Acesso em: 5 jul. 2019.

PEARSON, K. Notes on the History of Correlation. **Biometrika**, v. 13, n. 1, p. 25-45, 1920.

Filmes

OBRIGADO por fumar. Direção: Jason Reitman. EUA: 20th Century Fox, 2005. 92 min.

QUEBRANDO a banca. Direção: Robert Luketic. EUA: Sony Pictures, 2008. 122 min.

SOCIETY. Direção: Brian Yuzna. EUA, 1989. 99 min.

UMA MENTE brilhante. Direção: Ron Howard. EUA: Universal Pictures, 2001. 134 min.

Livros

CHEN, P. Y.; POPOVICH, P. M. **Correlation**: Parametric and Nonparametric Measures. Thousand Oaks: Sage, 2002.
Esse livro é ideal para estudantes em fases iniciais de treinamento. No entanto, algumas partes exigem um conhecimento intermediário de álgebra. Os autores discutem diferentes formas de medir correlação e ilustram com exemplos aplicados.

KELLSTEDT, P. M.; WHITTEN, G. D. **The Fundamentals of Political Science Research**. Cambridge: Cambridge University Press, 2013.

TABACHNICK, B. G.; FIDELL, L. S. **Using Multivariate Statistics**. Boston: Allyn & Bacon; Pearson Education, 2007.
Esse livro é especialmente útil para leitores interessados em aprofundar o conhecimento sobre estatística multivariada. Além disso, os autores empregam muitos exemplos da psicologia. Uma das vantagens da obra é a apresentação computacional de diferentes *softwares* de análise de dados.

TRIOLA, M. F. **Introdução à estatística**: atualização da tecnologia. Rio de Janeiro: LTC, 2014.
O livro é um clássico na área e representa um esforço pedagógico importante para facilitar a aprendizagem da estatística. A obra também conta com exercícios e problemas práticos, além de aulas *on-line*.

Outros recursos

ABEP – Associação Brasileira de Empresas de Pesquisa. **Guia Abep:publicação de pesquisas eleitorais.** São Paulo: Abep, [S.d.]. Disponível em: <https://www.academia.edu/4459308/GUIA_ABEP_PUBLICACAO_DE_PESQUISAS_ELEITORAIS>. Acesso em: 4 fev. 2019.

ROCHA, E. C. da; FIGUEIREDO, D. **Pesquisas eleitorais no Brasil e a estatística:** eleições 2018. 20 set. 2018. Apresentação de *slides*. Disponível em: <https://www.academia.edu/37450738/Pesquisas_Eleitorais_no_Brasil_e_a_Estat%C3%ADstica_-_Elei%C3%A7%C3%B5es_2018>. Acesso em: 5 jul. 2019.

Trabalho acadêmico

FERRAZ, C. **Crítica metodológica às pesquisas eleitorais no Brasil.** 82 f. Dissertação (Mestrado em Estatística) – Universidade Estadual de Campinas, 1996. Disponível em: <https://www.academia.edu/3244723/Cr%C3%ADtica_metodol%C3%B3gica_%C3%A0s_pesquisas_eleitorais_no_Brasil>. Acesso em: 5jul. 2019.

Vídeos

MIKE'S SAS TUTORIALS. **How to Use SPSS:** Lesson 1 – the SPSS Environment and Variable Properties. 11 dez. 2011. Disponível em: <https://www.youtube.com/watch?v=i8lmUkB4lag>. Acesso em: 5 jul. 2019.

RESEARCH BY DESIGN. **SPSS for Beginners 5:** Correlations. 21 fev. 2011. Disponível em: <https://www.youtube.com/watch?v=cNrnSEWKJgg>. Acesso em: 5jul. 2019.

Perguntas & respostas

1. *É necessário decorar a fórmula matemática do coeficiente de correlação de Pearson?*

    Não é necessário. Os cientistas políticos são consumidores de modelos. Atualmente, qualquer *software* de análise de dados calcula a correlação em fração de segundos. No entanto, é importante compreender como a correlação é calculada. Para isso, basta entender quais são os componentes da fórmula e os pressupostos que precisam ser satisfeitos para a correta estimação do coeficiente.

2. *E se eu achar uma correlação perfeita (+1 ou –1) entre as minhas variáveis?*

    Cuidado! Correlações muito fortes são raras, principalmente em ciências humanas. Na maior parte das situações práticas, os cientistas políticos encontram correlações pequenas ($r = 0,3$) ou até mesmo moderadas ($r = 0,6$). Se você achar alguma correlação acima de 0,9, independentemente da direção, é sinal de algum problema com os dados. Fique sempre alerta para a presença de *outliers* advindos, por exemplo, de erros de digitação. Outra possibilidade pode ser a inclusão da mesma variável de forma repetida. Por fim, a análise de correlação sempre deve vir acompanhada do gráfico de dispersão.

Dalson Britto Figueiredo Filho

3. *Uma correlação com valor 0 indica que não existe associação entre as variáveis?*

Muita calma nessa hora! A correlação de Pearson apenas detecta associações lineares, não esqueça do exemplo de Anscombe (1973). No entanto, as variáveis podem estar associadas com base em outras formas funcionais, como a quadrática ou a cúbica, por exemplo. Nesses casos, o coeficiente de correlação de Pearson é incapaz de identificar a relação existente. O pesquisador pode transformar as variáveis com o objetivo de tentar linearizar a relação. Outra opção é utilizar modelos não lineares. De toda forma, é importante lembrar que a correlação de Pearson apenas se aplica a relações em que a melhor forma de representar o padrão entre x e y é por meio de uma reta. Vale ressaltar: o coeficiente de correlação de Pearson serve apenas para analisar associações aproximadamente lineares.

Consultando a legislação

BRASIL. Lei n. 9.504, de 30 de setembro de 1997 (Lei das Eleições). **Diário Oficial da União**, Brasília, DF, 1° out. 1997. Disponível em: <http://www.tse.jus.br/legislacao/codigo-eleitoral/lei-das-eleicoes/lei-das-eleicoes-lei-nb0-9.504-de-30-de-setembro-de-1997#art33-35>. Acesso em: 5 jul. 2019.

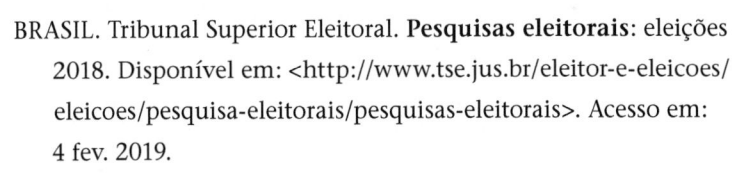

BRASIL. Tribunal Superior Eleitoral. **Pesquisas eleitorais**: eleições 2018. Disponível em: <http://www.tse.jus.br/eleitor-e-eleicoes/eleicoes/pesquisa-eleitorais/pesquisas-eleitorais>. Acesso em: 4 fev. 2019.

_____. Resolução n. 23.547, de 18 de dezembro de 2017. Relator: Ministro Luiz Fux. **Diário da Justiça Eletrônico**, Brasília, DF, 28 dez. 2017. Disponível em: <http://www.justicaeleitoral.jus.br/arquivos/res-tse-23547-2017-dispoe-sobre-representacoes-reclamacoes-e-pedidos-de-resposta>. Acesso em: 4 fev. 2019.

_____. Resolução n. 23.549, de 18 de dezembro de 2017. Relator: Ministro Luiz Fux. **Diário da Justiça Eletrônico**, Brasília, DF, 28 dez. 2017. Disponível em: <http://www.justicaeleitoral.jus.br/arquivos/res-tse-23549-2017-dispoe-sobre-pesquisas-eleitorais-para-as-eleicoes>. Acesso em: 5 jul. 2019.

O coeficiente de correlação é comumente utilizado em pesquisas de opinião para avaliar o padrão de relacionamento entre variáveis com possível impacto eleitoral. É importante, então, que os cientistas políticos saibam, ainda que superficialmente, quais são as diretrizes legais que regulamentam essa modalidade de investigação empírica.

Capítulo 5
Regressão linear

Conteúdos do capítulo:

- Origem da regressão.
- Componentes do modelo de regressão linear.
- Pressupostos da regressão linear.
- Planejamento de uma análise de regressão.
- Interpretação substantiva dos resultados.

Após o estudo deste capítulo, você será capaz de:

1. explicar para que serve o modelo de regressão de mínimos quadrados ordinários;
2. identificar em que situações os cientistas políticos podem utilizar essa ferramenta para analisar os fenômenos políticos e sociais;
3. reconhecer os principais pressupostos que devem ser satisfeitos em uma análise de regressão;
4. compreender artigos científicos que utilizam a análise de regressão linear;
5. evitar aplicações inadequadas da regressão linear na pesquisa empírica.

Neste capítulo, veremos uma técnica estatística que permite avaliar o efeito de uma ou de mais variáveis independentes sobre uma variável dependente: a regressão linear. Porém, precisamos ter clareza de que nem sempre será possível utilizar a regressão para responder às questões em que os cientistas políticos estão interessados. Muitas perguntas importantes simplesmente não podem ser avaliadas com auxílio dessa técnica. Além disso, como veremos a seguir, a correta aplicação da regressão depende de vários pressupostos que, principalmente na ciência social, são quase sempre violados.

Entretanto, como bem argumentou o professor Achen (1982), uma das grandes vantagens da regressão linear é a sua resiliência: ela tende a funcionar bem mesmo quando os seus pressupostos não são respeitados. Ao final do capítulo, você será capaz de ler e compreender artigos científicos que utilizam esse método de análise de dados e interpretar substantivamente os resultados estatísticos de um modelo de regressão linear.

Estudo de caso

Qual é o impacto dos gastos de campanha sobre os resultados eleitorais?

A regulamentação do financiamento de campanha tem dois principais objetivos: promover a igualdade e prevenir a corrupção. Além disso, é recorrente o argumento de que as eleições são muito caras e que campanhas políticas dependentes de doações corporativas (grupos de interesse) não são representativas dos desejos da população. Além disso, existem evidências consistentes de que a quantidade de recursos investidos na campanha, em grande medida, define o destino político dos candidatos. Regra geral, quem gasta mais, leva. Aos subfinanciados, resta o sabor amargo da derrota. Dessa forma, a relação entre dinheiro e política é um dos temas mais importantes da agenda pública no Brasil e no mundo.[1] Recentemente, o Supremo Tribunal Federal (STF) proibiu contribuições de pessoas jurídicas às campanhas eleitorais com o objetivo de reduzir a influência dos interesses econômicos sobre as decisões governamentais (Brasil, 2015). Em particular, a ministra Cármen Lúcia ressaltou a importância da igualdade de oportunidades e salientou como a desigualdade de recursos econômicos afeta as chances eleitorais de partidos e candidatos (Brasil, 2015). Tecnicamente, a decisão do STF assumiu como verdadeira a hipótese de que existe uma associação entre gastos de campanha e desempenho eleitoral.

Como vimos no capítulo anterior, não podemos confundir *correlação* com *causalidade*. Como podemos saber se uma variável independente exerce um efeito causal sobre a variação de uma variável dependente? A partir de agora, estudaremos o modelo estatístico mais popular da ciência política contemporânea: a regressão linear de mínimos quadrados ordinários. Em particular, enfatizaremos a origem, os pressupostos, o planejamento e a interpretação substantiva dos coeficientes da regressão linear na pesquisa científica.

Origem[2]*:*
Para a maior parte das pessoas, o vocábulo *regressão* está associado à noção de retorno a vidas passadas, algo transcendental. Basta pesquisar sobre o termo para encontrar diversas referências acerca dos fundamentos terapêuticos e dos supostos benefícios da regressão. Evidentemente, não é com esse tipo de regressão que estamos

---

1 Para mais informações, sugerimos Figueiredo Filho (2018).
2 Sobre a história da regressão, sugerimos Stanton (2001).

preocupados. A regressão que nos interessa tem origem no trabalho de Francis Galton sobre a relação entre a altura dos pais e a estatura dos filhos, que vimos no capítulo anterior. Galton descobriu que filhos de pais altos tendem a ser mais altos do que a média, mas não tão altos quanto os próprios pais. Similarmente, filhos de pais mais baixos tendem a ser menores do que a média, mas não tão pequenos quanto os próprios genitores. Galton havia descoberto o fenômeno que atualmente denominamos de *regressão à média*[3].

Qualquer fenômeno em uma série de eventos aleatórios tende a exibir um retorno ao ponto médio. Dessa forma, devemos observar eventos extraordinários seguidos de ocorrências corriqueiras. A forma mais intuitiva de verificar essa tendência é acompanhar a performance de um atleta. Por mais fã que você seja fã de um jogador, basta analisar criticamente seu desempenho para perceber que algumas de suas partidas são esplêndidas e outras são modestas. Galton notou que qualquer fenômeno que não apresentasse regressão à média acabaria fora de controle. Imagine, por exemplo, se os filhos de pais altos fossem mais altos do que os próprios pais. Em algumas gerações, haveria seres humanos gigantes, o que claramente não é o caso. O que sabemos, por outro lado, é que vários fenômenos tendem a regredir à média: altura, inteligência e até mesmo habilidade esportiva.

Nesse sentido, Galton estava interessado em encontrar um método capaz de descrever a relação entre a altura dos pais e a estatura dos filhos. E o que ele encontrou foi que existe um componente sistemático que correlaciona essas variáveis e que essa associação pode ser descrita por uma função matemática. Essa é a essência da regressão:

---

3   Galton era o irmão caçula de sete filhos, uma espécie de pequeno gênio e primo de primeiro grau de Charles Darwin. O artigo original que desenvolve a ideia da regressão é Regression Towards Mediocrity in Hereditary Stature e foi publicado no The Journal of the Anthropological Institute of Great Britain and Ireland (Galton, 1886).

estabelecer um modelo para descrever o padrão de associação entre variáveis. Não qualquer modelo, mas um que indique o que acontece na média.

(5.1)
O MODELO DE REGRESSÃO LINEAR[4]

Considere as seguintes afirmativas:

- Quanto maior for o gasto de campanha de um candidato, maior será a quantidade de votos recebidos por ele.
- O Sport Recife é melhor do que o Flamengo.

Observe que ambas as afirmativas descrevem relações fundamentalmente diferentes. A primeira indica que a quantidade de votos conquistados depende dos recursos investidos na campanha. Ou seja, espera-se uma relação de causa e efeito entre gasto de campanha e desempenho eleitoral. Já no segundo exemplo, não há causalidade implícita na assertiva de que um time é melhor do que o outro. Logo, não existe uma relação funcional para ser examinada.

Importante!

Uma **relação funcional** descreve como uma variável varia em função de outra. Em geral, tem-se uma variável dependente (Y) e um conjunto de variáveis independentes (X).

Em nosso primeiro exemplo, a quantidade de votos recebidos (variável dependente) é compreendida como uma função do gasto de

---

4 *Dados os propósitos deste livro, apenas cobriremos os aspectos básicos do modelo de regressão linear. Para os leitores interessados em conhecer mais sobre essa técnica, sugerimos a leitura da seção "Para saber mais" ao final do capítulo.*

campanha (variável independente). Outras variáveis independentes poderiam ser incluídas, como a quantidade de emendas aprovadas e a situação do candidato durante a eleição (mandatário ou desafiante). Dessa forma, nossa afirmativa poderia ser reformulada para:

> - A quantidade de votos recebidos por um candidato depende do gasto de sua campanha, das emendas propostas por ele que foram aprovadas e da sua situação durante a eleição.

O que estamos dizendo, então, é que a quantidade de votos pode ser descrita por uma função formada com as demais variáveis independentes. Essa é a essência do modelo de regressão.

Outros exemplos de relações funcionais podem ser encontrados nas seguintes afirmações:

> - Quanto maior for o investimento em segurança pública, menor será a criminalidade.
> - Quanto melhor for a infraestrutura escolar, maior será a aprendizagem.
> - Quanto maior for o consumo de álcool, maior será a propensão das pessoas a comportamentos socialmente indesejados.

Um dos principais objetivos da ciência é avaliar a plausibilidade dessas relações funcionais. Este capítulo apresenta uma ferramenta estatística para fazer isso: a regressão linear.

A escolaridade afeta o rendimento médio do trabalho? Os deputados de partidos de esquerda são mais disciplinados do que deputados de legendas de direita? Existe relação entre desigualdade de renda e níveis de homicídio? Como vimos no Capítulo 4, sobre a correlação, os cientistas políticos geralmente estão interessados em explorar o padrão de relação entre variáveis[5]. Uma forma de explorar o padrão de associação entre uma variável dependente e um conjunto de variáveis independentes é a regressão. Na verdade, a regressão não é apenas uma técnica de análise de dados, mas um conjunto de procedimentos estatísticos que permite explorar a relação funcional entre uma variável dependente e diferentes variáveis independentes. Existem diversos tipos de regressão para lidar com diferentes níveis de mensuração das variáveis dependentes e suas respectivas distribuições. Como já dissemos, neste capítulo estudaremos a regressão linear. Em seu formato mais simples, o modelo de regressão assume a seguinte forma:

$$Y = \alpha + \beta_1 X_1 + \varepsilon$$

Nessa equação, Y representa a variável dependente, ou seja, aquilo que procuramos entender/explicar/predizer. Em nosso exemplo de estudo de caso, a variável dependente poderia ser o número de votos recebidos em uma eleição. Por sua vez, X_1 é a variável independente que nós acreditamos que pode afetar a variação de Y, nesse caso, o gasto de campanha. A constante α, também chamada de *intercepto*, representa o valor de Y na ausência de variáveis independentes. Por sua vez, β_1 (*beta 1*) representa a variação observada em Y ao se elevar a variável independente X_1 em uma unidade. Ou seja, β_1 é o coeficiente

---

5 *Diferentemente das ciências duras, nas quais que existe a possibilidade de associações exatas entre variáveis, os cientistas políticos geralmente investigam relações inexatas, já que a realidade social é complexa e multideterminada. Para complicar as coisas ainda mais, a pesquisa social lida com o comportamento humano, que depende da intencionalidade do indivíduo. Vale ressaltar: há distinções consideráveis entre observar o comportamento de um rato em laboratório e analisar o desempenho de um deputado no Congresso Nacional.*

de regressão que indica o impacto médio de X_1 sobre Y. Voltando ao nosso exemplo, β_1 indica o que acontece com o número esperado de votos quando a receita de campanha aumenta em uma unidade. Por fim, ε (*épsilon*) representa o termo de erro, que indica uma medida de incerteza de nossas estimativas.

O modelo de regressão é formado por duas partes: uma observável, composta pelas variáveis dependente Y e independente X, e outra estimada, formada pelos coeficientes de regressão α e β_1 e o termo de erro. Assim como na análise de correlação, o correto funcionamento do modelo de regressão depende da satisfação de alguns pressupostos. Se eles forem respeitados, os coeficientes estimados com base em uma amostra aleatória serão representativos dos parâmetros populacionais. Em particular, a satisfação dos pressupostos garante a produção de coeficientes não enviesados e eficientes[6]. Contrariamente, se os pressupostos forem violados, os coeficientes podem ser acometidos por dois principais problemas: o viés e a ineficiência.

> **Preste atenção!**
>
> **Viés** – Tendência sistemática de sobre-estimar ou subestimar o verdadeiro valor do parâmetro populacional.
> **Ineficiência** – Diz respeito à variância do coeficiente. Quanto maior for a variância, maior será a ineficiência.

Vamos falar um pouco mais sobre esses conceitos. O viés é a tendência sistemática de sobre-estimar ou subestimar o verdadeiro valor do parâmetro populacional. Ou seja, de forma consistente,

---

6 A ausência de viés significa que os coeficientes não sobre-estimam nem subestimam sistematicamente o valor do parâmetro populacional. Eles são eficientes porque apresentam a menor variância entre todas as possíveis estimativas (Kennedy, 2005; Lewis-Beck, 1980).

nossas estimativas ou estão muito abaixo ou muito acima do valor de interesse. Os cientistas políticos procuram minimizar os vieses em suas análises. Por sua vez, a ineficiência diz respeito à precisão das estimativas. Dizemos que uma estimativa é *ineficiente* quando a sua variância é grande demais. A Figura 5.1 ilustra a relação entre viés e variabilidade (ineficiência) das estimativas.

Figura 5.1 – Viés e variabilidade[7]

| Alto viés, baixa variabilidade | Alto viés, alta variabilidade |
| Baixo viés, alta variabilidade | Baixo viés, baixa variabilidade |

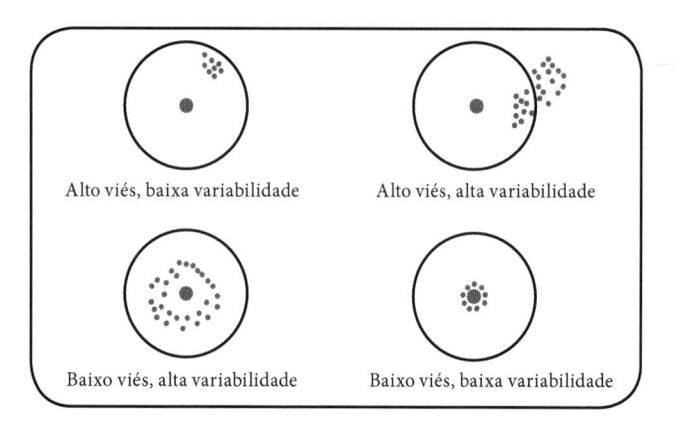

Imagine um arqueiro. Dizemos que ele é bom quando acerta sistematicamente o alvo. Na análise de dados, o alvo é o parâmetro. O pior cenário possível é produzir uma estimativa com alto viés e alta variabilidade (conforme o canto superior direito da Figura 5.2). Isso quer dizer que o resultado é impreciso (alta variabilidade) e ainda se afasta do real valor do parâmetro populacional (viés). No outro oposto, o melhor cenário é aquele em que se está sempre perto do alvo, ou seja, com baixo viés e baixa variabilidade. Então, a satisfação dos

---

7   Para mais informações sobre os conceitos de viés e variabilidade, consulte a seção "Perguntas & respostas" ao final deste capítulo.

pressupostos do modelo linear garante que as estimativas serão consistentes, ou seja, poderemos confiavelmente inferir para a população com base nos dados. Mas quais são esses pressupostos? A próxima seção responde a essa questão.

(5.2)
PRESSUPOSTOS DA REGRESSÃO LINEAR

Diferentes autores apresentam pressupostos distintos que precisam ser satisfeitos para que a análise de regressão linear de mínimos quadrados ordinários seja adequadamente utilizada. Figueiredo Filho et al. (2011, p. 51-52) apresentam os seguintes requisitos:

> *(1) a relação entre a variável dependente e as variáveis independentes deve ser linear; (2) as variáveis foram medidas adequadamente, ou seja, assume-se que não há erro sistemático de mensuração; (3) a expectativa da média do termo de erro é igual a zero; (4) homocedasticidade, ou seja, a variância do termo de erro é constante para os diferentes valores da variável independente; (5) ausência de autocorrelação, ou seja, os termos de erros são independentes entre si; (6) a variável independente não deve ser correlacionada com o termo de erro; (7) nenhuma variável teoricamente relevante para explicar Y foi deixada de fora do modelo e nenhuma variável irrelevante para explicar Y foi incluída no modelo; (8) as variáveis independentes não apresentam alta correlação, o chamado pressuposto da não multicolinearidade; (9) assume-se que o termo de erro tem uma distribuição normal e (10) há uma adequada proporção entre o número de casos e o número de parâmetros estimados.*

A seguir, discutiremos pormenorizadamente cada um desses pressupostos.

Linearidade

O pressuposto da linearidade assume que a relação entre X e Y pode ser descrita por uma função linear, ou seja, a melhor forma de representar o padrão de associação entre as variáveis é uma reta. Esse mesmo requisito deve ser satisfeito na análise de correlação, que vimos no capítulo anterior. O pressuposto da linearidade é comumente assumido pelos cientistas políticos. E por várias razões.

Em primeiro lugar, muitas relações já conhecidas podem ser descritas com base em funções lineares. Em segundo lugar, a especificação linear é mais simples, o que garante a opção matemática mais parcimoniosa. Em terceiro lugar, a ausência de teorias bem desenvolvidas limita a capacidade do pesquisador de especificar relações funcionais mais complexas. Quanto mais a relação se distanciar de uma função linear, menor será a aplicabilidade da regressão linear para analisar o fenômeno de interesse.

Em um modelo bivariado, uma forma simples de observar a relação entre X e Y é por meio de um gráfico de dispersão. Na estimação do modelo, a linearidade implica que o aumento de uma unidade em X gera o mesmo efeito sobre Y, independentemente do valor inicial de X.

No entanto, sabemos que nem sempre é possível satisfazer esse pressuposto. Tecnicamente, diante de uma relação não linear, o mais adequado é abandonar a regressão linear em favor de outras formas de estimação. Outra opção é utilizar alguma transformação matemática para linearizar a relação entre as variáveis. A adoção de um modelo linear para lidar com uma relação não linear produz erro de especificação, o que, por sua vez, implica a produção de coeficientes inconsistentes. Em síntese, o pressuposto da linearidade indica que a relação entre as variáveis dependentes e o conjunto de variáveis independentes pode ser descrita por uma função linear.

Ausência de erro de mensuração

De acordo com Lewis-Beck (1980), a importância de se incluírem variáveis bem medidas no modelo é evidente: variáveis mal medidas produzem estimativas inconsistentes. Em particular, se as variáveis independentes são medidas com erro, as estimativas (intercepto e coeficiente de regressão) serão enviesadas.

Além disso, os testes de significância e o intervalo de confiança serão afetados. Caso apenas a variável dependente seja medida com erro, ainda existe chance de o estimador ser não enviesado, assumindo que a distribuição do erro é aleatória. No entanto, é comum observar ineficiência no erro padrão da estimativa, reduzindo a consistência dos testes de significância.

Em síntese, o erro de mensuração pode ser aleatório ou sistemático e pode atingir tanto a variável dependente quanto a independente. Seja qual for o tipo (aleatório ou sistemático) e a localização (variável dependente, variável independente ou ambas), devemos sempre minimizar os erros de mensuração de nossas variáveis.

Contudo, o pressuposto de ausência total de erro de mensuração é uma clara impossibilidade na pesquisa social. Uma coisa é mensurar a temperatura de ebulição da água em condições normais de temperatura e pressão; outra (bem mais difícil) é medir a ideologia de um partido político. Dessa forma, os cientistas políticos devem avaliar criticamente a confiabilidade e a validade de suas variáveis e identificar em que medida os indicadores utilizados satisfazem ou não esse pressuposto.

A expectativa da média do termo de erro é igual a zero[8]

Para entender esse pressuposto, primeiro devemos compreender qual é o significado do erro no modelo de regressão. Para fins de notação, utilizamos a letra grega ε (*épsilon*) para representar o erro. Também chamado de *resíduo*, o erro representa a diferença entre os valores observados e os valores estimados pelo modelo. Quanto maior o erro, pior. É claro que haverá diferenças entre os valores preditos pelo modelo e os valores observados na realidade. Isso não é um problema. O problema começa quando a distribuição do erro deixa de ser aleatória com média zero.

---

8   Berry e Feldman (1985) argumentam que a violação desse pressuposto não é tão grave, na medida em que o coeficiente de regressão que mensura o impacto de X sobre Y continua consistente (não enviesado e eficiente). O único efeito observável para o modelo é a inconsistência do intercepto (constante), que será enviesado com a mesma magnitude do valor da média do erro. Ou seja, a violação desse pressuposto prejudica a constante, mas não afeta o beta da regressão.

Um dos fatores que pode levar à violação desse pressuposto são exatamente os erros de mensuração. A violação desse pressuposto compromete a consistência da estimativa do intercepto. Para Figueiredo Filho et al. (2011), enquanto o coeficiente de regressão (*slope*) não for afetado, o pesquisador deverá ter cuidado com a interpretação substantiva da constante. Para Kennedy (2009, p. 109), "o erro pode ter uma média diferente de zero devido à presença de erros de mensuração sistematicamente positivos ou negativos no cálculo da variável dependente".

Uma das principais consequências da violação desse pressuposto é que o intercepto do modelo (constante) será enviesado. Dessa forma, se nosso modelo for utilizado para fazer previsões, por exemplo, teremos estimativas inconsistentes dos parâmetros populacionais. No entanto, já que raramente os cientistas políticos fazem previsões e quase nunca estão interessados no valor da constante, a violação desse pressuposto de fato é menos grave do que a de outros pressupostos, como a homocedasticidade e a ausência de autocorrelação.

Homocedasticidade

Esse pressuposto é difícil de explicar, mas fácil de entender. *Homo* significa "mesmo", "igual", e *cedasticidade* significa "variação", ou seja, esse pressuposto assume que o termo de erro tem variação constante para os diferentes valores da variável independente. Hair et al. (2009, p. 83) afirmam que

> *homocedasticidade refere-se ao pressuposto de que a variável dependente exibe níveis iguais de variância em toda a gama de variável preditora.*
>
> *Homocedasticidade é desejável porque a variância da variável dependente a ser explicada na relação de dependência não deve ser concentrada em apenas uma gama limitada de valores independentes.*

Mas o que é *homocedasticidade*, afinal? Vimos que os resíduos são a diferença entre os resultados observados na realidade e os resultados estimados pelo modelo. O pressuposto da homocedasticidade assume que esse resíduo varia de forma uniforme. O problema ocorre quando a variação do resíduo é heterocedástica, ou seja, não constante. Imagine, por exemplo, um modelo que, quando o valor de Y aumenta, os erros de predição também ficam maiores. Para esse cenário, temos **heterogeneidade da variância** (variância diferente), que é o nome menos requintado de heterocedasticidade. E o que acontece se o pressuposto da homocedasticidade for violado? Em uma frase: não poderemos confiar nos testes de significância, ou seja, o p-valor das estimativas será inconsistente.

Para Lewis-Beck (1980, p. 28), "violar a suposição da homocedasticidade é mais grave. Isso porque, mesmo que as estimativas dos mínimos quadrados continuem a ser não viesadas, os testes de significância e intervalos de confiança estariam errados". Segundo Tabachnick e Fidell (2007), a presença de erros de mensuração nas variáveis independentes é uma das causas de heterocedasticidade. Portanto, diferentemente a do pressuposto que expectativa da média do termo do erro é igual a zero, apresentado há pouco, a violação do pressuposto da homocedasticidade é mais séria e pode indicar problemas graves no modelo. Em particular, não poderemos confiar nos testes de significância, pois os intervalos de confiança e o p-valor serão inconsistentes.

Ausência de autocorrelação

Esse pressuposto assume que os erros são independentes entre si. A regressão pode ser utilizada para analisar dados transversais (quando a unidade de análise é formada por diferentes casos em um único período do tempo) ou longitudinais (quando as mesmas observações se repetem ao longo do tempo).

Embora a autocorrelação possa ocorrer no espaço (autocorrelação espacial), é mais comum a presença da autocorrelação serial, quando as mesmas observações se repetem ao longo do tempo[9]. Dessa forma, o pressuposto de ausência de autocorrelação significa que os resíduos não são correlacionados.

O principal problema gerado pela correlação dos erros é a inconsistência dos testes de significância, assim como ocorre quando o pressuposto da homocedasticidade é violado.

---

9 Tecnicamente, a melhor forma de lidar com autocorrelação serial é ter como base os modelos de séries temporais. No entanto, dado o caráter introdutório deste trabalho, não iremos estudar esse tipo de modelagem. Para leitores interessados no assunto, sugerimos: Ostrom (1978) e Box et al. (2015).

A variável independente não deve ser correlacionada com o termo de erro

Para Lewis-Beck (1980), é difícil satisfazer esse pressuposto em desenhos de pesquisa não experimentais. Como o pesquisador não pode manipular o valor da variável independente, é importante que todas as variáveis teoricamente importantes sejam incorporadas ao modelo explicativo. Ou seja, novamente ressaltamos a importância de garantir a correta especificação do modelo.

Se, por exemplo, uma variável X_1 está correlacionada com outra variável explicativa X_2, mas o pesquisador não incluir esta última em seu modelo, as estimativas serão enviesadas. Existem dois principais fenômenos que podem levar à violação desse pressuposto. O primeiro é a exclusão de uma variável independente relevante para explicar a variação da variável dependente, o que chamamos de *erro de especificação do modelo*.

Imagine, por exemplo, que você está interessado em identificar um modelo para explicar o peso corporal das pessoas. Uma variável claramente importante é a idade. Se essa variável for excluída do modelo e ela estiver correlacionada com outras variáveis que foram incluídas, teremos então correlação entre o termo de erro e as demais variáveis independentes. Por isso, devemos examinar teoricamente o problema antes de determinar quais são as variáveis importantes para o modelo.

A exclusão de uma variável teoricamente relevante gera erro de especificação do modelo e os coeficientes estimados serão inconsistentes. Tecnicamente, uma forma de evitar esse problema é garantir a inclusão de diferentes variáveis de controle e testar diversas especificações do modelo. Se, sob diferentes especificações e com distintas variáveis de controle, os coeficientes estimados permanecerem os mesmos, teremos mais confiança de que o modelo foi corretamente identificado.

Outra situação provável em que esse pressuposto é violado é quando estamos diante de relações causais recíprocas. Ou seja, X parece causar Y, mas Y também pode afetar X. É o caso, por exemplo, da relação entre pobreza e corrupção. Uma das principais consequências da violação desse pressuposto é a produção de coeficientes enviesados.

Nenhuma variável teoricamente relevante para explicar Y foi omitida e nenhuma variável irrelevante para explicar Y foi incluída no modelo

Assim, como a linearidade, a violação desse pressuposto implica erro de especificação, o que gera coeficientes inconsistentes. Por esse motivo, é muito importante especificar corretamente o modelo. As próprias noções de *excluir uma variável importante* e *incluir uma variável irrelevante* já demonstram que existe algum critério de julgamento: teoria. Ela deve ser o critério para decidir quais variáveis são importantes e quais são irrelevantes.

Sejamos mais específicos: a exclusão de uma variável importante tende a gerar viés, enquanto a inclusão de uma variável irrelevante tende a gerar ineficiência. Talvez uma analogia nos ajude a compreender melhor esse ponto.

Imagine que você foi convidado por um amigo para um churrasco. Chegando lá você percebe que não tem carne, nem frango, nem linguiça. São todos vegetarianos e há várias abobrinhas e cebolas assando. Frustrante? Acontece a mesma coisa com a regressão quando uma variável importante é deixada de fora.

Por sua vez, a inclusão de uma variável irrelevante no modelo também será danosa, mas não produzirá coeficientes enviesados. A principal consequência de incluir variáveis irrelevantes no modelo é aumentar o tamanho do erro padrão dos coeficientes, o que, por sua vez, prejudica a confiabilidade dos testes de significância (p-valor). Esse problema é especialmente perigoso em amostras pequenas, já que existe menos informação disponível para calcular as estimativas de interesse. Resumo da história: devemos ter bastante cuidado durante a especificação teórica de nosso modelo; devemos incluir todas as variáveis que são teoricamente relevantes para explicar o fenômeno de interesse; e devemos garantir que nenhuma variável irrelevante foi incluída. Lembrando que amostras grandes ajudam a reduzir a ineficiência, mas não ajudam a combater o viés.

Dalson Britto Figueiredo Filho

As variáveis independentes não apresentam alta correlação, o chamado *pressuposto de ausência de multicolinearidade perfeita*[10]

Em um modelo de regressão múltipla (com mais de uma variável independente), é matematicamente impossível calcular o erro padrão quando a correlação entre as variáveis for de −1 ou 1. Diferentemente da autocorrelação e da heterocedasticidade, que são problemas estatísticos, a multicolinearidade é um problema de dados. Dessa forma, é possível existir multicolinearidade mesmo quando todos os outros pressupostos do modelo de regressão linear forem respeitados. O principal efeito de altos níveis de correlação entre as variáveis explicativas é a ineficiência das estimativas, ou seja, a multicolinearidade tende a sobre-estimar a magnitude do erro padrão dos coeficientes de regressão, prejudicando a confiabilidade dos testes de significância (p-valor).

Altos níveis de correlação entre as variáveis independentes estão ainda associados a dois outros problemas. O primeiro é a produção de um modelo estatístico com um alto poder explicativo, mas cuja maior parte dos coeficientes não é significativa. O segundo é a produção de modelos instáveis em que a inclusão/exclusão de um único caso e/ou variável pode afetar dramaticamente os resultados encontrados. A forma mais simples de detectar esse tipo de problema é estimar uma matriz de correlação entre as variáveis independentes e observar a magnitude dos coeficientes. Qualquer estimativa acima de 0,9, independentemente do sinal, é indicativo de problemas de multicolinearidade[11].

---

10 Para um tratamento específico sobre o papel da multicolinearidade na análise de regressão, sugerimos Figueiredo Filho, Silva e Domingos (2015).

11 Existem ainda duas medidas sínteses para diagnosticar a presença de altos níveis de correlação entre as variáveis independentes: a) tolerância e b) fator de inflação da variância (variance inflation factor – VIF). Uma propriedade interessante do VIF é que a sua raiz quadrada informa o aumento esperado na magnitude do erro padrão. E quanto maior for o erro padrão, maiores serão os intervalos de confiança e mais difícil será observar a significância estatística das estimativas. Por exemplo, um VIF de 9 indica que o erro padrão triplicou de tamanho, enquanto um VIF de 4 sugere que o erro padrão dobrou. Como regra geral, sugerimos os seguintes parâmetros para interpretar o fator de inflação da variância (VIF): Até 1: ausência de multicolinariedade; entre 1 e 10: multicolinariedade aceitável; acima de 10: multicolinearidade problemática.

E o que podemos fazer para evitar esse problema? A literatura sugere várias medidas. O jeito mais fácil é aumentar o tamanho da amostra, ou seja, adicionar mais observações à análise. Uma outra saída é utilizar alguma técnica de redução de dados (análise de componentes principais ou análise fatorial, por exemplo) para criar uma medida-síntese com base na variância das variáveis originais. Muito cuidado aqui: o pesquisador não deve excluir uma das variáveis independentes sob pena de produzir erros de especificação do modelo, a não ser que a correlação entre a variável excluída e as demais variáveis independentes seja zero.

Assume-se que o termo de erro tem uma distribuição normal

O termo de erro deve seguir uma distribuição aproximadamente normal para que as estimativas do modelo de mínimos quadrados ordinários sejam consistentes. Uma forma simples de observar a distribuição do erro é explorar graficamente os resíduos do modelo a partir de um histograma. A análise gráfica dos erros pode indicar erros na forma funcional do modelo, a presença de casos destoantes (*outliers*) e problemas de heterocedasticidade. Lembrando que o pressuposto da normalidade do termo de erro pode ser relaxada quando lidamos com amostras excessivamente grandes.

Há uma adequada proporção entre o número de casos e o número de parâmetros estimados

Esse é o pressuposto mais fácil de ser verificado. Por razões matemáticas, devemos ter mais casos do que variáveis. Alguns autores sugerem, por exemplo, 50 casos por variável. Outros são menos exigentes e admitem uma razão de 10 observações por variável. Seguindo as orientações de King, Keohane e Verba (1994), devemos planejar a pesquisa de modo a maximizar a quantidade de observações disponíveis para a análise. Claro que nem sempre isso é possível, mas é importante registrar: um modelo com mais casos é, mantendo tudo o mais constante, melhor do que um modelo com menos casos.

Outro elemento técnico importante diz respeito ao nível de mensuração das variáveis. A regressão linear exige que a variável dependente seja quantitativa (discreta ou contínua). Por sua vez, as variáveis independentes podem assumir qualquer nível de mensuração (contínua, discreta, ordinal ou nominal).Se a variável dependente não for quantitativa, não poderá ser utilizada a regressão linear[12].

Esquematicamente, é possível separar esses pressupostos de acordo com a natureza de cada um. Dessa forma, temos pressupostos sobre: a) especificação do modelo; b) mensuração das variáveis; e c) distribuição do termo de erro. Vejamos as informações do Quadro 5.1.

---

12 Existem outros modelos de regressão para lidar com variáveis qualitativas nominais e ordinais. Além disso, há modelos específicos para lidar com variáveis que apresentam distribuições especiais como proporções e contagens. Leitores interessados em abordagens mais avançadas devem consultar a seção "referências".

Quadro 5.1 – Pressupostos da regressão por tipo

Especificação do modelo	Mensuração das variáveis	Termo de erro
• Linearidade. • Nenhuma variável irrelevante foi inserida. • Nenhuma variável importante foi omitida.	• As variáveis dependentes e independentes foram mensuradas sem erro. • A variável dependente é quantitativa (discreta ou contínua). • Existe uma proporcionalidade adequada entre o número de variáveis e a quantidade de casos.	• O erro tem média zero, distribuição homocedástica e normal. • Além disso, o erro não tem autocorrelação e é independente em relação à variável independente.

É importante avaliar em que medida esses pressupostos foram devidamente satisfeitos. Se todos foram respeitados, podemos utilizar as estimativas amostrais da regressão para inferir a respeito dos parâmetros populacionais, assim como abordamos no Capítulo 1. Por outro lado, a violação de diferentes pressupostos produz distintos problemas e devemos estar cientes da limitação dos resultados[13]. O Quadro 5.2 sumariza essas informações.

---

13 Para os interessados em saber mais sobre os pressupostos da regressão, sugerimos Hair et al. (2009), Field (2009) e Tabachnick e Fidell (2007).

Quadro 5.2 - Violação dos pressupostos da regressão

Pressuposto	O que acontece se ele for violado?	O que pode ser feito?
Linearidade	Erro de especificação do modelo (forma funcional equivocada). Os coeficientes serão inconsistentes (enviesados e ineficientes).	Adotar outra forma funcional. Transformar as variáveis.
Ausência de erro de mensuração	Diversos problemas podem surgir, desde ineficiência até viés, a depender do tipo de erro (aleatório ou sistemático) e do local do erro (variável dependente e/ou independente).	Usar modelos de equações estruturais. Estimar indicadores compostos (análise fatorial). Utilizar outras variáveis com maior nível de validade e confiabilidade.
A expectativa da média do termo de erro é igual a zero	O intercepto do modelo será afetado.	Procurar ajuda na literatura sobre o tema em questão com o objetivo de garantir que todas as variáveis teoricamente relevantes foram incluídas no modelo e que nenhuma variável irrelevante foi considerada.
Homocedasticidade	Estimativas inconsistentes (ineficiência). Não poderemos confiar nos testes de significância.	Utilizar correções estatísticas para melhorar a qualidade das estimativas.

(continua)

(Quadro 5.2 – continuação)

Pressuposto	O que acontece se ele for violado?	O que pode ser feito?
Ausência de autocorrelação	Inconsistência dos testes de significância (intervalos de confiança e p-valor serão prejudicados)	Diferentes modalidades de autocorrelação exigem tratamentos distintos. No caso da autocorrelação serial, o mais adequado é utilizar modelos de séries temporais.
A variável independente não deve ser correlacionada com o termo de erro	Estimativas inconsistentes (viés).	Garantir correta especificação do modelo. Utilizar variáveis instrumentais.
Nenhuma variável teoricamente relevante para explicar Y foi deixada de fora do modelo e nenhuma variável irrelevante para explicar Y foi incluída no modelo	Estimativas inconsistentes. Viés e ineficiência. Pior cenário do mundo.	Garantir correta especificação do modelo.
Ausência de multicolinearidade	Inconsistência dos testes de significância (intervalos de confiança e p-valor serão prejudicados).	Verificar a codificação e a transformação das variáveis. Aumentar o tamanho da amostra. Utilizar alguma técnica de redução de dados. Melhorar especificação do modelo.
Distribuição normal do termo de erro	Estimativas inconsistentes. Depende da natureza do problema. Poderão ocorrer viés e/ou ineficiência.	Aumentar o tamanho da amostra

Dalson Britto Figueiredo Filho

(Quadro 5.2 – conclusão)

Pressuposto	O que acontece se ele for violado?	O que pode ser feito?
Proporção adequada entre casos e variáveis	Ineficiência. Testes de significância serão muito instáveis. Quanto menor a amostra, pior.	Aumentar a quantidade de observações. Melhorar a especificação do modelo. Reduzir a quantidade de variáveis independentes.

Depois de conhecermos a origem e os pressupostos da regressão linear, o próximo passo é compreender como se dá o planejamento de uma análise de regressão na pesquisa empírica em ciência política. O Quadro 5.3 sumariza como isso deve ser feito.

Quadro 5.3 – Como utilizar o modelo de regressão[14]

PASSOS	O QUE OBSERVAR
Conhecer teoricamente o campo de pesquisa	Como trabalhos anteriores especificaram o modelo explicativo? Quais são os principais problemas de mensuração? Os dados são válidos e confiáveis?
Definir as hipóteses ex ante	Testar hipóteses teoricamente orientadas. Postular a direção e a magnitude dos coeficientes com base no conhecimento acumulado na área. Não utilizar a regressão em estudos exploratórios.
Conhecer seu banco de dados	Deve-se explorar exaustivamente o banco de dados antes de estimar os modelos explicativos. Erros de digitação, problemas de importação e casos destoantes podem comprometer a consistência das estimativas. [...]

(continua)

---

14 *Esta seção foi baseada em um trabalho em andamento do Grupo de Métodos de Pesquisa da Universidade Federal de Pernambuco (Paranhos; Silva Júnior; Nascimento, 2016).*

(Quadro 5.3 – conclusão)

PASSOS	O QUE OBSERVAR
Estimar o modelo	O desenvolvimento tecnológico facilitou a implementação computacional de modelos matemáticos por pesquisadores que prescindem de treinamento matemático avançado. Devemos selecionar algum pacote estatístico e aprender a manuseá-lo.
[...]	[...]
Apresentar os resultados	Os resultados devem ser comunicados de forma eficiente. Deve-se evitar linguagem técnica e enfatizar a compreensão intuitiva dos dados.

Fonte: Paranhos, Silva Junior e Nascimento, 2016, p. 4-5.

O primeiro passo para utilizar a análise de regressão é conhecer substantivamente o campo de pesquisa, ou seja, deve-se compreender como trabalhos anteriores têm especificado os modelos explicativos. Nessa etapa, é importante examinar como as varáveis foram mensuradas. As medidas são válidas e confiáveis? Existe oferta de dados para o período da análise? Qual é a proporção de casos ausentes? Os dados estão publicamente disponíveis? Todos esses elementos são importantes e devem ser observados antes da implementação computacional do modelo de regressão.

O segundo passo é definir as hipóteses. Como vimos anteriormente, uma hipótese é uma afirmativa a respeito do padrão de relacionamento entre uma variável dependente e um conjunto de variáveis independentes. A forma mais confiável de derivar uma hipótese é usando a teoria disponível sobre o problema/fenômeno que se quer investigar. Em muitos trabalhos, fica evidente que as hipóteses foram definidas depois da análise dos dados; é o que chamamos de *hipótese* a posteriori, a qual devemos evitar.

O terceiro passo é ganhar intimidade com os dados, literalmente falando. Assim como um amigo, é preciso conhecer as principais características e limitações da base de dados. Antes de pensar na elaboração de modelos explicativos, deve-se analisar exaustivamente as informações disponíveis em busca de eventuais erros de digitação e/ou problemas de importação (Figueiredo Filho et al., 2011). Esse procedimento é importante, já que pequenos erros podem gerar consequências desastrosas.

Depois disso, passa-se a estimar o modelo. O avanço computacional foi um verdadeiro presente para os cientistas políticos. Atualmente, qualquer pessoa com conhecimento básico de computação é capaz de aprender e manusear eficientemente *softwares* com funções específicas. Em particular, já existe uma série de programas estatísticos que permitem fazer análises sofisticadas e a curva de aprendizagem é relativamente simples. Nesse contexto, o Statitical Package for Social Sciences (SPSS) e o Stata são os mais fáceis de aprender[15].

O último passo é comunicar os resultados. Deve-se enfatizar a compreensão intuitiva das descobertas. Cabe destacar que é muito mais fácil ler um gráfico do que analisar uma tabela. Então, é melhor optar sempre pela representação gráfica dos achados. Se a inclusão da tabela for essencial, é preciso maximizar a objetividade e reportar apenas o essencial à compreensão dos resultados. Para aumentar a transparência e garantir a replicabilidade do trabalho, o pesquisador pode compartilhar a base de dados original em algum repositório institucional como o Dataverse[16], da Universidade de Harvard, ou o

---

15 Recentemente, alguns pesquisadores começaram a utilizar o R Statistical que, além de ser um programa livre, permite o desenvolvimento de novos algoritmos (Dalgaard, 2008; Zuur; Ieno; Meesters, 2009). Para uma boa introdução em português, ver: AQUINO, J. A. de. **R para cientistas sociais**. Universidade Federal do Ceará (UFC). Disponível em: <http://www.uesc.br/editora/livrosdigitais_20140513/r_cientistas.pdf>.Acesso em: 17 jan. 2019.

16 Disponível em: <https://dataverse.harvard.edu/>. Acesso em: 8 jul. 2019.

Consórcio de Informações Sociais (CIS)[17] da Universidade de São Paulo (USP).

> **Importante!**
>
> A regressão serve para analisar o padrão de associação entre uma variável dependente e um conjunto de variáveis independentes.
>
> A principal motivação para aprender regressão linear é a sua ampla aplicação em trabalhos empíricos em ciência política e a sua facilidade de interpretação.
>
> Para que os coeficientes estimados sejam confiáveis, é importante respeitar os pressupostos do modelo.
>
> A regressão linear funciona bem mesmo diante da violação de um ou de mais pressupostos, o que reforça a sua aplicabilidade na pesquisa empírica observacional.

Depois de examinar a origem, os pressupostos e o planejamento da regressão linear, o próximo passo é verificar a sua implementação computacional com base em um exemplo prático.

(5.4) Implementação computacional

Para fixar o nosso entendimento sobre o modelo de regressão linear de mínimos quadrados ordinários, é importante observar alguns exemplos. Para os propósitos desta seção, iremos reproduzir dados de outros estudos, iniciando com modelos simples até chegarmos a modelos mais complexos. Todos os *scripts* computacionais serão reportados ao final do capítulo para três diferentes pacotes estatísticos: SPSS, Stata e R Statistical.

---

17   Disponível em: <http://www.cis.org.br/>. Acesso em: 8jul. 2019.

Exemplo 1: Vale a pena estudar?

Nosso primeiro exemplo reproduz os dados de Lewis-Beck (1980) sobre a relação entre escolaridade e renda para uma amostra aleatória de 32 trabalhadores norte-americanos. Em particular, temos apenas duas variáveis: a variável dependente (Y) é a renda anual, e a variável independente é o número de anos de escolaridade formal (X_1). O Gráfico 5.1 ilustra a relação entre essas variáveis.

Gráfico 5.1 – Correlação entre escolaridade e renda

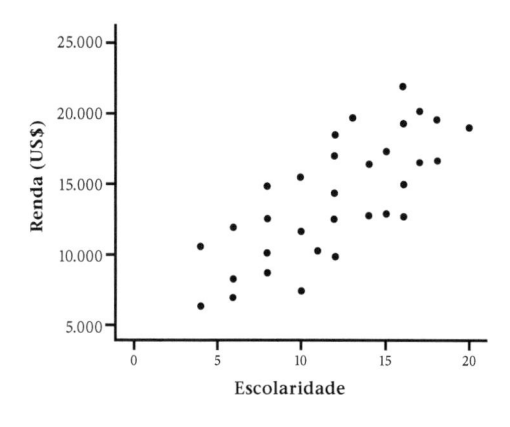

Fonte: Elaborado com base em Lewis-Beck, 1980.

Como pode ser observado, existe uma associação positiva entre escolaridade e renda. Em particular, o coeficiente de correlação de Pearson é de 0,751 (p-valor < 0,01). Ou seja, quanto maior for o nível de escolaridade, maior será a renda média anual. Diferentemente da correlação que apenas informa o grau e a direção do relacionamento entre as variáveis, a regressão permite avaliar o impacto de uma variável sobre a outra.

> **Preste atenção!**
>
> Não existe nenhuma técnica estatística capaz de identificar causalidade. A relação causal deve ser estabelecida teoricamente. Devemos ter alguma noção teórica que justifique a expectativa em relação ao efeito de X sobre Y.

Nesse exemplo, iremos assumir que a renda anual é uma função da escolaridade:

$$Y = \alpha + \beta_1 X_1 + \varepsilon$$

Em que Y representa a renda anual e X_1 indica a escolaridade. Essa é a parte observável do modelo, já que existem informações disponíveis com base nos casos coletados. A parte não observável, ou seja, estimada, é representada pelos coeficientes de regressão (α e β_1) e o termo de erro (ε). Lembre-se de que o intercepto (constante) representa o valor esperado de Y na ausência de variáveis independentes. Em outras palavras, a constante indica o valor esperado da renda anual para um trabalhador sem nenhuma escolaridade. Por sua vez, β_1 indica a variação média observada em Y quando X_1 aumenta em uma unidade, ou seja, representa o que acontece com a renda anual quando a escolaridade aumenta em um ano. O termo de erro representa a incerteza de explicar a renda anual com base na escolaridade. A estimação do modelo gerou os seguintes coeficientes:

$$\text{Renda anual} = 5.078 + 732 \times \text{Escolaridade}$$

Encontramos nossa função matemática para descrever a variação da renda anual do trabalhador norte-americano. Como nosso modelo tem apenas duas variáveis, dizemos que estamos diante de uma *regressão bivariada*. Muita atenção agora. A constante representa a renda anual média esperada para um trabalhador sem escolaridade, no caso, US$ 5.078. Por sua vez, β_1 foi estimado em US$ 732, ou seja, a cada ano adicional de escolaridade, espera-se um aumento médio de US$ 732 na renda anual. Perceba que, ao sabermos os valores da constante e do impacto da escolaridade (β_1), podemos utilizar o modelo de regressão para fazer previsões, ou seja, podemos estimar o valor esperado da renda anual para diferentes níveis de escolaridade. Por exemplo, para um trabalhador com 10 anos de estudo, o modelo indica a seguinte previsão:

```
Renda anual = 5.078 + 10 × 732
Renda anual = 5.078 + 7.320
Renda anual = 12.398
```

Para algumas pesquisas, o importante é prever o valor da variável dependente. Em ciência política, a maior parte dos estudos está mais preocupada em explicar o fenômeno do que em fazer previsões. Tudo vai depender da pergunta inicial que nos propusemos a responder. O importante, todavia, é que a regressão linear pode ser utilizada tanto para explicar quanto para prever os fenômenos de interesse. Por fim, é importante registrar como os artigos científicos tendem a reportar os coeficientes de regressão. A Tabela 5.1 sumariza as estimativas de interesse.

Tabela 5.1 – Coeficientes do modelo de regressão linear

	Coeficientes não padronizados		Coeficientes padronizados	t	P-valor
	β	Erro padrão	Beta		
Constante	5.078	1.497,830		3,390	0,002
Escolaridade	732	117,522	0,751	6,232	0,001

Em que: F = 38,838; r^2 = 0,564.

Novamente temos os valores estimados da constante (α = 5.078) e do efeito médio da escolaridade sobre a renda anual (β_1 = 732). Observe que, para cada coeficiente do modelo de regressão, temos também uma estimativa do erro padrão, além da estatística *t* e do p-valor. É comum também observar o valor da estatística *F*, principalmente em artigos científicos das áreas de exatas e de saúde. Por fim, temos o coeficiente padronizado (beta) e o coeficiente de determinação (r^2). Antes de avançarmos para o próximo exemplo, é importante falar um pouco sobre essas estimativas.

5.4.1 COEFICIENTES PADRONIZADOS E NÃO PADRONIZADOS

Em termos estatísticos, o coeficiente de regressão β representa a variação em *Y* associada ao aumento de *X*. Com base nesse coeficiente, é possível conhecer o ritmo de crescimento ou de redução da variável dependente em função da variação da variável independente. Dessa forma, de acordo com a equação Y = α + β_1 X_1 + ε, β_1 = 2, ou seja, para cada aumento de uma unidade em *X*, *Y* aumentará duas vezes, em média. Assim, os coeficientes de regressão sumarizam a importância da variável independente na explicação da variável dependente. Para tanto, os coeficientes são comumente reportados em dois formatos: não padronizado e padronizado.

O coeficiente não padronizado é calculado com base na covariância entre *X* e *Y*. Além disso, ele é apresentado na mesma unidade de medida da variável original. Segundo a literatura, o coeficiente não padronizado é mais adequado para avaliar relações causais, já que é menos afetado pela variância amostral.

Por sua vez, o coeficiente padronizado é calculado com base na correlação entre *X* e *Y*. Ou seja, assim como o coeficiente não padronizado, ele também considera o padrão de associação entre as variáveis. A sua principal vantagem é permitir a comparabilidade dos coeficientes para variáveis com diferentes unidades de medida. Dessa forma, é possível saber qual variável independente importa mais para explicar a variação da variável dependente.

Vale ressaltar: o coeficiente padronizado pode ser utilizado para comparar o efeito/impacto de variáveis independentes com diferentes níveis de mensuração (nominal, ordinal, discreta e contínua).

5.4.2 Coeficiente de determinação[18]

Como avaliar a qualidade do ajuste do modelo para explicar/prever a variação da variável dependente? Em muitas oportunidades, os cientistas políticos precisam saber se o modelo proposto foi adequadamente ajustado. O coeficiente de determinação (r^2) é uma medida formal que indica o percentual de variação da variável dependente que é explicada pelo modelo. Ou seja, é uma medida da capacidade de explicação do conjunto das variáveis independentes. Ele varia entre 0 (nenhuma explicação) até 1 (100% de variância explicada). Um r^2 de valor 1 indica que o modelo é capaz de explicar toda a variância da variável dependente. No outro extremo, um r^2 de valor zero indica que o modelo é totalmente incapaz de explicar a variação em Y.

No exemplo anterior sobre a relação entre escolaridade e renda, o r^2 foi de 0,564. Dessa forma, podemos dizer que o modelo explica 56% da variação da renda anual. Existe um debate na estatística sobre as limitações do coeficiente de determinação, mas que foge do escopo de um texto introdutório. Por esse motivo, deixaremos apenas dois alertas sobre o uso do r^2 na pesquisa empírica em ciência política.

---

18 Conforme Figueiredo Filho; Silva Júnior; Rocha (2011). King (1986) fornece uma excelente introdução a respeito do papel do r2 na ciência política.

Preste atenção!
• Um r^2 muito alto não é necessariamente bom.
• Um r^2 muito baixo é necessariamente ruim.

Exemplo 2: o time mandante tem vantagem?

Vimos, no Capítulo 2, que as variáveis podem ser: nominais, ordinais, discretas e contínuas. Percebemos também que, na regressão linear, a variável dependente deve ser quantitativa (discreta ou contínua) e as variáveis independentes podem assumir qualquer nível de mensuração. Nosso segundo exemplo reproduz os dados do Brasileirão 2013 (UOL, 2019) para ilustrar a interpretação dos coeficientes de regressão quando a variável independente é categórica dicotômica (*dummy*).

Por exemplo, imagine que você está interessado em estimar o impacto do sexo (homem *versus* mulher) sobre o salário. Como o sexo é uma variável qualitativa, devemos primeiramente codificar as categorias em números para depois poder estimar os coeficientes de regressão.

Usualmente, as variáveis *dummies* são categorizadas como "1" ou "0" e permitem avaliar a diferença média entre as categorias de variáveis qualitativas em um modelo de regressão[19]. Vejamos o seguinte modelo:

Número de pontos = $\alpha + \beta_1$ mandante + ε

A variável dependente de interesse é o número de pontos conquistados em determinada partida e a variável independente é a condição de mandante (1) ou visitante (0). Vejamos inicialmente a estatística descritiva dos times mandantes e visitantes com base na comparação de médias, conforme mostra a Tabela 5.2.

---

19 Tecnicamente, não faz diferença qual categoria recebe o valor "1" ou "0", já que a magnitude do coeficiente de regressão permanece a mesma, o que muda é apenas o seu sinal. Como regra, no entanto, é comum codificar a presença do evento como "1" e a ausência como "0". Para mais informações, sugerimos: Paranhos, Silva Júnior e Nascimento (2016).

Tabela 5.2 – Estatística descritiva

Time	Média	Desvio padrão
Mandante	1,737	1,277
Visitante	0,979	1,189

Em que: $\Delta = 0{,}758$ (p-valor $< 0{,}001$).

Como pode ser observado, em média, o time mandante conquista 1,737 ponto, enquanto o time visitante aufere 0,979. A diferença média entre mandantes e visitantes é de 0,758 ponto (p-valor $< 0{,}001$). Os resultados indicam que faz diferença jogar em casa, uma vez que os times mandantes têm uma vantagem estatisticamente significativa em relação aos visitantes. Vejamos o que diz o modelo de regressão.

Tabela 5.3 – Coeficientes do modelo de regressão linear

	Coeficientes não padronizados		Coeficientes padronizados	t	P-valor
	β	Erro padrão	Beta		
Constante	0,979	0,063		15,469	0,001
Mandante	0,758	0,089	0,294	8,469	0,001

Como vimos anteriormente, a constante indica o valor esperado da variável dependente (número de pontos) quando a variável independente assume valor zero. Nesse caso, ela indica a quantidade de pontos esperada para um time visitante ($\alpha = 0{,}979$). Como sabemos que o empate confere 1 ponto, podemos inferir que o time visitante tende a perder. Por sua vez, o β_1 indica a variação observada na variável dependente quando a variável independente aumenta em uma unidade. Como nossa variável apenas pode assumir duas categorias (mandante ou visitante), o coeficiente de regressão representa a diferença média entre as duas categorias. Dito de outra forma, um time mandante conquista, em média, 0,758 ponto a mais do que o visitante. Observe que o valor do coeficiente de regressão é exatamente o mesmo da diferença entre as médias.

Importante!

Quando a variável independente é categórica dicotômica, o coeficiente de regressão (β) indica que diferença média entre a categoria "1" e a categoria "0".

Exemplo 3: Regressão com variável independente *dummy*

Já vimos como interpretar os coeficientes da regressão linear para o modelo bivariado (uma variável dependente e uma variável independente). Além disso, verificamos como analisar o coeficiente quando a variável independente é categórica dicotômica (*dummy*). A partir de agora, iremos considerar o cenário mais comum na pesquisa empírica em ciência política: a regressão múltipla. Aqui teremos uma única variável dependente, mas que será modelada com base em um conjunto de variáveis independentes.

Para cumprir os propósitos pedagógicos deste exemplo, optamos por trabalhar com dados simulados que ilustram como o desempenho escolar varia em função das seguintes variáveis: renda *per capita* familiar (X_1), tipo de escola (X_2) – sendo privada codificada como "1" e pública como "0" – e raça do estudante (X_3) – sendo estudantes brancos codificados como "1" e discentes não brancos codificados como "0". Temos, então, a equação de regressão:

Nota = $\alpha + \beta_1$ renda *per capita* + β_2 tipo de escola + β_3 raça + ε

A Tabela 5.4 sumariza os coeficientes de interesse.

Tabela 5.4 – Coeficientes do modelo de regressão linear

	Coeficientes não padronizados		Coeficientes padronizados	t	P-valor
	β	Erro padrão	Beta		
Constante	89,187	12,053		7,400	0,001
Renda *per capita*	0,112	0,009	0,474	12,586	0,001
Privada	48,194	4,897	0,326	9,842	0,001
Brancos	17,634	5,090	0,127	3,465	0,001

Em que: F = 159,98; r^2 = 0,492.

Dalson Britto Figueiredo Filho

Vamos começar examinando o coeficiente de determinação (r^2), que indica o ajuste geral do modelo. Como pode ser observado, o modelo formado com base na renda *per capita*, no tipo de escola e na raça explica cerca de 50% da variação do desempenho escolar dos estudantes (r^2 = 0,492). Comparativamente, esse patamar de explicação pode ser considerado razoável, pois nem é excessivamente alto ($r^2 > 0,9$), nem é demasiadamente baixo ($r^2 < 0,2$).

A maior parte das análises de regressão em ciência política ignora a constante do modelo. Isso porque, em muitas oportunidades, ela de fato não pode ser diretamente interpretada. Em nosso exemplo, o intercepto indica a nota média esperada para um estudante com renda *per capita* igual a 0, oriundo de escola pública e não branco. Todavia, dificilmente observaremos um caso com renda igual a 0, o que torna a interpretação da constante, nesse caso, irreal.[20]

O próximo passo é avaliar o impacto de cada variável independente sobre a variação da variável dependente. Isso deve ser feito com base nos coeficientes não padronizados. Ao se elevar a renda *per capita* em uma unidade, espera-se um incremento médio de 0,112 ponto na nota do aluno, controlando-se pelo tipo de escola e pela raça. Por sua vez, estudantes de escolas privadas têm, em média, uma vantagem de 48,194 pontos em relação aos alunos que estudam em escola pública, mantendo constante a renda *per capita* e a raça. Por fim, observamos que brancos têm uma vantagem de 17,634 pontos em relação a não brancos, controlando-se pela renda *per capita* e pelo tipo de escola. Todos os coeficientes são significativos a 1%, o que implica a rejeição da hipótese nula em todos os casos.

E qual variável é a mais importante para explicar o desempenho escolar? Muito cuidado aqui. Um erro comum é analisar os coeficientes não padronizados e inferir a respeito do impacto relativo de cada variável. Isso é errado. Os coeficientes não padronizados não podem ser diretamente comparados, pois as variáveis independentes foram mensuradas com base em diferentes unidades de medida. Não podemos comparar os coeficientes de regressão de uma variável contínua com o de uma variável ordinal, por exemplo.

---

20 Uma forma de garantir a interpretação da constante é centralizar as variáveis independentes com base em suas respectivas médias. Dessa forma, a interpretação do intercepto muda e ele passa a indicar o valor esperado da variável dependente quando a variável independente está na média.

Então, como proceder? Devemos utilizar os coeficientes padronizados. Como vimos, a principal função dessas estimativas é fornecer uma medida comparativa de qual variável é a mais importante. Em nosso exemplo, note que o beta da renda *per capita* (0,474) é maior do que os betas do tipo de escola (0,326) e da raça (0,127). Por outro lado, os coeficientes padronizados têm uma desvantagem: a sua interpretação é menos intuitiva. Enquanto o coeficiente não padronizado é interpretado diretamente na unidade de medida da variável independente, o coeficiente padronizado o é em termos de desvio padrão. Em nosso exemplo hipotético, o aumento de um desvio padrão na renda *per capita* eleva o desempenho escolar em 0,474 desvio padrão, controlando-se pelo tipo de escola e pela raça. Pouco intuitivo.

Como dissemos no início do capítulo, o modelo de regressão linear também pode ser utilizado para fazer previsões. Por exemplo, imagine que estamos interessados em estimar a nota de um estudante com as seguintes características: renda *per capita* de R$ 1.000,00, oriundo de escola privada e não branco. Basta substituir esses valores na equação de regressão.

Nota = 89,187 + 0,112 × renda *per capita* + 48,194 × tipo de escola + 17,634 × raça
Nota = 89,187 + 0,112 × 1.000 + 48,194 × 1 + 17,634 × 0
Nota = 249,391

Evidentemente, não é preciso fazer essas contas para utilizar o modelo de regressão linear para fazer previsões. Qualquer pacote estatístico tem funções específicas para isso. O nosso intuito aqui é ressaltar as potencialidades da referida técnica e demonstrar como a regressão pode nos ajudar a responder questões científicas relevantes. O Quadro 5.4 sumariza as rotinas computacionais do SPSS, Stata e R Statistical.

Quadro 5.4 – Rotinas computacionais (regressão linear)

SPSS	STATA	R Statistical[21]
Analisar → regressão → linear	Statistics → linear models and related → linear regression	fit ← lm (y ~ x1 + x2 + x3, data=mydata)

Síntese

Neste capítulo, verificamos que a regressão linear é a técnica de análise de dados mais popular entre os cientistas políticos brasileiros e estrangeiros. Em comparação com outros métodos, ela é fácil de implementar e de interpretar, além de ser bastante resistente à violação de seus pressupostos.

Vimos também que a regressão linear pode ser utilizada para descrever o padrão de associação entre uma variável dependente quantitativa e um conjunto de variáveis independentes. Ademais, enfatizamos como a regressão pode ser utilizada para fazer previsões ediscutimos o papel de cada pressuposto, observando como interpretar substantivamente os coeficientes de regressão com base em exemplos práticos e simulados.

Exercícios resolvidos

1. Identifique a alternativa falsa em relação à importância da regressão linear.
    a) Método empírico mais utilizado na ciência política contemporânea.
    Resposta: Krueger e Lewis-Beck (2008) analisaram 1.756 artigos publicados entre 1990 e 2005 em três importantes

---

21 Conforme Quick-R (2019).

revistas de ciência política e perceberam que cerca de 31% dos trabalhos utilizam a regressão linear. De acordo com Oliveira e Nicolau (2013), a regressão foi o método mais empregado na produção recente na disciplina no Brasil.

b) Comparativamente, a regressão linear é mais fácil de aplicar e interpretar.

Resposta: A regressão linear é mais fácil de interpretar do que, por exemplo, a regressão logística ou a regressão beta. Além disso, se considerarmos outras técnicas de análise de dados, como a análise fatorial ou análise de conglomerados, a regressão linear tem a vantagem de ser mais fácil de aplicar.

c) A regressão linear tem ampla aplicação nas ciências sociais, principalmente quando não é possível conduzir experimentos.

Resposta: Como vimos anteriormente, muitas vezes a realização de experimentos com tratamento aleatório é impossível. Dessa forma, a maior parte da pesquisa empírica em ciência política é realizada com base em dados observacionais. Desse modo, a regressão linear permite a inclusão de variáveis de controle que procuram reproduzir as condições de comparação do desenho experimental. Além disso, a regressão linear pode ser facilmente aplicada para diferentes bases de dados e com variáveis com diferentes níveis de mensuração. Em particular, a regressão linear é capaz de acomodar variáveis independentes de qualquer nível de mensuração, desde que a variável dependente seja quantitativa.

d) A regressão linear é a base para compreender outros métodos mais sofisticados de análise de dados.

Resposta: Como dissemos no início do capítulo, a regressão linear é mais bem compreendida como uma família de técnicas de análise de dados. Existem diferentes tipos de regressão para lidar com diferentes distribuições. Além disso, há modelos específicos para trabalhar com dados transversais e longitudinais. Ainda existem modelos que também utilizam a lógica da regressão, mas que são limitados a situações particulares como, por exemplo, o método da dupla diferença e a regressão descontínua. Em síntese, se o objetivo do leitor é se tornar um analista de dados profissional, o primeiro passo é compreender os fundamentos da regressão linear.

e) Por causa de Magrão, goleiro do Sport Recife.

Falso. Alessandro Beti Rosa, o nosso querido *Magrão*, é goleiro do Sport Recife desde 2005. De acordo com os registros oficiais, Magrão é um dos guarda-redes que mais defendeu penalidades no mundo. Apesar das estatísticas incríveis, não podemos utilizar Magrão como motivação para aprender análise de dados.

2. Explique, em suas palavras, em que consiste a multicolinearidade.

Resposta: Lexicamente, *multi* significa "muito" e *colinear* é sinônimo de "correlação". Em outras palavras, *muita correlação*. Dizemos que um modelo de regressão é *multicolinear* quando existem altos níveis de correlação entre as variáveis independentes. A regressão linear é bastante robusta e admite que as variáveis independentes sejam correlacionadas.

O problema surge se a correlação for extrema (acima de 0,9),
e o problema se torna mais grave ainda em amostras pequenas.

3. Um sociólogo está interessado em examinar a relação entre
consumo de drogas e comportamento sexual. Para tanto,
elabora um instrumento para mensurar essas variáveis com
base em um questionário aplicado a estudantes universitários.
Qual pressuposto da regressão tende a ser violado nesse
desenho de pesquisa?

Resposta: Como vimos, desde que os pressupostos sejam
devidamente satisfeitos, o modelo de regressão de mínimos
quadrados ordinários produz estimativas consistentes dos
parâmetros populacionais de interesse. Observamos também
que, na prática, é difícil respeitar todos os pressupostos.
No exemplo do enunciado, o sociólogo enfrentará problemas
sérios de erro de mensuração. Temas sensíveis como *sexo* e
drogas não podem ser adequadamente mensurados com base
em questionários. Os respondentes tendem a mentir e/ou
subestimar a informação de interesse. Esse mesmo problema
é encontrado em indicadores de criminalidade, uma vez que
apenas os casos reportados são medidos. Estupros, roubos
e furtos serão sempre subestimados. Dessa forma, qualquer
modelo de regressão que utilize variáveis dessa natureza tende
a violar o pressuposto de ausência de erro de mensuração.

4. O que é e para que serve o coeficiente de determinação?

Resposta: O coeficiente de determinação (r^2) é uma medida
do ajustamento dos dados observados ao modelo proposto.
Ele indica a proporção da variância da variável dependente

que é explicada pela variação conjunta de todas as variáveis independentes do modelo. Matematicamente, o r^2 é calculado pela razão entre a soma dos quadrados da regressão (aquilo que conseguimos explicar) e a soma total de quadrados. Por um lado, todo artigo que utiliza regressão, principalmente a linear, tende a reportar o valor do coeficiente de determinação. Por outro, é conhecida a polêmica a respeito da relevância substantiva do r^2 na pesquisa empírica. Em particular, o professor Gary King, da Universidade Harvard, foi um dos primeiros especialistas a contestar a utilidade do r^2 na pesquisa empírica em ciência política. Para ele, na maior parte das situações práticas, os cientistas políticos não estão preocupados em obter um alto r^2. Pelo contrário. Em geral, eles estão interessados em avaliar o efeito de uma variável independente sobre a variação da variável dependente. E isso é medido pelo coeficiente de regressão, e não pelo r^2. O próprio King defende que o coeficiente de determinação não é tão informativo como muitas pessoas acham e sugere a utilização de outras estimativas como o erro padrão, os coeficientes de regressão não padronizados, os intervalos de confiança e a estatística F, por exemplo.

5. Você foi contratado como consultor do Banco Mundial para melhorar a qualidade do Índice de Desenvolvimento da Educação Brasileira (Ideb). Escreva a equação de regressão e identifique pelo menos três variáveis independentes que podem ser utilizadas para cumprir essa meta.

Resposta: O primeiro passo é identificar a variável dependente, que já foi determinada pelo Banco Mundial: a nota no Ideb, que será o Y na equação de regressão. O segundo passo é identificar as variáveis independentes teoricamente relevantes. Uma forma de fazer isso é consultar a literatura sobre o assunto. É possível também conversar com especialistas da área. Em nosso exemplo, identificamos as seguintes variáveis: remuneração dos professores (X_1), carga horária (X_2) e bolsas de estudo de incentivo financeiro para estudantes com vulnerabilidade social (X_3). Por fim, devemos escrever a equação de regressão.

$$Y = \alpha + \beta_1 X_1 + \beta_2 X_2 + \beta_3 X_3 + \varepsilon$$

Em que Y representa a nota no Ideb, X_1 indica a remuneração dos professores, X_2 mensura a quantidade de carga horária e X_3 representa as bolsas de estudo. Observe que essa é a parte observável do modelo. Em relação à parte não observável, ou seja, que será estimada, temos que o intercepto (α) indica o valor esperado de Y na ausência de variáveis independentes, ou seja, a nota esperada no Ideb para uma situação em que a remuneração do professor é zero, a carga horária é zero e não existem bolsas de incentivo econômico. Os coeficientes de interesse estão representados por β_1, β_2 e β_3. Em particular, β_1 indica a variação esperada em Y quando X_1 aumenta uma unidade, controlando-se por X_2 e X_3. Ou seja, β_1 representa o impacto da remuneração dos professores sobre a nota do Ideb, mantendo-se constante a carga horária e as bolsas de estudo. Por sua vez, β_2 indica a variação esperada em Y quando X_2 aumenta uma unidade, controlando-se por X_1 e X_3. Ou seja, β_2 representa o efeito da carga horária sobre a nota do Ideb, mantendo-se constante a remuneração dos professores e as bolsas de estudo. Similarmente, β_3 indica a variação esperada em Y quando X_3 aumenta em uma unidade, controlando por X_1 e X_2. Ou seja, β_3 representa o que acontece com a nota do Ideb quando a bolsa de estudo aumenta em uma unidade, mantendo-se constante a remuneração dos professores e a carga horária. Por fim, o termo de erro indica a incerteza do modelo ao tentar explicar a variação da variável dependente. Para facilitar a leitura, podemos reescrever o modelo da seguinte forma:

Nota no Ideb = $\alpha + \beta_1$ remuneração dos professores + β_2 carga horária + β_3 bolsa + ε

Em termos teóricos, esperamos observar o seguinte: quanto maior for a remuneração dos professores, maior será a nota no Ideb ($\beta_1>0$); quanto maior for a carga horária, maior será a nota no Ideb ($\beta_2>0$); e quanto maior for a quantidade de alunos com bolsas de estudo, maior será a nota no Ideb ($\beta_3>0$).

Questões para revisão

1. O que é e para que serve a análise de regressão?

2. Explique as potencialidades e as limitações do coeficiente de determinação.

3. Identifique a alternativa **incorreta** em relação aos pressupostos da regressão linear:
   a) O pressuposto da linearidade assume que a relação entre X e Y pode ser descrita por uma função linear, ou seja, a melhor forma de representar o padrão de associação entre as variáveis é a partir de uma reta.

b) A regressão linear permite a inclusão de variáveis independentes com correlação perfeita (r = 1) entre si.

c) A homocedasticidade refere-se à variação uniforme dos resíduos do modelo de regressão.

d) A regressão linear permite modelar a variação de variáveis dependentes discretas e contínuas.

4. Identifique a alternativa correta:

a) A regressão serve somente para analisar o padrão de associação entre uma variável dependente categórica e um conjunto de variáveis independentes contínuas.

b) Uma das principais motivações para aprender regressão linear é a sua ampla aplicação em trabalhos empíricos em ciência política e a sua facilidade de interpretação.

c) Para que os coeficientes estimados sejam confiáveis, não é importante respeitar os pressupostos do modelo.

d) A regressão linear é muito sensível à violação dos seus pressupostos e isso explica a sua limitada aplicação na pesquisa empírica observacional.

5. Sobre o coeficiente de determinação (r^2), identifique a alternativa correta:

a) O coeficiente de determinação indica o impacto de Y sobre X.

b) Quanto maior for o coeficiente de determinação, maior será o impacto das variáveis independentes sobre a variação da variável dependente.

c) Um r^2 alto não indica, necessariamente, que o modelo foi bem ajustado.

d) Assim como o coeficiente de correlação (r), o coeficiente de determinação pode assumir valores positivos e negativos.

Questões para reflexão

1. Faça um resumo do artigo *O que fazer e o que não fazer com a regressão: pressupostos e aplicações do modelo linear de mínimos quadrados ordinários (MQO)* (Figueiredo Filho, 2011). Dúvidas? Anote seus questionamentos e converse com o seu professor.

2. Faça um resumo do artigo *What is R^2 all About* (Figueiredo Filho; Silva Júnior; Rocha, 2011). Dúvidas? Anote seus questionamentos e converse com o seu professor.

3. Um dos pressupostos do modelo de regressão linear é a ausência de erro de mensuração. Como satisfazer esse pressuposto na pesquisa empírica em ciência política?

4. Converse com seus colegas e com o seu professor a respeito dos pressupostos do modelo de regressão linear. Qual deles parece ser mais fácil de satisfazer?

Para saber mais

Artigos

FIGUEIREDO FILHO, D. B. et al. O que fazer e o que não fazer com a regressão: pressupostos e aplicações do modelo linear de mínimos quadrados ordinários (MQO). **Revista Política Hoje**, Recife, v. 20, n. 1, p. 44-70, 2011. Disponível em: <https://periodicos.ufpe.br/revistas/politicahoje/article/download/3808/31622>. Acesso em: 8 jul. 2019.

Trata-se de um dos primeiros artigos sobre regressão linear especialmente voltados para ciência política. Com base em uma abordagem intuitiva, os autores apresentam a lógica da regressão linear bem como os seus principais pressupostos.

STANTON, J. M. Galton, Pearson, and the Peas: a Brief History of Linear Regression for Statistics Instructors. **Journal of Statistics Education**, v. 9, n. 3, p. 1-16, 2001. Disponível em: <http://www.amstat.org/publications/jse/v9n3/stanton.html>. Acesso em: 9 jul. 2019.

Cursos

COURSERA. Disponível em: <https://www.coursera.org>. Acesso em: 9jul. 2019.
Nesse site, é possível encontrar vários cursos sobre a regressão linear digitando *regression* no campo de busca.

EDX. Disponível em: <https://www.edx.org/>. Acesso em: 9 jul. 2019.

GEORGIA TECH. Statistical Modeling and Regression Analysis. **edX**. Disponível em: <https://www.edx.org/course/regression-analysis>. Acesso em: 9 jul. 2019.

HARVARD UNIVERSITY. Data Science: Linear Regression. **edX**. Disponível em: <https://www.edx.org/course/data-science-linear-regression>. Acesso em: 9 jul. 2019.
Na plataforma edX, também são encontrados cursos sobre a regressão linear, como os dois indicados.

Livros

ACHEN, C. H. **Interpreting and Using Regression**. Beverly Hills: Sage, 1982. (Quantitative Applications in the Social Sciences, v. 29).

BERRY, W. D. **Understanding Regression Assumptions**. Beverly Hills: Sage, 1993. (Quantitative Applications in the Social Sciences, v. 92).

BERRY, W. D.; FELDMAN, S. D. **Multiple Regression in Practice.** Beverly Hills: Sage, 1985. (Quantitative Applications in the Social Sciences, v. 50).

Esses três livros têm uma grande vantagem em relação ao material didático disponível no mercado: eles são especialmente pensados para cientistas sociais. Logo, os leitores tendem a se deparar com pouca ou nenhuma notação matemática complexa. A desvantagem é o idioma. Infelizmente, a coleção dos famosos livros verdes da Sage não foi traduzida para o português e apenas está disponível em inglês. Boa parte do conteúdo deste capítulo se beneficiou dos trabalhos dos professores Christopher H. Achen, Willian D. Berry e Stanley Feldman. Se você quer ir além na análise de regressão, não hesite em consumir essa bibliografia.

DANCEY, C. P.; REIDY, J. **Estatística sem matemática para psicologia.** Porto Alegre: Penso, 2013. (Métodos de Pesquisa).

Apesar de conter exemplos da psicologia, a obra cumpre bem o seu papel em introduzir conceitos básicos de análise de dados, inclusive o modelo de regressão. Ao final de cada capítulo, são apresentados exercícios e aplicações computacionais baseados no*Statistical Package for Social Sciences* (SPSS).

FÁVERO, L. P. et al. **Análise de dados:** modelagem multivariada para tomada de decisões. Rio de Janeiro: Elsevier, 2009.

GELMAN, A.; HILL, J. **Data Analysis using Regression and Multilevel Hierarchical Models.** New York: Cambridge University Press, 2007. v. 1.

GUJARATI, D. N. **Econometría.** Bogotá: McGraw-Hill, 1997.

GUJARATI, D. N.; PORTER, D. C. **Econometria básica**. 5. ed. Porto Alegre: AMGH, 2011.

HAIR, J. F. et al. **Análise multivariada de dados**. Tradução de Adonai Schlup Sant'Anna. 6. ed. Porto Alegre: Bookman, 2009. Nesse livro, encontram-se os fundamentos básicos da análise de regressão. Consideramos essa obra a melhor para compreender a lógica intuitiva do modelo de regressão. A abordagem é intuitiva e a exposição dos conceitos é bastante detalhada.

HOFFMANN, R. **Análise de regressão**: uma introdução à econometria. Edição do autor. Piracicaba: [s.n.], 2016.

KELLSTEDT, P. M.; WHITTEN, G. D. **Fundamentos da pesquisa em ciência política**. Tradução de Lorena Barberia, Patrick Cunha Silva e Gilmar Masiero. São Paulo: Blucher, 2015.

KELLSTEDT, P. M.; WHITTEN, G. D. **The Fundamentals of Political Science Research**. Cambridge: Cambridge University Press, 2013.

Salvo melhor juízo, é o primeiro livro de análise de dados exclusivamente voltado para a ciência política. Como os autores são estrangeiros, a maior parte dos exemplos diz respeito à realidade política norte-americana. O livro também conta com exercícios e bancos de dados disponíveis para reproduzir as análises estatísticas com base no programa Stata.

KENNEDY, P. **Manual de econometria**. Rio de Janeiro: Elsevier, 2009.

LEWIS-BECK, M. S. **Applied Regression**: an Introduction. Thousand Oaks: Sage, 1980. (Quantitative Applications in the Social Sciences, v. 22).

PALLANT, J. **SPSS Survival Manual**: a Step by Step Guide to Data Analysis using SPSS.Boston: McGraw-Hill, 2013.

Trata-se de livro extremamente didático em relação à implementação computacional das técnicas estatísticas. A obra ensina a implementar análises estatísticas com o uso do *Statistical Package for Social Sciences* (SPSS).

SCHROEDER, L. D.; SJOQUIST, D. L.; STEPHAN, P. E. **Understanding Regression Analysis**: an Introductory Guide. Beverly Hills: Sage, 2016. (Quantitative Applications in the Social Sciences, v. 57).

TABACHNICK, B. G.; FIDELL, L. S. **Using Multivariate Statistics**. Boston: Allyn & Bacon/Pearson Education, 2007.

Esse livro é especialmente útil para leitores interessados em aprofundar o conhecimento sobre estatística multivariada. Uma das vantagens da obra é a apresentação computacional de diferentes *softwares* de análise de dados.

Materiais acadêmicos

UCLA. Institute for Digital Research & Education. **Regression with Stata Chapter 1**: Simple and Multiple Regression. Disponível em: <https://stats.idre.ucla.edu/stata/webbooks/reg/chapter1/regressionwith-statachapter-1-simple-and-multiple-regression/>. Acesso em: 9 jul. 2019.

Vídeos

YouTube. Disponível em: <https://www.youtube.com/>. Acesso em: 9 jul. 2019.

No site do YouTube, é possível encontrar diversos tutoriais sobre o uso dos programas *Statistical Package for Social Sciences* (SPSS) e Stata. Para isso, digite no campo de busca: *regression analysis spss* e *regression analysis stata*.

Perguntas & respostas

1. *Qual é a diferença entre* viés *e* variabilidade?

O *viés* é a tendência sistemática de sobre-estimar ou subestimar o verdadeiro valor do parâmetro populacional, ou seja, é uma tendência da estimativa a ir consistentemente em uma ou em outra direção. Talvez um exemplo nos ajude. O filho ou a filha pergunta para a mãe se é bonito ou bonita. A resposta será *sim*. Toda mãe acha que o seu filho é bonito ou sua filha é bonita. É por esse motivo que dizemos que as mães têm uma opinião *enviesada* sobre seus rebentos. Independentemente de tudo, a resposta sempre tende a ser a mesma. Essa é a essência do viés: tendência sistemática. Por sua vez, a *variabilidade* diz respeito à precisão das estimativas. Quanto menor for a variabilidade, maior será a precisão. Assim como o desvio padrão indica a dispersão dos casos em torno da média, o erro padrão da estimativa indica a variação do coeficiente de regressão. Quanto maior for o erro padrão, menos eficiente será a estimativa. Talvez um exemplo nos ajude. Imagine que você combinou de ir ao cinema com um amigo. No momento de decidir o horário, seu amigo informa que vai chegar entre

10 da manhã e 8 da noite para vocês assistirem ao filme. Essa estimativa parece razoável? Claro que não. Tem muita variância envolvida. A mesma lógica se aplica aos coeficientes de regressão. Um coeficiente eficiente é aquele que tem a menor variância possível. A satisfação dos pressupostos do modelo de regressão garante que os coeficientes serão consistentes, ou seja, serão não enviesados e eficientes (com menos variância possível).

2. *Qual é o papel das variáveis de controle no modelo de regressão?*

Dissemos que a pesquisa experimental é considerada o padrão-ouro da investigação científica. Vimos também que a maior parte da pesquisa empírica em ciência política não é experimental, mas observacional. A inclusão de variáveis de controle procura reproduzir artificialmente as condições de comparação homogênea da pesquisa experimental. É uma tentativa de garantir uma comparação mais robusta entre os diferentes níveis das variáveis explicativas. Dessa forma, para garantir a correta especificação do modelo, é preciso incluir todas as variáveis teoricamente relevantes e controlar eventuais variáveis que podem contaminar os resultados. Por isso o nome *variável de controle*.

3. *Como interpretar o coeficiente de regressão quando a variável independente é categórica* dummy?

Vimos que o modelo de regressão linear exige que a variável dependente seja quantitativa (discreta ou contínua), mas admite que as variáveis independentes sejam de qualquer tipo. Em muitas situações práticas de pesquisa, o interesse é estimar o efeito de variáveis que apenas têm duas categorias (homem e mulher; branco e não branco; beneficiário e não beneficiário). As variáveis *dummies*, também chamadas de *variáveis indicadoras*, podem ser utilizadas como fatores independentes no modelo de regressão.

O coeficiente de regressão de uma variável *dummy* indica a diferença média no valor de Y entre o grupo codificado como "1" e o grupo codificado como "0". Ou seja, ele representa a vantagem da categoria "1" em relação à categoria "0", controlando-se pelas demais variáveis independentes incluídas no modelo.

4. *Qual é o efeito da multicolinearidade sobre a consistência das estimativas?*

O principal impacto de altos níveis de correlação entre as variáveis independentes é a ineficiência das estimativas. O erro padrão dos coeficientes serão sobre-estimados e não se poderá confiar nos testes de significância (os intervalos de confiança e o p-valor serão inconsistentes).

Para concluir...

Infelizmente, chegamos ao final de nossa aventura pelo fantástico mundo da análise de dados. Embora estejamos cansados, temos a certeza de que avançamos bastante. Ao longo do livro, discutimos conceitos até então desconhecidos, como *amostra*, *população* e *inferência estatística*. Talvez agora eles não sejam tão desconhecidos assim.

No Capítulo 1, vimos a importância das amostras aleatórias, sejam elas simples, sejam estratificadas. E verificamos como calcular amostras representativas em função do tamanho da população.

No Capítulo 2, discutimos a mensuração de variáveis e os conceitos de *validade* e *confiabilidade*, além de abordarmos as medidas de tendência central (média, mediana e moda) e explorarmos as medidas de dispersão (variância, desvio padrão e erro padrão). Não podemos esquecer das medidas compostas, já que analisamos as principais semelhanças e diferenças entre índices e *escalas*. Finalizamos o capítulo examinando o papel da distribuição normal na inferência estatística.

No Capítulo 3, buscamos compreender o que é e para que serve uma hipótese na pesquisa empírica. Vimos ainda os conceitos de *significância estatística* e de *poder estatístico*. Debatemos as principais características e limitações do p-valor, medida mais utilizada para tomada de decisão na pesquisa científica. Além disso, analisamos os erros do tipo I e do tipo II e escrevemos três testes estatísticos comumente empregados para realizar testes de hipóteses baseados na comparação entre médias: teste t para amostras independentes, teste t para amostras emparelhadas e análise de variância (Anova). Finalizamos o capítulo examinando as diferenças entre os testes paramétricos e nãoparamétricos.

Depois disso, no Capítulo 4, examinamos o coeficiente de correlação de Pearson, que é a medida de associação mais utilizada na ciência contemporânea. Vimos as suas principais características e aplicações, e ressaltamos a importância da análise gráfica de dados, alémde descrever os perigos das correlações espúrias.

Todo esse caminho foi necessário para chegarmos ao Capítulo 5. Nele, estudamos a técnica de análise de dados mais popular do momento: a regressão linear. Discutimos cada um de seus pressupostos e vimos como se dá a sua implementação na prática.

O caminho foi longo, mas terminamos nossa viagem compreendendo esse fantástico mundo dos métodos quantitativos aplicados à ciência política. Porém, o conhecimento não se restringe ao conteúdo que abordamos neste livro, visto que fornecemos apenas uma introdução à análise de dados. O próximo passo agora é avançar e dominar outras técnicas como análise de *cluster* (conglomerados), análise fatorial, regressão logística, análise de redes, análise de sobrevivência, análise de correspondência e séries temporais, entre outros instigantes assuntos.

E como fazer isso? Nossa sugestão é investir inicialmente em aulas *on-line* como as ofertadas por diversas plataformas de cursos. Paralelamente, é necessário conhecer linguagens de programação como R, C, Python, Ruby ou Java, entre outras.

O último passo é procurar melhorar a formação em matemática, cursando disciplinas de cálculo e de álgebra linear, por exemplo, ou até mesmo cursar alguma disciplina em programas de pós-graduação em Ciência Política. E por que tudo isso é importante? Muito simples. Saber analisar dados de forma profissional é uma das principais habilidades valorizadas pelo mercado de trabalho. Conhecer os fundamentos teóricos da sua área de interesse é fundamental, além de que o mercado valoriza habilidades que são escassas e que têm maior aplicabilidade para resolução de problemas práticos. Em editais de organizações conceituadas, é comum encontrarmos o mesmo pré-requisito para a contratação de consultores: experiência em análise de dados.

No entanto, se você pretende seguir a carreira acadêmica e acha que não vai precisar saber analisar dados, saiba que a análise estatística é um procedimento essencial em todas as áreas do conhecimento. Na economia, por exemplo, existe um subcampo chamado de *econometria* que nada mais é que a aplicação da estatística na análise de fenômenos econômicos. Chamamos de *bioestatística* o uso de ferramentas e técnicas de análise de dados para examinar problemas da biologia; a *epidemiologia* consiste no estudo quantitativo da distribuição de doenças; a *jurimetria* é definida como a aplicação de métodos estatísticos para a análise dos fenômenos jurídicos. E assim por diante. Na verdade, é difícil pensar em alguma ciência aplicada que não faça uso da estatística e da análise quantitativa.

Retomando o que foi dito na "Apresentação" desta obra sobre as pessoas que não sabem analisar dados: elas são incapazes de compreender a realidade. Além disso, a inaptidão em tabular, sistematizar e examinar dados limita a capacidade humana de utilizar o conhecimento científico para melhorar os sistemas sociais, políticos e econômicos. Sem método, não há ciência. E sem ciência, como diria Carl Sagan (2006), apenas nos resta o mundo assombrado por demônios.

Referências

ACHEN, C. H. **Interpreting and Using Regression**. Beverly Hills: Sage, 1982. (Quantitative Applications in the Social Sciences, v. 29).

_____. Measuring Representation: Perils of the Correlation Coefficient. **American Journal of Political Science**, v. 21, n. 4, p. 805-815, Nov. 1977.

AGRESTI, A. Logistic Regression. In: _____. **An Introduction to Categorical Data Analysis**. Hoboken: John Wiley & Sons, 2007. p. 99-136.

AGRESTI, A.; FINLAY, B. **Métodos estatísticos para as ciências sociais**. Tradução de Lori Viali. 4. ed. Porto Alegre: Penso, 2012. (Métodos de Pesquisa).

ALEGRETTI, L. Mulher recebe apenas 84% do salário do homem, apontam dados do MTE. **Folha de São Paulo**, Mercado, 25 nov. 2017. Disponível em: <https://www1.folha.uol.com.br/mercado/2017/11/1938277-mulher-recebe-apenas-84-do-salario-do-homem-apontam-dados-do-mte.shtml>. Acesso em: 4 jul. 2019.

ALTMAN, N.; KRZYWINSKI, M. **Points of Significance: Association, Correlation and Causation**. Nature Methods, v. 12, n. 10, p. 899-900, 2015.

AMARAL, C. E. R. do. Supremo não proibiu o uso da fosfoetanolamina. **Justificando**, 10 mar. 2017. Disponível em: <http://justificando.cartacapital.com.br/2017/03/10/supremo-nao-proibiu-o-uso-da-fosfoetanolamina/>. Acesso em: 3 jul. 2019.

ANSCOMBE, F. J. Graphs in Statistical Analysis. **The American Statistician**, v. 27, n. 1, p. 17-21, Feb. 1973. Disponível em: <http://www.sjsu.edu/faculty/gerstman/StatPrimer/anscombe1973.pdf>. Acesso em: 5 jul. 2019.

AMOS, J. Brasileiro cresce em altura nos últimos cem anos, mas ainda é 'baixinho'; conheça o ranking global. **G1**, Ciência e Saúde, 26 jul. 2016. Disponível em: http://g1.globo.com/ciencia-e-saude/noticia/2016/07/brasileiro-cresce-em-altura-nos-ultimos-cem-anos-mas-ainda-e-baixinho-conheca-o-ranking-global.html. Acesso em: 19 jul. 2019.

AQUINO, J. A. de. **R para cientistas sociais**. Ilhéus: Editus, 2014. Disponível em: <http://www.uesc.br/editora/livrosdigitais_20140513/r_cientistas.pdf>. Acesso em: 8 jul. 2019.

ARAGUAIA, M. Tsunamis e terremotos: além das tragédias naturais. **Brasil Escola**. Disponível em: <https://educador.brasilescola.uol.com.br/estrategias-ensino/tsunamis-terremotos-alem-das-tragedias-naturais.htm>. Acesso em: 3 jul. 2019.

ARRAES, R.; AMORIM NETO, O.; SIMONASSI, A. Campaign Expenses and Candidate Success in Brazilian Legislative Elections. **Dados**, Rio de Janeiro, v. 60, n. 4, p. 1059-1093, 2017.

ARRAES, R.; AMORIM NETO, O.; SIMONASSI, A. Despesas de campanha e sucesso eleitoral nos pleitos legislativos brasileiros. **Dados**, Rio de Janeiro, v. 60, n. 4, p. 1059-1093, 2017. Disponível em: <http://www.scielo.br/pdf/dados/v60n4/0011-5258-dados-60-4-1059.pdf>. Acesso em: 3 jul. 2019.

BABBIE, E. **Métodos de pesquisas de survey**. Tradução de Guilherme Cezarino. Belo Horizonte: Ed. da UFMG, 1999. v. 1.

____. **The Basics of Social Research**. Belmont: Thomson Wadsworth, 2005.

BAIÃO, A. L.; COUTO, C. G. A eficácia do pork barrel: a importância de emendas orçamentárias e prefeitos aliados na eleição de deputados. **Opinião Pública**, Campinas, v. 23, n. 3, p. 714-753, set./dez. 2017. Disponível em: <http://www.scielo.br/pdf/op/v23n3/1807-0191-op-23-3-0714.pdf>. Acesso em: 3 jul. 2019.

BAIÃO, A. L.; COUTO, C. G. Pork Barrel Efficacy: the Importance of Budgetary Amendments and Allied Mayors in the Election of Deputies. **Opinião Pública**, Campinas, v. 23, n. 3, p. 714-753, 2017.

BATISTA, M. Incentivos da dinâmica política sobre a corrupção: reeleição, competitividade e coalizões nos municípios brasileiros. **Revista Brasileira de Ciências Sociais**, v. 28, n. 82, p. 87-106, jun. 2013. Disponível em: <http://www.scielo.br/pdf/rbcsoc/v28n82/v28n82a06.pdf>. Acesso em: 2 jul. 2019.

BERRY, W. D. **Understanding Regression Assumptions**. Beverly Hills: Sage, 1993. (Quantitative Applications in the Social Sciences, v. 92).

BERRY, W. D.; FELDMAN, S. D. **Multiple Regression in Practice**. Beverly Hills: Sage, 1985. (Quantitative Applications in the Social Sciences, v. 50).

BERTRAM, D. **Likert Scales**. Disponível em: <http://poincare. matf.bg.ac.rs/~kristina/topic-dane-likert.pdf>. Acesso em: 2 jul. 2019.

BORBA, F.; CERVI, E. U. Relação entre propaganda, dinheiro e avaliação de governo no desempenho de candidatos em eleições majoritárias no Brasil. **Opinião Pública**, Campinas, v. 23, n. 3, p. 754-785, set./dez. 2017. Disponível em: <http://www.scielo.br/pdf/op/v23n3/1807-0191-op-23-3-0754.pdf>. Acesso em: 2 jul. 2019.

BOX, G. E. et al. **Time Series Analysis**: Forecasting and Control. Hoboken: John Wiley & Sons, 2015.

BRADY, H. E.; COLLIER, D. (Ed.). **Rethinking Social Inquiry**: Diverse Tools, Shared Standards. Lanham: Rowman & Littlefield, 2010.

BRASIL. Decreto-Lei n. 2.848, de 7 de dezembro de 1940. **Diário Oficial da União**, Poder Executivo, Rio de Janeiro, 31 dez. 1940. Disponível em: <http://www.planalto.gov.br/ccivil_03/decreto-lei/del2848.htm>. Acesso em: 28 jun. 2019.

_____. Lei n. 13.269, de 13 de abril de 2016. **Diário Oficial da União**, Brasília, DF, Poder Excutivo, 14 abr. 2016. Disponível em: <http://www2.camara.leg.br/legin/fed/lei/2016/lei-13269-13-abril-2016-782885-publicacaooriginal-150083-pl.html>. Acesso em: 3 jul. 2019.

BRASIL. Ministério da Educação. Instituto Nacional de Estudos e Pesquisas Educacionais Anísio Teixeira. **Ideb**. Disponível em: <http://portal.inep.gov.br/ideb>. Acesso em: 3 jul. 2019a.

BRASIL. Ministério da Justiça e Segurança Pública. Polícia Federal. **Fases da Operação Lava Jato**. Disponível em: <http://www.pf.gov.br/imprensa/lava-jato/fases-da-operacao-lava-jato-1>. Acesso em: 28 jun. 2019b.

BRASIL. Ministério da Saúde. **DATASUS** – Tecnologia da Informação a Serviço do SUS. Disponível em: http://tabnet. datasus.gov.br/cgi/deftohtm.exe?sim/cnv/ext10uf.def. Acesso em: 18 jul. 2019c

BRASIL. Supremo Tribunal Federal. STF conclui julgamento sobre financiamento de campanhas eleitorais. **Notícias STF**, 17 set. 2015. Disponível em: <http://www.stf.jus.br/portal/cms/verNoticiaDetalhe.asp?idConteudo=300015>. Acesso em: 8 jul. 2019.

BRASIL. Tribunal Superior do Trabalho. Súmula n. 338, de 18 de novembro de 1994. **Diário de Justiça da União**, Brasília, DF, 18 de nov. 1994.

BRASIL. Tribunal Superior Eleitoral. **Consulta às pesquisas registradas**. Disponível em: <http://www.tse.jus.br/eleitor-e-eleicoes/eleicoes/eleicoes-suplementares/consulta-as-pesquisas-registradas>. Acesso em: 27 jun. 2019c.

_____. **Estatísticas do eleitorado**: consulta por região/UF/município. Disponível em: <http://www.tse.jus.br/eleitor-e-eleicoes/estatisticas/estatisticas-de-eleitorado/consulta-quantitativo>. Acesso em: 27 jun. 2019d.

BUENO, N. S. Inferência causal e análise de experimentos. **MQ**: Programa de Treinamento Intensivo em Metodologia Quantitativa da UFMG. Disponível em: <http://www.fafich.ufmg.br/~mq/2018/05/23/inferencia-causal/>. Acesso em: 4 jul. 2019.

BUZZLE STAFF. Spurious Correlation Explained with Examples. **PsycholoGenie**. Disponível em: <https://psychologenie.com/spurious-correlation-explained-with-examples>. Acesso em: 5 jul. 2019.

CARMINES, E. G.; ZELLER, R. A. **Reliability and Validity Assessment**. Thousand Oaks: Sage, 1979. (Applied Social Research Methods Series, v. 17).

CERVI, E. U. **Análise de dados categóricos em ciência política**: uso de testes estatísticos em tabelas de contingência com fontes secundárias de dados. Curitiba: UFPR, 2014. Disponível em: <http://www.cpop.ufpr.br/publicacoes/analise-de-dados-categoricos-em-ciencia-politica>. Acesso em: 4 jul. 2019.

CERVI, E. U. **Manual de métodos quantitativos para iniciantes em ciência política**. Curitiba: CPOP-UFPR, 2017. v. 1. Disponível em: <https://www.academia.edu/35050045/2017_M%C3%A9todos_Quantitativos_para_iniciantes_V.1>. Acesso em: 4 jul. 2019.

CHEN, P. Y.; POPOVICH, P. M. **Correlation**: Parametric and Nonparametric Measures. Thousand Oaks: Sage, 2002.

CLAVERY, E. Brasil tem pequena melhora no IDH, mas segue estagnado no 79º lugar em ranking global. **G1**, Mundo, Brasília, 14 set. 2018. Disponível em: <https://g1.globo.com/mundo/noticia/2018/09/14/brasil-tem-pequena-melhora-no-idh-mas-segue-estagnado-no-79lugar-em-ranking-global.ghtml>. Acesso em: 2 jul. 2019.

COHEN, J. **Statistical Power Analysis for the Behavioral Sciences**. Hillsdale, NJ: Erlbaum, 1988.

_____. The Cost of Dichotomization. **Applied Psychological Measurement**, v. 7, n. 3, p. 249-253, 1983.

COLLIER, D.; MAHONEY, J.; SEAWRIGHT, J. Claiming too much: Warnings about Selection Bias. In: BRADY, H. E.; COPLLIER, D. (Ed.). **Rethinking Social Inquiry**: Diverse Tools, Shared Standards. Lanham: Rowman & Littlefield, 2004, p. 85-102.

COMPREHENSIVE META-ANALYSIS. Disponível em: <https://www.meta-analysis.com/>. Acesso em: 2 jul. 2019.

CONVERSE, J. M.; PRESSER, S. **Survey Questions**: Handcrafting the Standardized Questionnaire. Thousand Oaks: Sage, 1986. (Applied Social Research Methods Series, v. 63).

COOK, R. D.; WEISBERG, S. Graphs in Statistical Analysis: is the Medium the Message? **The American Statistician**, v. 53, n. 1, p. 29-37, 1999.

CORREIA, L. M. et al. **Pesquisa social**: métodos e técnicas. São Paulo: Atlas, 1985.

CRAMER, D.; HOWITT, D. L. **The Sage Dictionary of Statistics**: a Practical Resource for Students in the Social Sciences. Thousand Oaks: Sage, 2004.

CREATIVE RESEARCH SYSTEMS. **Sample Size Calculator**. Sebastopol (CA), EUA, 2018. Software on-line. Disponível em: https://www.surveysystem.com/sscalc.htm. Acesso em: 17 jul. 2019.

CUNHA, L. M. A. da. **Modelos Rasch e escalas de Likert e Thurstone na medição de atitudes**. Dissertação (Mestrado em Probabilidades e Estatística) – Universidade de Lisboa, , 2007. Disponível em: <http://repositorio.ul.pt/bitstream/10451/1229/1/18914_ULFC072532_TM.pdf>. Acesso em: 2 jul. 2019.

DALGAARD, P. **Introductory Statistics with R**. New York: Springer Science & Business Media. 2008.

DANCEY, C. P.; REIDY, J. **Estatística sem matemática para psicologia**. Trad. Lorí Viali. Porto Alegre: Penso, 2013. (Métodos de Pesquisa).

_____. **Estatística sem matemática para psicologia**: usando SPSS para Windows. Porto Alegre: Artmed, 2005.

DAVILA, V. H. L. **Estatística descritiva.** Disponível em: <https://www.ime.unicamp.br/~hlachos/estdescr1.pdf>. Acesso em: 28 jun. 2019.

DATAFOLHA. Intenções de votos válidos no 2° turno para presidente. UOL Eleições 2014, 25 out. 2014. Disponível em: <https://eleicoes.uol.com.br/2014/pesquisas-eleitorais/brasil/2-turno/>. Acesso em: 25 jun. 2019.

DIAMOND, G. A.; FORRESTER, J. S. Clinical Trials and Statistical Verdicts: Probable Grounds for Appeal. **Annals of Internal Medicine,** v. 98, n. 3, p. 385-394, Mar. 1983.

DUVERGER, M. Factors in a Two-Party and Multiparty System. In: ____. **Party Politics and Pressure Groups.** New York: Thomas Y. Crowell, 1972. p. 23-32. Disponível em: <http://www.janda.org/c24/Readings/Duverger/Duverger.htm>. Acesso em: 5 jul. 2019

EVERITT, B.; SKRONDAL, A. Standardized Mortality Rate (SMR). In: **The Cambridge Dictionary of Statistics.** New York: Cambridge University Press, 2010. p. 409.

____. **The Cambridge Dictionary of Statistics.** Cambridge: Cambridge University Press, 2002.

FÁVERO, L. P. et al. **Análise de dados:** modelagem multivariada para tomada de decisões. Rio de Janeiro: Elsevier, 2009.

FERNANDES, A. A. T. Onde estão elas? A efetividade da cota de gênero nas eleições para vereador(a) de 2000 a 2016 no Brasil. **E-legis,** Brasília, v. 11, n. 26, p. 109-122, maio/ago. 2018. Disponível em: <http://e-legis.camara.leg.br/cefor/index.php/e-legis/article/view/397>. Acesso em: 4 jul. 2019.

FERREIRA NETO, M. Como contestar pesquisa eleitoral? **Revista Jus Navigandi**, Teresina, ano 17, n. 3371, set. 2012. Disponível em: <https://jus.com.br/artigos/22667>. Acesso em: 27 jun. 2019.

FIELD, A. **Discovering Statistics Using SPSS**. Thousand Oaks: Sage, 2009.

FIGUEIREDO FILHO, D. B. **Teste t para amostras independentes, teste t para amostras emparelhadas.** Disponível em: <http://www.academia.edu/8984708/Teste_t_para_amostras_independentes_Teste_t_para_amostras_emparelhadas>. Acesso em: 4 jul. 2019.

_____. Como contribuições de campanha influenciam o desempenho eleitoral. **Nexo**, Acadêmico, 16 ago. 2018. Disponível em: <https://www.nexojornal.com.br/academico/2018/08/16/Como-contribui%C3%A7%C3%B5es-de-campanha-influenciam-o-desempenho-eleitoral>. Acesso em: 8 jul. 2019.

_____. **Gasto de campanha, níveis de pobreza e resultados eleitorais no Brasil**. 170 f. Tese (Doutorado em Ciência Política) – Universidade Federal de Pernambuco, Recife, 2012. Disponível em: <https://repositorio.ufpe.br/bitstream/123456789/10371/1/V_biblioteca.pdf>. Acesso em: 10 jul. 2019.

FIGUEIREDO FILHO, D. B. et al. Análise de componentes principais para construção de indicadores sociais. **Revista Brasileira de Biometria**, São Paulo, v. 31, n. 1, p. 61-78, 2013a. Disponível em: <http://jaguar.fcav.unesp.br/RME/fasciculos/v31/v31_n1/A5_Dalson_Ranulfo.pdf>. Acesso em: 2 jul. 2019.

FIGUEIREDO FILHO, D. B. et al. Análise fatorial garantida ou o seu dinheiro de volta: uma introdução à redução de dados. **Revista Eletrônica de Ciência Política**, v. 5, n. 2, p. 185-211, 2014a. Disponível em: <https://revistas.ufpr.br/politica/article/view/40368/25388>. Acesso em: 10 jul. 2019.

_____. O que é, para que serve e como se faz uma meta-análise. **Revista Teoria & Pesquisa**, v. 23, n. 2, p. 205-228, 2014b. Disponível em: <http://doi.editoracubo.com.br/10.4322/tp.2014.018>. Aceso em: 10 jul. 2019.

FIGUEIREDO FILHO, D. B. et al. O que fazer e o que não fazer com a regressão: pressupostos e aplicações do modelo linear de mínimos quadrados ordinários (MQO). **Revista Política Hoje**, Recife, v. 20, n. 1, p. 44-70, 2011. Disponível em: <https://periodicos.ufpe.br/revistas/politicahoje/article/download/3808/31622>. Acesso em: 8 jul. 2019.

_____. Precisamos falar sobre métodos quantitativos em ciência política. **Revista Latinoamericana de Metodología de la Investigación Social**, v. 6, n. 11, p. 21-39, 2016. Deisponível em: <http://www.relmis.com.ar/ojs/index.php/relmis/article/download/143/218>. Acesso em: 10 jul. 2019.

_____. Reply on the Comments on when is Statistical Significance not Significant? **Brazilian Political Science Review**, v. 8, n. 3, p. 141-150, 2014c. Disponível em: <http://www.scielo.br/scielo.php?script=sci_arttext&pid=S1981-38212014000300141>. Acesso em: 10 jul. 2019.

_____. When is Statistical Significance not Significant? **Brazilian Political Science Review**, v. 7, n. 1, p. 31-55, 2013b. Disponível em: <http://www.scielo.br/pdf/bpsr/v7n1/02.pdf>. Acesso em: 10 jul. 2019.

FIGUEIREDO FILHO, D. B.; SILVA, L.; DOMINGOS, A. O que é e como superar a multicolinariedade?: um guia para ciência política. **Conexão Política**, Teresina, v. 4, n. 2, p. 95-104, jul./dez. 2015. Disponível em: <http://www.ojs.ufpi.br/index.php/conexaopolitica/article/view/5677/3369>. Acesso em: 4 fev. 2019.

FIGUEIREDO FILHO, D. B.; SILVA, L. E. de O. O outlier que perturba o seu sono: como identificar casos extremos? Encontro Ciência Política e A Política: Memória e Futuro, 10. 2016, Belo Horizonte. **Anais**... Disponível em: <http://www.academia.edu/27367893/O_OUTLIER_QUE_PERTURBA_O_SEU_SONO_COMO_IDENTIFICAR_CASOS_EXTREMOS>. Acesso em: 5 jul. 2019.

FIGUEIREDO FILHO, D. B.; SILVA JÚNIOR, J. A. da. Desvendando os mistérios do coeficiente de correlação de Pearson (r). **Revista Política Hoje**, Recife, v. 18, n. 1, p. 115-146, 2009. Disponível em: <https://periodicos.ufpe.br/revistas/politicahoje/article/viewFile/3852/3156>. Acesso em: 2 jul. 2019.

_____. Visão além do alcance: uma introdução à análise fatorial. **Opinião Pública**, Campinas, v. 16, n. 1, p. 160-185, jun. 2010. Disponível em: <http://www.scielo.br/pdf/op/v16n1/a07v16n1.pdf>. Acesso em: 3 jun. 2019.

FIGUEIREDO FILHO, D. B.; SILVA JÚNIOR, J. A. da.; ROCHA, E. C. What is R2 all about? **Leviathan**, São Paulo, n. 3, p. 60-68, Nov. 2011. Disponível em: <http://www.revistas.usp.br/leviathan/article/view/132282>. Acesso em: 4 fev. 2019.

FIGUEIREDO NETTO, G.; SPECK, B. W. O dinheiro importa menos para os candidatos evangélicos? **Opinião Pública**, Campinas, v. 23, n. 3, p. 809-836, set./dez. 2017. Disponível em: <http://www.scielo.br/pdf/op/v23n3/1807-0191-op-23-3-0809.pdf>. Acesso em: 2 jul. 2019.

FIRJAN. IFGF – Índice Firjan de Gestão Fiscal. Consulta ao índice. Disponível em: <https://www.firjan.com.br/ifgf/>. Acesso em: 2 jul. 2019a.

_____. Downloads. Disponível em: <https://www.firjan.com.br/ifgf/downloads/>. Acesso em: 2 jul. 2019b.

_____. **Metodologia**. 2017a. Disponível em: <https://www.firjan.com.br/data/files/E2/82/21/A0/9AF3E5107210A3E5A8A809C2/Anexo%20Metodol%C3%B3gico%20IFGF%202017.pdf>. Acesso em: 2 jul. 2019.

FIRJAN. **Ranking IFGF capitais.xls**. Índice Firjan de gestão fiscal 2016. 10 ago. 2017b. Planilha eletrônica. Disponível em: <https://www.firjan.com.br/ifgf/downloads/>. Acesso em: 2 jul. 2019.

FISHER, R. A. Theory of Statistical Estimation. **Mathematical Proceedings of the Cambridge Philosophical Society**, v. 22, n. 5, p. 700-725, Nov. 1925.

FITTIPALDI, I. et al. Crescimento econômico, democracia e instituições: quais as evidências dessas relações causais na América Latina? **Revista de Sociologia e Política**, v. 25, n. 62, p. 115-129, jun. 2017. Disponível em: <http://www.scielo.br/pdf/rsocp/v25n62/0104-4478-rsocp-25-62-0115.pdf>. Acesso em: 3 jul. 2019.

FOWLER, F. J. **Improving Survey Questions**: Design and Evaluation. Thousand Oaks: Sage, 1995. (Applied Social Research Methods Series, v. 38).

FUKS, M. Atitudes, cognição e participação política: padrões de influência dos ambientes de socialização sobre o perfil político dos jovens. **Opinião Pública**, Campinas, v. 18, n. 1, p. 88-108, jun. 2012. Disponível em: <http://www.scielo.br/pdf/op/v18n1/v18n1a05.pdf>. Acesso em: 2jul. 2019.

G1. Eleições 2014. Apuração votos presidente. **G1**, 27 out. 2014. Disponível em: <http://g1.globo.com/politica/eleicoes/2014/apuracao-votos-presidente.html>. Acesso em: 17 jul. 2019.

_____. Governo Temer é aprovado por 5% e reprovado por 72%, diz Ibope. **G1**, 5 abr. 2018a. Disponível em: <https://g1.globo.com/politica/noticia/governo-temer-e-aprovado-por-5-e-reprovado-por-72-diz-ibope.ghtml>. Acesso em: 28 jun. 2019.

_____. Média de mortes em acidentes de trânsito sobe 12% no fim do ano. **G1**, Jornal Nacional, 21 dez. 2017. Disponível em: <http://g1.globo.com/jornal-nacional/noticia/2017/12/media-de-mortes-em-acidentes-de-transito-sobe-12-no-fim-do-ano.html>. Acesso em: 28 jun. 2019.

_____. Notas médias no Enem 2018 sobem em todas as provas objetivas, menos em ciências da natureza; veja as máximas e mínimas. **G1**, Educação, Enem 2018, 18 jan. 2019. Disponível em: https://g1.globo.com/educacao/enem/2018/noticia/2019/01/18/notas-medias-no-enem-sobem-em-todas-as-provas-objetivas-menos-em-ciencias-da-natureza.ghtml. Acesso em: 19 jul 2019.

_____. Resgatados de caverna na Tailândia perderam média de 2 kg, mas não têm problemas graves nem estresse. **G1**, Mundo, 11 jul. 2018b. Disponível em: <https://g1.globo.com/mundo/noticia/grupo-que-estava-em-caverna-perdeu-uma-media-de-2-kg-de-peso-diz-medico.ghtml>. Acesso em: 28 jun. 2019.

GALTON, F. Regression towards Mediocrity in Hereditary Stature. **The Journal of the Anthropological Institute of Great Britain and Ireland**, v. 15, p. 246-263, 1886.

GELMAN, A.; HILL, J. **Data Analysis Using Regression and Multilevel Hierarchical Models**. New York: Cambridge University Press, 2007. v. 1.

GELMAN, A.; STERN, H. The Difference between "Significant" and "not Significant" is not itself Statistically Significant. **The American Statistician**, v. 60, n. 4, p. 328-331, 2006.

GELMAN, J. J. Pesquisa experimental: um instrumento para decisões mercadológicas. **Revista de Administração de Empresas**, Rio de Janeiro, v. 11, n. 2, abr./jun. 1971. Disponível em: <http://www.scielo.br/scielo.php?script=sci_arttext&pid=S0034-75901971000200002>. Acesso em: 4 jul. 2019.

GONÇALVES, C. IDH do Brasil estagna, e país fica na 79[a] posição no ranking da ONU. **Folha de S.Paulo**, 14 set. 2018. Disponível em: <https://www1.folha.uol.com.br/cotidiano/2018/09/idh-do-brasil-estagna-e-pais-fica-na-79a-posicao-no-ranking-da-onu.shtml>. Acesso em: 2 jul. 2019.

GOODMAN, S. A Dirty Dozen: Twelve p-Value Misconceptions. **Seminars in Hematology**, v. 45, n. 3, p. 135-140, 2008.

GREENLAND, S. et al. Statistical Tests, P Values, Confidence Intervals, and Power: a Guide to Misinterpretations. **European Journal of Epidemiology**, v. 31, n. 4, p. 337-350, 2016.

GUJARATI, D. N. **Econometría**. Bogotá: McGraw-Hill, 1997.

GUJARATI, D. N.; PORTER, D. C. **Econometria básica**. Tradução de Denise Durante, Mônica Rosemberg e Maria Lúcia G. L. Rosa. 5. ed. Porto Alegre: AMGH, 2011.

HAIR, J. F.; ANDERSON, R.; BABIN, B. **Multivariate Data Analysis**. 6. ed. Upper Saddle River: Pearson Prentice Hall, 2006.

HAIR, J. F. et al. **Análise multivariada de dados**. Tradução de Adonai Schlup Sant'Anna. 6. ed. Porto Alegre: Bookman, 2009.

HOFFMANN, R. **Análise de regressão**: uma introdução à econometria. Edição do autor. Piracicaba: [s.n.], 2016.

IBGE – Instituto Brasileiro de Geografia e Estatística. Áreas dos **municípios**. Disponível em: <https://ww2.ibge.gov.br/home/geociencias/areaterritorial/principal.shtm>. Acesso em 27 jun. 2019.

_____. **Conheça cidades e estados do Brasil**. Disponível em: <https://cidades.ibge.gov.br/>. Acesso em 27 jun. 2019.

IMAI, K. **Quantitative Social Science**: an Introduction. Princeton: Princeton University Press, 2017.

IPEA – Instituto de Pesquisa Econômica e Aplicada. Ipeadata. Disponível em: http://www.ipeadata.gov.br/Default.aspx. Acesso em: 18 jul. 2019

JANUS, J.; HAPONIUK, B. **Normal Distribution Calculator**. Omni Calculator. Disponível em: <https://www.omnicalculator.com/statistics/normal-distribution>. Acesso em: 2 jul. 2019.

JANNUZZI, P. de M. Indicadores para diagnóstico, monitoramento e avaliação de programas sociais no Brasil. **Revista do Serviço Público**, v. 56, n. 2, p. 137-160, abr./jun. 2005. Disponível em: <https://static.fecam.net.br/uploads/28/arquivos/4054_JANUZZI_P_Construcao_Indicadores_Sociais.pdf>. Acesso em: 28 jun. 2019.

JOHNS, R. Likert Items and Scales. **Survey Question Bank: Methods Fact Sheet**, Mar. 2010. Disponível em: <https://www.ukdataservice.ac.uk/media/262829/discover_likertfactsheet.pdf>. Acesso em: 2 July 2019.

JOHNSON, J. B.; REYNOLDS, H. T.; MYCOFF, J. D. **Political Science Research Methods**. Washington: CQ Press, 2015.

KASTELLEC, J. P.; LEONI, E. L. Using Graphs instead of Tables in Political Science. **Perspectives on Politics**, v. 5, n. 4, p. 755-771, Dec. 2007. Disponível em: <https://www.princeton.edu/~jkastell/Tables2Graphs/graphs.pdf>. Acesso em: 5 jul. 2019.

KELLSTEDT, P. M.; WHITTEN, G. D. **Fundamentos da pesquisa em ciência política**. Tradução de Lorena Barberia, Patrick Cunha Silva e Gilmar Masiero. São Paulo: Blucher, 2015.

KELLSTEDT, P. M.; WHITTEN, G. D. **The Fundamentals of Political Science Research**. Cambridge: Cambridge University Press, 2013.

KENNEDY, P. **Manual de econometria**. Rio de Janeiro: Elsevier, 2009.

____. Oh no! I got the Wrong Sign! What should I do? **The Journal of Economic Education**, v. 36, n. 1, p. 77-92, 2005.

____. Teaching Undergraduate Econometrics: a Suggestion for Fundamental Change. **The American Economic Review**, v. 88, n. 2, p. 487-492, 1998.

KING, G. **Ecological Inference**. Disponível em: <https://gking.harvard.edu/category/research-interests/methods/ecological-inference>. Acesso em: 2 jul. 2019.

KING, G. How not to Lie with Statistics: Avoiding Common Mistakes in Quantitative Political Science. **American Journal of Political Science**, v. 30, p. 666-687, 1986. Disponível em: <http://scholar.harvard.edu/files/gking/files/mist.pdf>. Acesso em: 9 jul. 2019.

KING, G.; KEOHANE, R. O.; VERBA, S. **Designing Social Inquiry:** Scientific Inference in Qualitative Research. Princeton: Princeton University Press, 1994.

KING, G.; TOMZ, M.; WITTENBERG, J. Making the Most of Statistical Analyses: Improving Interpretation and Presentation. **American Journal of Political Science**, v. 44, n. 2, p. 341-355, Apr. 2000. Disponível em: <https://web.stanford.edu/~tomz/pubs/ajps00.pdf>.Acesso em: 27 jun. 2019.

KRUEGER, J. S.; LEWIS-BECK, M. S. Is OLS dead? **The Political Methodologist**, n. 15(2), p. 2-4, 2018.

KRZYWINSKI, M.; ALTMAN, N. Points of Significance: Multiple linear regression. **Nature Methods**, v. 12, n. 12, p. 1103-1104, 1 Dec. 2015.

KUSS, O. The Danger of Dichotomizing Continuous Variables: a Visualization. **Teaching Statistics**, v. 35, n. 2, p. 78-79, 2013.

LAGUARDIA, I. Por que os brasileiros tomam tanto banho e os chineses tão pouco? **El País**, 30 jun. 2015. Disponível em: <https://brasil.elpais.com/brasil/2015/06/28/internacional/1435483359_779060.html>. Acesso em: 28 jun. 2019.

LEE RODGERS, J.; NICEWANDER, W. A. Thirteen Ways to Look at the Correlation Coefficient. **The American Statistician**, v. 42, n. 1, p. 59-66, 1988.

LENHARO, M. Brasileiros fazem sexo três vezes por semana, em média, segundo estudo. **G1**, São Paulo, 9 jun. 2016. Disponível em: <http://g1.globo.com/bemestar/noticia/2016/06/brasileiros-fazem-sexo-tres-vezes-por-semana-em-media-segundo-estudo.html>. Acesso em: 28 jun. 2019.

LEWIS-BECK, M. S. **Applied Regression**: an Introduction. Thousand Oaks: Sage, 1980. (Quantitative Applications in the Social Sciences, v. 22).

LIKERT, R. A Technique for the Measurement of Attitudes. **Archives of Psychology**, v. 22, p. 44-53, 1932.

LIMA FILHO, L. M. de A. **Amostragem**. Universidade Federal da Paraíba, [S.d.]. Disponível em: <http://www.de.ufpb.br/~luiz/Adm/Aula9.pdf>. Acesso em: 10 jul. 2019.

LIN, L. yi et al. Association between Social Media Use and Depression among U.S. Young Adults. **Depression & Anxiety**, v. 33, n. 4, p. 323-331, 19 Jan. 2016. Disponível em: <https://onlinelibrary.wiley.com/doi/full/10.1002/da.22466>. Acesso em: 10 jul. 2019.

LINS, R.; FIGUEIREDO FILHO, D.; SILVA, L. A redução da maioridade penal diminui a violência? Evidências de um estudo comparado. **Opinião Pública**, Campinas, v. 22, n. 1, p. 118-139, abr. 2016. Disponível em: <http://www.scielo.br/pdf/op/v22n1/1807-0191-op-22-1-0118.pdf>. Acesso em: 2 jul. 2019.

LUNET, N.; SEVERO, M.; BARROS, H. Desvio padrão ou erro padrão. **Arquivos de Medicina**, v. 20, n. 1/2, 2006. Disponível em: <http://www.scielo.mec.pt/pdf/am/v20n1-2/v20n1-2a08.pdf>. Acesso em: 28 jun. 2019.

MAINWARING, S. **Sistemas partidários em novas democracias**: o caso do Brasil. Porto Alegre: Mercado Aberto, 2001.

MATOSO, F. Em 79º Lugar, Brasil estaciona no ranking de desenvolvimento humano da ONU. **G1**, Brasília, 21 mar. 2017. Disponível em: <https://g1.globo.com/mundo/noticia/em-79-lugar-brasil-estaciona-no-ranking-de-desenvolvimento-humano-da-onu.ghtml>. Acesso em: 28 jun. 2019.

_____. Tempo de estudo no Brasil é inferior ao de países de Mercosul e Brics, aponta IDH. **G1**, Mundo, 21 mar. 2017b. Disponível em: https://g1.globo.com/mundo/noticia/tempo-de-estudo-no-brasil-e-inferior-ao-de-paises-de-mercosul-e-brics-aponta-idh.ghtml. Acesso em: 19 jul 2019

MAXFIELD, M. G.; BABBIE, E. R. **Research Methods for Criminal Justice and Criminology**. Stamford: Cengage; Nelson, 2014.

MAZZIOTA, M.; PARETO, A. Methods for Constructing Composite Indices: One for All or All for One? **Rivista Italiana di Economia Demografia e Statistica**, v. 67, n. 2, p. 67-80, abr./jun. 2013. Disponível em: <https://www.istat.it/en/files/2013/12/Rivista2013_Mazziotta_Pareto.pdf>. Acesso em: 2 jul. 2019.

MCDERMOTT, R. Experimental Methodology in Political Science. **Political Analysis**, v. 10, n. 4, p. 325-342, Autumn 2002. Disponível em: <https://www.jstor.org/stable/25791696?seq=1#page_scan_tab_contents>. Acesso em: 4 jul. 2019;

MEDEIROS, M. de A. et al. A questão da representação no Mercosul: os casos do Parlasul e do FCCR. **Revista de Sociologia e Política**, Curitiba, v. 18, n. 37, p. 31-57, out. 2010. Disponível em: <http://www.scielo.br/pdf/rsocp/v18n37/04.pdf>. Acesso em: 10 jul. 2019.

MELLO, D. Com mais de 61 mil assassinatos, Brasil tem recorde de homicídios em 2016. **Agência Brasil**, São Paulo, 30 out. 2017. Disponível em: <http://agenciabrasil.ebc.com.br/geral/noticia/2017-10/com-mais-de-61-mil-assassinatos-brasil-tem-recorde-de-homicidios-em-2016>. Acesso em: 28 jun. 2019.

MESSERLI, F. H. Chocolate Consumption, Cognitive Function, and Nobel Laureates. **The New England Journal of Medicine**, v. 367, n. 16, p. 1562-1564, 2012. Disponível em: <http://www.biostat.jhsph.edu/courses/bio621/misc/Chocolate%20consumption%20cognitive%20function%20and%20nobel%20laurates%20(NEJM).pdf>. Acesso em: 5 jul. 2019.

MLODINOW, L. **O andar do bêbado**: como o acaso determina nossas vidas. Tradução de Diego Alfaro. Rio de Janeiro: J. Zahar, 2009.

MONOGAN, J. E. A Review of Textbooks for Teaching Undergraduate Methods. **PS: Political Science & Politics**, v. 50, n. 2, p. 549-553, 2017.

MURSE, T. Why Height and Physical Stature Play a Role in American Politics. **ThoughtCo**, May 25 2019. Disponível em: <https://www.thoughtco.com/does-the-tallest-presidential-candidate-win-3367512>. Acesso em: 5 jul. 2019.

NICOLA, J. Brasileirão de 2018 tem a menor média de gols em 28 anos. **Yahoo! Esportes**, 10 set. 2018. Disponível em: <https://esportes.yahoo.com/noticias/brasileirao-de-2018-tem-menor-media-de-gols-em-28-anos-033321128.html>. Acesso em: 10 jul. 2019.

NUNNALLY, J. C. **Psychometric Theory**. New York: McGraw-Hill, 1978.

NUNNALLY, J. C; BERNSTEIN, I. H. **Psychometric Theory**. New York: McGraw-Hill, 1994.

OECD – Organisation for Economic Co-operation and Development. **Handbook on Constructing Composite Indicators**: Methodology and User Guide. 2008. Disponível em: <http://www.oecd.org/sdd/42495745.pdf>. Acesso em: 2 jul. 2019.

O ESTADO DE S. PAULO. A cada 45 minutos, uma pessoa comete suicídio no Brasil. **O Estado de S. Paulo**. Saúde. 11 de setembro de 2018. Disponível em: https://saude.estadao.com.br/noticias/geral,a-cada-45-minutos-uma-pessoa-comete-suicidio-no-brasil,70002496904. Acesso em: 18 jul..2019

OLIVEIRA, L.; NICOLAU, J. A produção da ciência política brasileira: uma análise dos artigos acadêmicos (1966-2013). Encontro Anual da Associação Nacional de Pós-Graduação e Pesquisa em Ciências Sociais (Anpocs), 37., 2013, Águas de Lindoia. **Anais...** Disponível em: <https://www.anpocs.com/index.php/papers-37-encontro/st/st14/8478-a-producao-da-ciencia-politica-brasileira-uma-analise-dos-artigos-academicos/file>. Acesos em: 9 jul. 2019.

OSTROM, C. **Time Series Analysis**. Beverly Hills: Sage, 1978.

PALLANT, J. **SPSS Survival Manual**: a Step by Step Guide to Data Analysis Using SPSS. 3. ed. Boston: McGraw-Hill, 2007.

____. **SPSS Survival Manual**: a Step by Step Guide to Data Analysis Using SPSS. Boston: McGraw-Hill, 2013.

PARANHOS, R. et al. Corra que o survey vem aí: noções básicas para cientistas sociais. **Revista Latinoamericana de Metodología de la Investigación Social**, año 3, n. 6, p. 7-24, oct. 2013. Disponível em: <https://dialnet.unirioja.es/descarga/articulo/5275921.pdf>. Acesso em: 5 jul. 2019.

PARANHOS, R. et al. Desvendando os mistérios do coeficiente de correlação de Pearson: o retorno. **Leviathan**, São Paulo, n. 8, p. 66-95, 2014. Disponível em: <http://www.revistas.usp.br/leviathan/article/view/132346/pdf_40>. Acesso em: 5 jul. 2019.

PARANHOS, R.; SILVA JÚNIOR, J. A.; NASCIMENTO, W. Passa ou repassa: questões de regressão que você tem que saber? Encontro da Associação Brasileira de Ciência Política, 10., 2016, Belo Horizonte. **Anais**... Disponível em: <https://cienciapolitica.org.br/system/files/documentos/eventos/2017/04/passa-ou-repassa-questoes-regressao-que-voce-tem-que-saber.pdf>. Acesso em: 8 jul. 2019.

PASTERNACK, N. A ciência brasileira e síndrome de Cassandra. Natália Pasternak. **TEDx Talks**, 28 nov. 2017. Disponível em: <https://www.youtube.com/watch?v=F3kUeDlP3Io>. Acesso em: 3 jul. 2019.

PEARSON, K. Notes on the History of Correlation. **Biometrika**, v. 13, n. 1, p. 25-45, 1920.

PNUD BRASIL. Disponível em: <http://www.br.undp.org/>. Acesso em: 2 jul. 2019a.

_____. **IDH**. Disponível em: <http://www.br.undp.org/content/brazil/pt/home/idh0.html>. Acesso em: 2 jul. 2019b.

_____. **Atlas do Desenvolvimento Humano do Brasil**. Disponível em: http://atlasbrasil.org.br/2013/. Acesso em: 18 jul. 2019c

POLLOCK III, P. H. **The Essentials of Political Analysis**. Washington: CQ Press, 2015.

POPPER, K. R. **A lógica da pesquisa científica**. São Paulo: Cultrix, 2004.

PORTAL ACTION. **Técnicas não paramétricas**. Disponível em: <http://www.portalaction.com.br/tecnicas-nao-parametricas>. Acesso em: 4 jul. 2019.

PORTAL DA INDÚSTRIA. **Presidente Michel Temer encerra governo com baixa popularidade.** dez. 2018. Disponível em: <http://www.portaldaindustria.com.br/estatisticas/pesquisa-cnil-ibope-avaliacao-do-governo/>. Acesso em: 30 jan. 2019.

PROCTOR, R. N. The History of the Discovery of the Cigarette-Lung Cancer Link: Evidentiary Traditions, Corporate Denial, Global Toll. **Tobacco Control**, v. 21, n. 2, p. 87-91, Mar. 2012.

QUICK-R. **Multiple (Linear) Regression.** Disponível em: <https://www.statmethods.net/stats/regression.html>. Acesso em: 9 jul. 2019.

RAMOS, J. M. G. El análisis factorial confirmatorio aplicado a la investigación pedagógica no experimental. **Bordón: Revista de Pedagogía**, n. 267, p. 245-268, 1987.

RESEARCH BY DESIGN. **10-0 Guinness, Gossett, Student, and t Tests.** 17 out. 2016. Disponível em: <https://www.youtube.com/watch?v=U9Wr7VEPGXA>. Acesso em: 4 jul. 2019.

REZENDE, F. da C. Transformações na cientificidade e o ajuste inferencial na ciência política: argumento e evidências na produção de alto fator de impacto. **Revista de Sociologia e Política**, v. 25, n. 63, p. 103-138, set. 2017. Disponível em: <http://www.scielo.br/pdf/rsocp/v25n63/0104-4478-rsocp-25-63-0103.pdf>. Acesso em: 4 jul. 2019.

RICHARDSON, R. J.; PERES, J. A. **Pesquisa social:** métodos e técnicas. São Paulo: Atlas, 1985.

ROBINSON, W. S. Ecological Correlations and the Behavior of Individuals. **American Sociological Review**, v. 15, n. 3, p. 351-357, June 1950. Disponível em: <https://www.jstor.org/stable/2087176?seq=1#page_scan_tab_contents>. Acesso em: 2 jul. 2019.

RODRIGUES, D. F. et al. "É dando que se recebe?": dificuldades metodológicas para mensurar a corrupção. **Interfaces Científicas – Direito**, Aracaju, v. 4, n. 3, p. 43-58, jun. 2016. Disponível em: <https://periodicos.set.edu.br/index.php/direito/article/view/3145/1848>. Acesso em: 2 jul. 2019.

ROSCOE, D. D.; JENKINS, S. A Meta Analysis of Campaign Contributions' Impact on Roll Call Voting. **Social Science Quarterly**, v. 86, n. 1, p. 52-68, Mar. 2005.

RUBIN, A.; BABBIE, E. **Research Methods for Social Work**. Boston: Cengage Learning, 2007.

SACCHET, T.; SPECK, B. W. Financiamento eleitoral, representação política e gênero: uma análise das eleições de 2006. **Opinião Pública**, Campinas, v. 18, n. 1, p. 177-197, jun. 2012. Disponível em: <http://www.scielo.br/pdf/op/v18n1/v18n1a09>. Acesso em: 4 jul. 2019.

SAGAN, C. O mundo assombrado por demônios. Tradução de Rosaura Eichenberg. São Paulo: Companhia das Letras, 2006.

SALSBURG, D. S. **Uma senhora toma chá...**: como a estatística revolucionou a ciência no século XX. Rio de Janeiro: Zahar, 2009.

SAPSFORD, R.; JUPP, V. (Ed.). **Data Collection and Analysis**. Thousand Oaks: Sage, 2006.

SARIS, W. E.; GALLHOFER, I. Estimation of the Effects of Measurement Characteristics on the Quality of Survey Questions. **Survey Research Methods**, v. 1, n. 1, p. 29-43, 2007.

SHLEIFER, A.; VISHNY, R. W. Corruption. **The Quarterly Journal of Economics**, v. 108, n. 3, p. 599-617, 1993.

SILVER, N. **O sinal e o ruído**: por que tantas previsões falham e outras não. Tradução de Ana Beatriz Rodrigues e Claudio Figueiredo. Rio de Janeiro: Intrínseca, 2013.

SPHINX BRASIL. **Você tomaria uma decisão baseada em uma amostra de 2,4 milhões de pessoas?** 11 fev. 2015. Disponível em: <http://www.sphinxbrasil.com/blog/voce-tomaria-uma-decisao-baseada-em-uma-amostra-de-24-milhoes-de-pessoas>. Acesso em: 27 jun. 2019.

SQUIRE, P. Why the 1936 Literary Digest Poll Failed. **Public Opinion Quarterly**, Oxford, v. 52. n. 1, p. 125-133, Fall 1988. Disponível em: <https://www.jstor.org/stable/2749114?seq=1#page_scan_tab_contents>. Acesso em: 27 jun. 2019.

STANTON, J. M. Galton, Pearson, and the Peas: a Brief History of Linear Regression for Statistics Instructors. **Journal of Statistics Education**, v. 9, n. 3, p. 1-16, 2001. Disponível em: <http://www.amstat.org/publications/jse/v9n3/stanton.html>. Acesso em: 9 jul. 2019.

STIGLER, S. M. Estimating Serial Correlation by Visual Inspection of Diagnostic Plots. **The American Statistician**, v. 40, n. 2, p. 111-116, 1986a.

STIGLER, S. M. **The History of Statistics**: The Measurement of Uncertainty before 1900. Cambridge: Harvard University Press, 1986b.

STUDENT. The Probable Error of a Mean. **Biometrika**, v. 6, n. 1, p. 1-25, Mar. 1908. Disponível em: <https://www.jstor.org/stable/2331554?seq=1#page_scan_tab_contents>. Acesso em: 4 fev. 2019

STULP, G. et al. Tall Claims? Sense and Nonsense about the Importance of Height of US Presidents. **The Leadership Quarterly**, v. 24, n. 1, p. 159-171, 2013.

TABACHNICK, B. G.; FIDELL, L. S. **Using Multivariate Statistics**. Boston: Allyn & Bacon; Pearson Education, 2007.

TAROUCO, G. da S.; MADEIRA, R. M. Esquerda e direita no sistema partidário brasileiro: análise de conteúdo de documentos programáticos. **Revista Debates**, Porto Alegre, v. 7, n. 2, p. 93-114, maio/ago. 2013. Disponível em: <https://seer.ufrgs.br/debates/article/download/38573/26637>. Acesso em: 10 jul. 2019.

_____. Partidos, programas e o debate sobre esquerda e direita no Brasil. **Revista de Sociologia e Política**, v. 21, n. 45, p. 149-165, mar. 2013. Disponível em: <http://www.scielo.br/pdf/rsocp/v21n45/a11v21n45.pdf>. Aqcesso em: 10 jul. 2019.

THE WORLD BANK. **Gini Index (World Bank Estimate)**. Disponível em: <https://data.worldbank.org/indicator/SI.POV.GINI>. Acesso em: 3 jul. 2019.

TYLERVIGEN.COM. **Spurious correlations**. Disponível em: <https://tylervigen.com/spurious-correlations>. Acesso em: 19 jul. 2019.

TRANSPARÊNCIA INTERNACIONAL. Disponível em: <https://transparenciainternacional.org.br/home/destaques>. Acesso em: 28 jun. 2019.

TRANSPARENCY INTERNATIONAL. **Corruption Perceptions Index 2016**. 25 jan. 2017. Disponível em: <https://www.transparency.org/news/feature/corruption_perceptions_index_2016>. Acesso em: 2 jul. 2019.

TRIOLA, M. F. **Introdução à estatística**: atualização da tecnologia. Rio de Janeiro: LTC, 2014.

TROCHIM, W. M. K. Unit of Analysis. **The Research Methods Knowledge Base**. 20 Oct. 2006. Disponível em: <https://socialresearchmethods.net/kb/unitanal.php>. Acesso em: 2 jul. 2019.

TSE – Tribunal Superior Eleitoral. **Estatísticas do eleitorado** – Consulta por região/UF/município. Disponível em: <http://www.tse.jus.br/eleitor/estatisticas-de-eleitorado/consulta-quantitativo>. Acesso em: 18 jul. 2019a.

_____. **Repositório de dados eleitorais**. Disponível em: http://www.tse.jus.br/eleicoes/estatisticas/repositorio-de-dados-eleitorais-1/repositorio-de-dados-eleitorais. Acesso em: 19 jul. 2019b.

UNDP – United Nations Development Reports. **Human Development Data (1990-2017)**. Disponível em: <http://hdr.undp.org/en/data>. Acesso em: 10 jul. 2019.

UOL. Ibope aponta segundo turno entre Lula e Bolsonaro em 2018. **UOL, Política**, 29 out. 2017. Disponível em: <https://noticias.uol.com.br/politica/ultimas-noticias/2017/10/29/primeira-pesquisa-do-ibope-aponta-segundo-turno-entre-lula-e-bolsonaro.htm>. Acesso em: 25 jun. 2019.

_____. **IDH 2018**: Brasil ocupa a 79ª posição. Veja a lista completa. São Paulo, 14 set. 2018. Disponível em: <https://noticias.uol.com.br/internacional/ultimas-noticias/2018/09/14/idh-2018-brasil-ocupa-a-79-posicao-veja-a-lista-completa.htm>. Acesso em: 2 jul. 2019.

_____. Uol esporte. Futebol. **Brasileirão 2013**. Classificação e jogos. Disponível em: https://esporte.uol.com.br/futebol/campeonatos/brasileirao/2013/jogos/. Acesso em: 22 jul. 2019.

VAN EVERA, S. **Guide to Methods for Students of Political Science**. Ithaca: Cornell University Press, 1997.

VELASCO, C. Negros ganham R$ 1,2 mil a menos que brancos em média no Brasil; trabalhadores relatam dificuldades e 'racismo velado'. **G1**, Economia, 13 maio 2018. Disponível em: <https://g1.globo.com/economia/noticia/negros-ganham-r-12-mil-a-menos-que-brancos-em-media-no-brasil-trabalhadores-relatam-dificuldades-e-racismo-velado.ghtml>. Acesso em: 28 jun. 2019.

WALTON, J. et al. US Election 2016: Trump Victory in Maps. **BBC**, 1º Dec. 2016. Disponível em: <https://www.bbc.com/news/election-us-2016-37889032>. Acesso em: 26 jun. 2019.

WASSERSTEIN, R. L.; LAZAR, N. A. The ASA's Statement on p-Values: Context, Process, and Purpose. **The American Statistician**, v. 70, n. 2, p. 129-133, 2016.

WATSON, J. M.; MORITZ, J. B. Developing Concepts of Sampling. **Journal for Research in Mathematics Education**, v. 31, p. 44-70, 2000.

WHEELAN, C. **Naked Statistics**: Stripping the Dread from the Data. New York; London: WW Norton & Company, 2013.

WILLIAMS, R. **Nonlinear Relationships**. 20 Feb. 2015. Disponível em: <https://www3.nd.edu/~rwilliam/stats2/l61.pdf>. Acesso em: 5 jul. 2019.

WHO Will Win the Presidency? **Five Thirty Eight**. 2016 Election Forecast. Nov. 8, 2016. Disponível em: <https://projects.fivethirtyeight.com/2016-election-forecast/>. Acesso em: 26 jun. 2019.

ZELLER, R. A.; CARMINES, E. G. **Measurement in the Social Sciences**: the Link between Theory and Data. New York: Cambridge University Press, 1980.

ZUUR, A. F.; IENO, E. N.; MEESTERS, E. H. W. G. **A Beginner's Guide to R.** New York: Springer-Verlag, 2009.

ZYSKIND, G. A Note on Residual Analysis. **Journal of the American Statistical Association**, v. 58, n. 304, p. 1125-1132, 1963.

Respostas

Capítulo 1

Questões para revisão
3. a
4. c
5. c

Capítulo 2

Questões para revisão
3. d
4. d
5. d

Capítulo 3

Questões para revisão
3. a
4. c
5. b

Capítulo 4
Questões para revisão
3. b
4. d
5. d

Capítulo 5
Questões para revisão
3. b
4. b
5. c

Sobre o autor

Dalson Britto Figueiredo Filho é bacharel em Ciências Sociais (2005) pela Universidade Federal de Pernambuco (UFPE), com graduação sanduíche na Universidade do Texas (2003, nos Estados Unidos da América (EUA); mestre (2009) e doutor em Ciência Política (2012) também pela UFPE. Foi coordenador científico do Mestrado Profissional em Políticas Públicas (MPPP) da UFPE e pesquisador visitante na Universidade de Wisconsin (2009), na William Mitchell College of Law (2011) e na Universidade de Indiana (2014), nos EUA, e na Universidade de Nottingham (2018-2019), no Reino Unido. Também foi bolsista do *Summer Program in Social Science* (2015-2017) e do *Teaching Integrity in Empirical Research* (Tier) (2016-2017), da Haverford College, nos EUA. Desde 2015, é catalisador do Berkeley Initiative for Transparency in the Social Sciences (BITSS). Em 2016, seu artigo "Financiamento de campanha e apoio parlamentar à Agenda Legislativa da Indústria na Câmara dos Deputados", escrito com colaboradores, recebeu o Prêmio Olavo Brasil de Lima Jr. de melhor artigo científico pela Associação Brasileira de Ciência Política (ABCP). Atualmente, é professor adjunto do Departamento de Ciência Política (DCP) da UFPE. Atua principalmente nas áreas de métodos quantitativos, financiamento de campanha e transparência científica.

Impressão:
Julho/2019